PHILOSOPHISCHES KOLLEG

Arbeitsmaterialien für den Philosophieunterricht

Sekundarstufe II

herausgegeben von
Erwin Menne und Werner Trutwin

3

ETHIK

ausgewählt und bearbeitet
von
Rudolf Bensch und Werner Trutwin

PATMOS VERLAG DÜSSELDORF

PHILOSOPHISCHES KOLLEG

Heft 1: Wissenschaftstheorie

Heft 2: Einladung zur Philosophie

Heft 3: Ethik

Heft 4: Anthropologie

Auflage 4 3 2 / 80 79

Die letzten Zahlen bezeichnen die Auflage
und das Jahr dieses Druckes

Satz und Druck: A. Bagel, Graphischer Großbetrieb, Düsseldorf
ISBN: 3-491-75503-4

INHALT

III. Wesen und Aufgabe der Ethik

IV. Positionen der Ethik

V. *Kleine Tugendlehre*

VI. *Analyse ethischer Begriffe, Urteile und Argumente*

VII. Eine ethische Fallstudie: Euthanasie

Zum Schluß

VORWORT

Die Neugestaltung der gymnasialen Oberstufe in der Sekundarstufe II, die durch die Ständige Konferenz der Kultusminister 1972 vereinbart und seitdem schrittweise in den Bundesländern realisiert wurde, hat der Philosophie eine erheblich bessere Stellung im Gymnasium eingeräumt, als sie bis dahin hatte. Bemerkenswert sind vor allem folgende drei Punkte: Erstmals kann Philosophie nicht nur, wie bisher, mündliches, sondern schriftliches Abiturfach sein. Als wohl einziges Fach kann sie, je nach Schwerpunkt im Unterricht, in allen drei Aufgabenfeldern vorkommen, wenn auch ihre hauptsächliche Position im zweiten, im gesellschaftswissenschaftlichen Aufgabenfeld liegen dürfte. Schließlich kann sie im Rahmen des Kurssystems als Grund- und Leistungskurs angeboten werden, d. h. – je nach Bundesland – einen Stundenanteil von 2 bis 6 Stunden im Plan eines Schülers bzw. Kollegiaten haben.
Dieser neuen Stellung der Philosophie im Gymnasium will die neue Reihe „*Philosophisches Kolleg*" Rechnung tragen. Sie bietet Texte und Materialien für den Unterricht der 11. – 13. Klasse an. Die Hefte dieser Reihe sind nicht einfach Textsammlungen. Ihre didaktische Bearbeitung wird man u. a. in folgenden Stücken sehen können: eine stark strukturierte Gliederung, die mögliche Schwerpunkte des Themas und kleinere oder größere Einheiten für den Unterrichtsgang anzeigt; eine Einführung in die einzelnen Textgruppen, die auf den roten Faden der Anordnung und auf die Kriterien für die Auswahl hinweist; eine Übersicht über Themenbereiche, mit deren Hilfe sich solche Fragestellungen erschließen lassen, die nicht schon vom Inhaltsverzeichnis her naheliegen, ferner zahlreiche Fußnoten, in denen Erklärungen und Hinweise gegeben werden.
Mit Hilfe dieser Angaben werden Lehrer und Schüler leicht flexibel planen und ein Konzept für den Unterricht realisieren können. Dabei werden sie unterschiedlichen philosophischen Fragestellungen nachgehen und Methodenvariation vornehmen können. Damit schien sich aber eine stärkere Didaktisierung, etwa in Form von Fragen und Aufgaben, zu erübrigen. Jede Form von Gängelei sollte im übrigen gerade im Philosophieunterricht vermieden werden. Das Textangebot ist mit Absicht nicht zu knapp gehalten. Die Bearbeiter meinen allerdings nicht, daß Lehrer und Schüler alle Texte, evtl. auch noch der Reihe nach, behandeln müßten. Aber für die Grundkurse und selbst für die Leistungskurse sollte hinreichend viel Material für eine sinnvolle Auswahl vorliegen.
Die Sammlung macht die Lektüre philosophischer Ganzschriften nicht überflüssig. Ganzschriften oder wenigstens längere zusammenhängende Texte müssen auch in Zukunft im Philosophieunterricht ihren Platz haben. Hier dagegen wird zu bestimmten Themenkomplexen bzw. zu einzelnen philosophischen Disziplinen solches Material bereitgestellt, das sonst für die Kursarbeit nicht leicht greifbar ist. Problemerschließende Materialien, zentrale Fragestellungen und divergierende Argumentationen und Perspektiven, unterschiedliche Positionen sollen hier zu Wort kommen.

Bestimmend für die Aufnahme war dabei die Frage, ob der Text Oberstufenschülern zugänglich gemacht werden könne und welchen Rang er in der philosophischen Tradition bzw. im Denken der Gegenwart habe.
Den Auftakt der Reihe hat das Heft zur Wissenschaftstheorie gemacht, das schon im Sommer 1975 erscheinen konnte. Länger als beabsichtigt hat die Fertigstellung dieses dritten Heftes gedauert. Dies lag einmal an unvorhersehbaren anderen Verpflichtungen der Bearbeiter, aber hinzu kam auch, daß gerade bei diesem dritten Heft der Reihe viele Konzepte entworfen und wieder verworfen wurden, bis endlich jene Textanordnung konzipiert war, die nun vorliegt.
Anders als bei der Wissenschaftstheorie gehört die Ethik von jeher zum Repertoire des Philosophieunterrichts. Daher waren viele Erfahrungen zu berücksichtigen, aber darüber hinaus sollten auch solche Fragestellungen vorkommen, die neu sind. Es braucht nicht eigens angemerkt zu werden, daß nicht alle ethischen Komplexe in gleicher Konzentration berücksichtigt sind. Manche grundlegende und allgemeine Problemfelder fehlen oder sind nur knapp angerissen, z. B. die Frage des Gewissens und der Willensfreiheit. Erst recht konnten nicht alle Fragen konkreter Sittlichkeit, z. B. Lügen und Umweltverschmutzung, Probleme der Sexualität und Politik u.v.a. textlich belegt werden. Dazu fehlte einfach der Platz. Aber die Bearbeiter hoffen, daß, wenn die Auswahl auch schon nicht annähernd vollständig sein kann, sie doch wenigstens sinnvoll ist und die Arbeit damit die Schüler befähigt, aufgrund gewonnener Einsichten sowohl andere prinzipielle und konkrete Probleme zu durchdenken wie auch Hinweise für eine Lebensführung aufzunehmen, die sich ethisch verantworten läßt.
Verlag und Herausgeber können in Aussicht stellen, daß weitere Hefte der Sammlung nun nicht mehr so lange auf sich warten lassen. Zur Zeit sind einige Hefte in Arbeit und teilweise auch schon recht weit fortgeschritten, vor allem folgende Themen: Anthropologie, Sprachphilosophie und Erkenntnistheorie.
Für Anregungen und Kritik sind die Bearbeiter dankbar.

R. Bensch, W. Trutwin
Bonn, im Februar 1977

I. EXEMPLA – PROBLEME – DOKUMENTE

Einführung

Die erste Gruppe von Texten verfolgt noch keine systematischen Absichten. Sie will für ethische Fragestellungen aufschließen, indem sie exemplarisch aus der Fülle möglicher Probleme einige wenige herausgreift. Dadurch sollen sich die Kurse veranlaßt sehen, weitere ethische Problemfelder zu suchen.

Am Anfang steht sowohl aus Reverenz vor der Person wie aus Respekt vor dem von ihr gelehrten und gelebten Ethos ein Text über Sokrates (1), in dem der bekannte amerikanische Ethiker W. K. Frankena einen direkten Bezug zum Leser herstellt und zugleich eine saubere Explikation ethischer Argumentationsfiguren gibt. Der Text dürfte sich darum besonders gut als Einführung in die Ethik eignen. Der Lehrer kann ihn vertiefen, indem er Passagen aus Platons „Apologie“ oder „Kriton“ hinzuzieht. – B. Russell läßt sodann den Blick über andere Länder und Zeiten schweifen (2). Er entdeckt dabei eine Fülle auseinandergehender und sich widersprechender moralischer Vorstellungen und wirft damit das Problem für die Ethik auf, ob es in der Vielfalt der Moralen eine Einheit der Ethik gebe. Der Text kann mit vielen anderen Texten dieser Sammlung kombiniert werden, z. B. 6 - 14, 34.

Die kurze Erzählung von Kafka (3) weist darauf hin, wie Vorüberlaufen, Vorbeisehen und Räsonnieren für ethischen Anspruch unempfindlich machen können. Sie hat hier zugleich die Funktion, Lehrer und Schüler darauf aufmerksam zu machen, daß Dichtung und Literatur von Homer über die Bibel bis in die Gegenwart hinein eine reiche Fundgrube für ethische Fragen bilden. Leider mußte aus Platzgründen hier darauf verzichtet werden, dafür mehr Belege anzuführen. – Die beiden nächsten Texte zeigen, wie ethische Problemstellungen unser Leben im kleinen wie im großen Maß bestimmen. J. Piaget, der bekannte Erforscher der Genese kindlicher Moral, fragt hier (4), welche Strafe für einen alltäglich vorkommenden Fall angemessen sei (Vgl. auch T. 21). Der Text von H. Mohr weitet den Blick auf die wissenschaftliche Forschung aus und stellt sich dem Problem, was denn die Forschung heute darf und ob sie alles tun darf, was sie kann (5). Man vergleiche diesen Text auch mit Text 36 und dem ganzen Block VII (Sterbehilfe).

Der zweite Abschnitt dieser Textgruppe (B) bietet Materialien aus sehr verschiedenen Zeiten und Räumen. Religionen (6 - 9, 11) und Philosophie (10), Ideologien (12 - 13) und Politik (14) kommen hier zu Wort. Es handelt sich überwiegend um Gebotetafeln bzw. Weisungskataloge. Viele der „Dekaloge“ und der anderen Gesetzessammlungen haben das ethische Bewußtsein der Menschheit entscheidend gebildet. Von hier gingen und gehen Imperative und Weisungen aus, die in ihrer Wirkung kaum zu überschätzen sind und darum auch von einer philosophischen Ethik nicht ignoriert werden dürfen. – Mit diesen Quellen läßt sich auf vielfache Weise arbeiten. So kann man zu ergründen suchen, welche zeit- und umweltbedingten Faktoren auf die Bildung der Gesetzessammlungen eingewirkt haben, man kann die Texte miteinander vergleichen und Gemeinsamkeiten und Unterschiede herausstellen. Darüber hinaus müßte man fragen, wie die Gemeinsamkeiten und Unterschiede zu erklären und zu bewerten sind, von welchem Maßstab aus Bewertungen erfolgen, wie dieser Maßstab selbst gewonnen und begründet wurde. Denn das dürfte ja wohl klar sein, daß man nicht alle diese Exempla in gleicher Weise akzeptieren kann. So eröffnet auch diese zweite Textgruppe (6 - 14) nicht nur historische Perspektiven über ethische Anschauungen der Menschheit. Sie lädt darüber hinaus auch zu grundlegender philosophischer Reflexion ein.

A. EINE VIELFALT VON FRAGEN

1. WILLIAM K. FRANKENA

Sokrates – ein Beispiel ethischen Philosophierens

Nehmen wir an, Sie haben sich Ihr ganzes Leben lang bemüht, ein guter Mensch zu sein, Ihre Pflicht nach bestem Wissen zu erfüllen und an das Wohl Ihrer Mitmenschen zu denken. Angenommen auch, viele Ihrer Mitmenschen sind gegen Sie, Ihr Tun mißfällt ihnen, sie sehen in Ihnen gar eine Gefahr für die Gesellschaft, ohne jedoch beweisen zu können, daß Sie es sind. Nehmen wir ferner an, Sie werden angeklagt, vor Gericht gestellt und von einem Geschworenengericht von Ihresgleichen zum Tode verurteilt, und zwar in einer Weise, die Ihnen mit Recht ungerecht erscheint. Angenommen schließlich, Ihre Freunde haben, während Sie in der Haft auf die Urteilsvollstreckung warten, alles vorbereitet, damit Sie fliehen und mit Ihrer Familie ins Exil gehen können. Ihre Freunde machen geltend, daß sie die nötigen Bestechungsgelder aufbringen können und sich durch die Beihilfe zu Ihrer Flucht keiner Gefahr aussetzen; daß Sie das Leben noch länger genießen können, wenn Sie fliehen; daß es für Ihre Frau und für Ihre Kinder besser wäre; daß Ihre Freunde Sie weiterhin besuchen können und daß man im allgemeinen für Ihre Flucht sein wird. Würden Sie die Gelegenheit ergreifen?

In dieser Lage befindet sich Sokrates, der Vater der Moralphilosophie, zu Beginn von Platons Dialog ‚Kriton'. Dieser Dialog gibt uns Antwort auf unsere Frage und berichtet ausführlich, welche Überlegungen Sokrates zu dieser Antwort kommen lassen; er eignet sich daher gut als Ausgangspunkt unserer Untersuchung. Sokrates macht zunächst einige Bemerkungen über das geeignete Verfahren zur Behandlung der Frage. (1) Wir dürfen uns bei unserer Entscheidung nicht von Gefühlen beeinflussen lassen, wir müssen vielmehr die Frage untersuchen und uns allein von Argumenten leiten lassen. Wir müssen versuchen, die reinen Fakten zu ermitteln und einen klaren Kopf zu behalten. Fragen wie diese kann und soll die Vernunft entscheiden. (2) Wir können uns in solchen Fragen nicht auf das berufen, was Leute im allgemeinen darüber denken; sie können sich irren. Wir müssen versuchen, eine Antwort zu finden, die wir selbst als richtig ansehen können. Wir dürfen uns das Denken nicht von anderen abnehmen lassen. (3) Wir sollten nie tun, was moralisch falsch ist. Nur die Frage, ob unser Verhalten richtig oder falsch ist, müssen wir beantworten, nicht aber, was mit uns geschehen wird, was die Leute von uns denken werden oder mit welchen Gefühlen wir dem Vorgefallenen gegenüberstehen.

Hiernach gibt Sokrates im wesentlichen drei Argumente dafür, daß er nicht durch seine Flucht die Gesetze brechen sollte. (1) Wir sollten nie jemanden schädigen. Sokrates' Flucht würde den Staat schädigen, denn sie wäre eine Verletzung und eine Mißachtung der Staatsgesetze. (2) Lebt man auf die Dauer in einem Staat, den man verlassen könnte, so erklärt man sich stillschweigend einverstanden, den Gesetzen dieses Staates zu gehorchen; würde Sokrates fliehen, so bräche er demnach eine Abmachung, und so etwas sollte man nicht tun. (3) Die Gesellschaft und der Staat, denen man angehört, haben praktisch die Funktion von Eltern oder Lehrern, und seinen Eltern und Lehrern sollte man gehorchen.

In jedem dieser Argumente beruft sich Sokrates auf eine allgemeine moralische Regel, die er und sein Freund Kriton nach reiflicher Überlegung als gültig anerkennen: (1) Wir sollten nie jemanden schädigen, (2) wir sollten unsere Versprechen halten und (3) wir sollten unseren Eltern und Lehrern Gehorsam und Respekt erweisen. In allen drei Fällen zieht er noch eine weitere Prämisse[1] heran, die eine Tatsachenbehauptung ist und die Regel auf den gegebenen Fall anwendet: (1) Wenn ich fliehe, füge ich der Gesellschaft Schaden zu, (2) wenn ich fliehe, breche ich ein Versprechen, und (3) wenn ich fliehe, erweise ich mich ungehorsam gegenüber meinen Eltern und Lehrern. Hieraus schließt er auf das, was er in seiner besonderen Lage tun sollte. Wir haben hier ein Musterbeispiel ethischer Argumentation vor uns.

Sokrates ist in diesem Fall der Meinung, daß seine drei Prinzipien alle zu demselben Schluß führen. Dies trifft aber nicht immer zu, wenn zwei oder mehr Regeln auf denselben Fall angewandt werden. Tatsächlich entstehen die meisten moralischen Probleme in Situationen, in denen ein „Widerstreit der Pflichten" vorliegt, d. h. wo ein moralisches Prinzip in die eine Richtung weist und ein anderes in eine andere Richtung. In seiner ‚Apologie' läßt Platon Sokrates sagen, daß er nicht gehorchen werde, wenn der Staat sein Leben unter der Bedingung schont, daß er seine bisherige Weise zu lehren aufgibt, denn (4) die Pflicht zu lehren sei ihm vom Gott Apollon auferlegt worden, und (5) sein Lehren sei zum wahren Wohl des Staates notwendig. Damit wäre er in einen Pflichtenkonflikt verwickelt. Denn einerseits hat er die Pflicht, dem Staat zu gehorchen, andererseits aber die beiden Pflichten (4) und (5), und diese haben nach seinem Urteil den Vorrang vor seiner Pflicht, den Geboten des Staates zu gehorchen. Hier löst er also das Problem nicht einfach durch Berufung auf Regeln, denn das genügt nicht, sondern durch die Entscheidung, welche Regeln den Vorrang haben. Dies ist ein weiteres Muster ethischer Argumentation.

Um auf den ‚Kriton' zurückzukommen: In seiner Antwort auf die für eine Flucht sprechenden Argumente seines Freundes vervollständigt Sokrates seine Argumentation durch die Behauptung, er werde sich, seinen Freunden und selbst seiner Familie nicht wirklich etwas Gutes tun, wenn er als Geächteter ins Exil ginge; er führt außerdem an, daß der Tod für einen alten Mann, der sein Bestes getan hat, kein Übel ist, ob es nun ein Jenseits gibt oder nicht. Mit anderen Worten, er bleibt dabei, daß es auf der anderen Seite keine guten moralischen Gründe gibt und auch keine guten Gründe des eigenen Interesses, die im übrigen nur zählen würden, wenn moralische Erwägungen nicht den Ausschlag gäben.

All dies ist von Interesse, weil es zwei Arten moralischer Probleme veranschaulicht und zeigt, wie jemand sie gelöst hat, der mit Überlegung und Ernst an moralischen Fragen herangeht. Es gibt uns außerdem einen Einblick in Sokrates' praktische Ethik: die Grundsätze (1) bis (5) mit dem Grundsatz zweiter Ordnung, daß (4) und (5) der Pflicht, dem Staat zu gehorchen, vorgehen. Diese Pflicht, dem Staat zu gehorchen, ist im übrigen für Sokrates eine abgeleitete Regel, die aus den fundamentaleren Regeln

[1] Prämisse – Voraussetzung für einen Schluß.

(1), (2) und (3) hervorgeht. Man kann die Ethik, nach der man selber lebt, herausfinden, indem man sich fragt, wie man diese beiden oder ähnliche Probleme lösen würde. Das ist eine gute Übung. Angenommen, Sie sind mit Sokrates' Antwort auf das Problem im ‚Kriton' nicht einverstanden. Sie könnten dann – was Kriton nicht tat – seine Prinzipien in Frage stellen. Sie könnten Sokrates auffordern, die Gültigkeit von (1), (2) und (3) zu rechtfertigen, und Sokrates müßte versuchen, Ihnen zu antworten, da er ja in der Ethik an Vernunft und Argumentation glaubt und *Wissen* fordert, nicht bloß eine zutreffende Meinung.

Sokrates könnte vielleicht argumentieren, daß z. B. (2) gültig ist, weil es aus einem noch grundlegenderen Prinzip, etwa (4) oder (5), folgt. Das heißt, er könnte behaupten, wir sollten unsere Versprechen halten, weil es uns die Götter befohlen haben oder weil es für das Gemeinwohl notwendig ist. Sie könnten natürlich auch dieses fundamentalere Prinzip in Frage stellen, sofern Sie einen guten Grund dazu haben, (Zweifeln Sie es grundlos an, so beteiligen Sie sich nicht wirklich an dem Dialog). An einem Punkt werden entweder Sie oder er fast unausweichlich auf die Frage stoßen, wie ethische Grundsätze, insbesondere die fundamentalsten, überhaupt zu rechtfertigen sind. Und diese Frage führt wahrscheinlich zu der weiteren, was man meint, wenn man sagt, daß etwas richtig, gut, tugendhaft, gerecht und dergleichen ist, einer Frage, die Sokrates in anderen Dialogen in der Tat häufig stellt. (Im ‚Euthyphron' z. B. argumentiert er, daß „richtig" nicht dasselbe bedeutet wie „von den Göttern geboten".)

2. BERTRAND RUSSELL

Andere Länder und Zeiten – andere Sitten

Die Sittenkodizes sind zu verschiedenen Zeiten und in den verschiedenen Teilen der Welt so unterschiedlich gewesen, daß man es fast nicht für möglich halten sollte. Die Azteken betrachteten es als schmerzliche Pflicht, bei feierlichen Gelegenheiten Menschenfleisch zu essen; sie glaubten, bei Nichterfüllung dieser Pflicht werde das Licht der Sonne erlöschen. Die Kopfjäger von Borneo durften, bevor ihnen die niederländische Regierung das Selbstbestimmungsrecht nahm, nur heiraten, wenn sie eine bestimmte Anzahl von Köpfen als Morgengabe darbrachten; ein junger Mann, der das versäumte, verfiel der Verachtung, die man in Amerika einem *sissy*, einem Schwächling, gegenüber empfindet. Konfuzius entschied, daß ein Mensch, dessen Eltern noch lebten, sich mangelnder Sohnesliebe schuldig mache, wenn er einen einträglichen Regierungsposten ablehne, denn er habe sein Gehalt und seine Nebeneinnahmen dazu zu verwenden, Vater und Mutter einen behaglichen Lebensabend zu bereiten. Hammurabi dekretierte, daß, wenn die Tochter eines angesehenen Mannes an den Folgen von Schlägen während der Schwangerschaft stürbe, die Tochter desjenigen, der ihr die Schläge versetzt hatte, hinzurichten sei. Das jüdische Gesetz befahl, eine Frau, die beim Ehebruch ertappt wurde, zu steinigen.

Angesichts dieser unterschiedlichen Moralkodizes vermögen wir nicht zu sagen, daß gewisse Arten von Handlungen recht, andere dagegen unrecht seien, wenn wir nicht ein Kriterium ausfindig machen, auf Grund dessen manche Kodizes besser sind als andere. Von Natur aus hat jeder, der über seine Heimat nicht hinausgekommen ist, die Neigung, diese Frage sehr einfach zu entscheiden: der Kodex seines Landes ist der richtige, und wenn andere Kodizes von ihm abweichen, so sind sie zu verwerfen. Dieser Standpunkt ist besonders einfach zu vertreten, wenn die Vermutung besteht, daß der eigene Kodex übernatürlichen Ursprung ist. Auf Grund dieses Glaubens konnten die Missionare der Auffassung sein, daß in Ceylon „nur der Mensch schlecht sei“, und dabei die ‚Schlechtigkeit‘ britischer Baumwollfabrikanten übersehen, die durch Kinderarbeit reich wurden und die Missionstätigkeit nur deswegen unterstützten, weil sie hofften, die ‚Eingeborenen‘ würden sich zur Kattunkleidung entschließen. Wenn sich aber mehrere unterschiedliche Kodizes gleichzeitig auf einen erhabenen Ursprung berufen, dann kann der Philosoph sich schwerlich für einen von ihnen entscheiden, wenn für ihn nicht ein besonderes Argument spricht, das die anderen nicht für sich geltend machen können.

Manch einer wird vielleicht sagen, ein Mensch müsse den Sittenkodex seiner Gemeinschaft befolgen, wie er auch beschaffen sein möge. Wenn ich auch allenfalls zugebe, daß er nicht dafür getadelt werden kann, wenn er das tut, so glaube ich doch, daß häufig die Veranlassung besteht, ihn dafür zu loben, daß er es unterläßt. Der Kannibalismus war einst fast überall üblich und meist mit der Religion verknüpft. Daß er von selbst ausstarb, ist nicht anzunehmen; sicherlich haben irgendwelche Pioniere der Sittlichkeit ihn für einen schlechten Brauch erklärt. In der Bibel lesen wir, daß Samuel es für sündhaft hielt, das Vieh besiegter Feinde nicht zu schlachten, und Saul, vielleicht nicht aus den edelsten Motiven, diese Anschauung bekämpfte. Die ersten Fürsprecher der religiösen Toleranz galten als schlecht, und nicht anders erging es den ersten Gegnern der Sklaverei. Die Evangelien berichten, wie Christus die strengeren Formen des Sabbat-Tabus bekämpfte. Angesichts dieser Beispiele läßt sich nicht bestreiten, daß gewisse Handlungen eines Menschen, die wir alle sehr lobenswert finden, in der Kritik an dem Sittenkodex seiner Gemeinschaft oder gar in dessen Übertretung bestehen. Natürlich gilt das nur für vergangene Zeiten oder für Ausländer; bei uns könnte so etwas gar nicht vorkommen, denn unser Sittenkodex ist ja über jede Kritik erhaben.

3. FRANZ KAFKA

Die Vorüberlaufenden

Wenn man in der Nacht durch eine Gasse spazierengeht, und ein Mann, von weitem schon sichtbar – denn die Gasse vor uns steigt an und es ist Vollmond –, uns entgegenläuft, so werden wir ihn nicht anpacken, selbst wenn er schwach und zerlumpt ist, selbst wenn jemand hinter ihm läuft und schreit, sondern wir werden ihn weiterlaufen lassen.

Denn es ist Nacht, und wir können nicht dafür, daß die Gasse im Vollmond vor uns aufsteigt, und überdies, vielleicht haben diese zwei die Hetze zu ihrer Unterhaltung veranstaltet, vielleicht verfolgen beide einen dritten, vielleicht wird der erste unschuldig verfolgt, vielleicht will der zweite morden, und wir würden Mitschuldige des Mordes, vielleicht wissen die zwei nichts voneinander, und es läuft nur jeder auf eigene Verantwortung in sein Bett, vielleicht sind es Nachtwandler, vielleicht hat der erste Waffen.

Und endlich, dürfen wir nicht müde sein, haben wir nicht so viel Wein getrunken? Wir sind froh, daß wir auch den zweiten nicht mehr sehn.

4. JEAN PIAGET

Welches ist die gerechte Strafe?

Ein kleiner Junge spielt in seinem Zimmer. Seine Mutter bittet ihn, Brot fürs Abendessen zu holen, da sie keines mehr im Hause hat. Anstatt jedoch gleich zu gehen, erwidert der Junge, das langweile ihn, er ginge in einem Moment usw. Nach einer Stunde ist er noch nicht gegangen. Schließlich kommt das Abendessen, und es ist kein Brot auf dem Tisch. Der Papa ist unzufrieden und fragt sich, wie er den kleinen Jungen am gerechtesten bestrafen soll. Er denkt an drei Strafen. Die erste wäre, dem Jungen zu verbieten, am nächsten Tag Karussell zu fahren. Am folgenden Tag ist gerade ein Fest, und der Kleine sollte sich amüsieren und Karussell fahren: Nun, da er kein Brot holen wollte, wird er auch nicht zum Jahrmarkt gehen! Die zweite Strafe, an die der Vater denkt, ist, dem Jungen kein Brot zu geben. Es ist noch etwas Brot von gestern im Schrank, das die Eltern essen werden, da aber der Kleine kein frisches Brot holen wollte, ist nicht genug für alle da. Der Junge bekommt also fast nichts zu essen. Die dritte Strafe, an die der Vater denkt, ist, dem Jungen genau dasselbe zu tun, was er getan hat. Der Vater wird dann dem Kleinen folgendes sagen: „Du hast Deiner Mama nicht einen Gefallen tun wollen. Gut: Ich werde Dich nicht bestrafen, aber wenn Du mich um eine Gefälligkeit bittest, werde ich sie Dir nicht erweisen, und Du wirst sehen, wie unangenehm es ist, wenn man sich nicht gegenseitig hilft.“ Der Kleine sagt sich, daß dies noch gut ausgegangen ist, aber einige Tage später braucht er ein Spielzeug, das ganz oben in seinem Schrank ist. Er versucht es zu erreichen, ist aber zu klein. Er steigt auf einen Stuhl, es ist aber noch immer zu hoch. Da holt er seinen Papa und bittet ihn, ihm zu helfen. Dieser erwidert ihm jedoch: „Lieber Freund, Du erinnerst Dich an das, was ich gesagt habe. Du wolltest Deiner Mama nicht gefällig sein. Ich habe jetzt auch keine Lust, Dir einen Gefallen zu tun. Wenn Du gefällig bist, so werde ich es auch gern sein, aber vorher nicht.“ Welche ist die gerechteste von diesen drei Strafen?

Beispiele von Kinderäußerungen, welche die willkürlichen Strafen für „gerechter“ halten:

Ang (6 Jahre): „Wie mußte man ihn bestrafen?“ – *„Ihn in ein Zimmer einsperren.“* – „ Was hätte ihm das ausgemacht?“ – *„Er hätte geweint.“* – „Wäre das richtig gewesen?“ – *„Ja.“* Es werden dann die drei möglichen Strafen angeführt. „Welches ist die gerechtere?“ – *„Ich hätte ihm sein Spielzeug nicht gegeben.“* – „Warum?“ – *„Er war böse gewesen.“* – „Ist das die beste Strafe von den dreien?“ – *„Ja.“* – „Warum?“ – *„Weil er sein Spielzeug gern hat.“* – „Ist das die gerechteste?“ – *„Ja.“* …

Fil (6 Jahre): „*Mein Papa ist böse. Wir haben ein Kämmerchen. Wenn ich also ein Kämmerchen hätte, würde ich ihn bis zum Abend hineinstecken und ihm eine tüchtige Ohrfeige geben. Und wenn ich einen Stock hätte, würde ich nichts anderes tun als ihn hauen.*“ Von den drei Strafen wählt er die dritte, weil „*er gern Karussell fahren würde, das würde ihn dann sehr ärgern*“.

Beispiele von Kinderäußerungen, welche die auf Gegenseitigkeit beruhenden Strafen für gerechter halten:

Geo (7 Jahre): „Welche von den drei Strafen ist die gerechteste?“ – „*Ihm nicht zu helfen.*“ – „Warum?“ – „*Er hat auch nicht zu Hause geholfen, das ist also fast dasselbe.*“ – „Und wenn der Papa an diese Strafe nicht gedacht hätte, welche wäre dann die gerechteste gewesen?“ – „*Nicht Karussell zu fahren...Halt, nein! Nicht zu Abend zu essen: weil er seiner Mutter nicht gefällig war, wird er nichts zum Abendessen bekommen.*“ – „Welche von den drei Strafen ist am wenigsten gerecht?“ – „*Die mit dem Karussell.*“ – „Warum?“ – „*Weil er sich darauf freute, hinzugehen.*“...

Buh ($12^1/_2$ Jahre): „Welche ist die gerechteste?“ – „*Die, daß er kein Brot zum Abendessen hat.*“ – „Warum?“ – „*Weil er keines holen wollte.*“ – „Welches ist die unangenehmste Strafe?“ – „*Nicht Karussell fahren.*“ – „Und die gerechteste?“ – „*Kein Brot haben.*“ – „Ist es ebenso gerecht, daß er nicht Karussell fahren darf oder weniger gerecht?“ – „*Weniger.*“ – „Warum?“ – „*Man soll ihm nicht gefällig sein* (die mit dem Karussell ist weniger gerecht), *weil das Brot mit dem Karussell nichts zu tun hat.*“

5. HANS MOHR

Wissenschaft und Ethos

Erlauben Sie mir, daß ich Ihnen an dieser Stelle einen Brief verlese, den ich im Zusammenhang mit der wissenschaftstheoretischen Debatte in der Grundordnungsversammlung an einen meiner Kollegen gerichtet habe. Der Brief lautet: „Lieber Herr ...

Sie haben viel Beifall erhalten, als Sie bei Ihrer Ansprache von den Naturwissenschaftlern verlangten, sie sollten die Konsequenzen möglicher Forschung antizipieren und sittlich verantworten.

Ich nehme an, daß Sie aus einem unmittelbaren Gefühl heraus gesprochen haben, und ich verstehe und achte dieses Gefühl. Es begleitet mich, seitdem ich produktiv Wissenschaft betreibe. Die Logik der Sachlage spricht jedoch gegen dieses Gefühl. Dies ist der Grund dafür, daß Sie zwar pointierte Kritik getrieben haben, uns aber eine Antwort auf das Problem schuldig geblieben sind. Ich war darob nicht verwundert, denn Sie verlangen Unmögliches. Der Vertreter der Physik hat in seinem Referat Beispiele dafür angeführt, wie schwierig es in der klassischen Physik gewesen ist, die mögliche *gesellschaftliche Relevanz* wissenschaftlicher Erkenntnis abzuschätzen. Ihr noch weitergehendes Postulat, der Wissenschaftler müsse sich ein Urteil über das gesellschaftliche ‚Gut' oder ‚Böse' der geplanten Forschung bilden, ist nicht erfüllbar; aus mehreren Gründen.

Ein solches Urteil kann man sich nur bilden, wenn man *außerwissenschaftliche* Normen heranzieht. Zeitlich invariante außerwissenschaftliche Normen gibt es indessen nicht. Was heute ‚gut' ist, kann morgen ‚böse' sein, etwa bezogen auf das jeweilige Wertsystem der Gesellschaft. ‚Gut ist, was dem Volke nützt'; dieser Norm war die deutsche Wissenschaft vor 30 Jahren ausgesetzt, mit verheerenden Konsequenzen. Die Nationalsozialisten haben die *wertfreie* Wissenschaft, wie sie es nannten, mit aller Härte bekämpft und die Forderung nach einer *wertenden Wissenschaft* erhoben, natürlich einer solchen, die ihre eigenen Ziele und Interessen rechtfertigen sollte. Hitler hat diese Forderung mit brutaler Deutlichkeit ausgesprochen: „Der Gedanke einer freien, voraussetzungslosen Wissenschaft konnte nur im Zeitalter des Liberalismus auftauchen. Er ist absurd. Die Wissenschaft ist ein soziales Phänomen und wie jedes solches begrenzt durch den Nutzen oder Schaden, den es für die Allgemeinheit stiftet. Mit dem Schlagwort von der objektiven Wissenschaft hat sich die Professorenschaft nur von der sehr nötigen Beaufsichtigung durch die staatliche Macht befreien wollen." Soweit ich sehe, ist dies generell der Anspruch politischer Ideologien. Selbst die Terminologie ist heute kaum anders als zu Hitlers Zeiten. Verschieden ist allenfalls die Couleur, oder, mit anderen Worten, das jeweilige Wertsystem, für dessen Begründung und Stabilisierung man die Wissenschaft heranziehen möchte.

Doch nun zurück zu Ihrer Forderung an den Wissenschaftler. Erlauben Sie mir die Darlegung von Beispielen.

Ich habe als postdoctoral fellow in Biophysik in den USA seinerzeit die Auseinandersetzung zwischen Oppenheimer und Teller nachvollzogen. Gefühlsmäßig war ich, wie die meisten jungen Wissenschaftler, bei Oppenheimer, obgleich wir ahnten, daß Teller politisch recht behalten würde. Wir haben erst allmählich gemerkt, daß das Problem, um das es ging, zum Zeitpunkt des Streites bereits kein wissenschaftliches Problem mehr war. Die wissenschaftlichen Grundlagen für die H-Bombe waren im Prinzip bereits da. Es war eine rein ‚politische' Entscheidung. Die wissenschaftlichen Grundlagen für die H-Bombe sind ähnlich wie die für die kontrollierte Kernfusion. Diese Reaktion, also die ‚gezähmte H-Bombe', dürfte neben der Kernspaltung die einzige ernsthafte Energiequelle bereits der nahen Zukunft sein. Die Erwartung, kontrollierte thermonukleare Fusionen zustande zu bringen, hat sich indessen bisher nicht erfüllt. Fortschritt auf diesem schwierigen Gebiet ist nur durch weitere Forschung zu erzielen.

...

Die Steroidhormone. Als Butenandt in den dreißiger Jahren die biochemische Natur der Östrogene entdeckte, konnte niemand die gesellschaftliche Relevanz abschätzen. Die Tatsache, daß Butenandt den Nobelpreis erhielt, ist nicht so zu verstehen, als hätte damals irgend jemand ahnen können, welche enorme gesellschaftliche Implikation diese Steroide haben würden. Man konnte seinerzeit nicht mehr annehmen, als was ohnehin jeder Wissenschaftler heute annimmt: Daß jedes ‚richtige' wissenschaftliche Resultat in der modernen Welt potentiell technologisch verwendet werden kann, also notwendigerweise gesellschaftlich relevant ist.

Nun zum Werturteil: Alle kompetenten Wissenschaftler und die meisten Mediziner, deren Meinung ich kenne, sind der Auffassung, daß die Östrogene, als Medikamente oder als Ovulationshemmer angewendet, in den meisten Fällen sowohl physisch als auch psychisch ein besonderes Mittel sind, um Sexualverhalten und Reproduktion in einer Weise zu trennen, die der Würde des Menschen entspricht. – Jedermann weiß, daß z. B. Paul VI. und General de Gaulle völlig anderer Meinung sind. – Nach welchen nichtwissenschaftsimmanenten Maßstäben soll ein Forschungsprojekt über die Molekularbiologie der Östrogene beurteilt werden?

Die *Bevölkerungsexplosion* ist eine in absehbarer Zeit für die Menschheit möglicherweise tödliche Regreßerscheinung der erfolgreichen medizinischen Technik. Sollen wir die Steroidforschung mit allen Mitteln steigern, um so rasch wie möglich ‚billigere' und ‚bessere' Pillen zu schaffen, die auch für die Entwicklungsländer geeignet sind? Sollen wir also auch diesen technischen Regreß – die Bevölkerungsexplosion – durch wissenschaftlichen Progreß abfangen?

…

Ist solche Forschung ‚gesellschaftlich' gut, die die Effizienz der Medizin weiter fördert? Schließlich ist die größte Gefahr, vor der wir stehen, die Bevölkerungsexplosion, in erster Linie darauf zurückzuführen, daß die Medizin auf eine wissenschaftliche Basis gestellt wurde und dadurch die Lebenserwartung in den meisten Teilen der Welt ungeheuer anstieg. Sollte man nicht die Möglichkeit ins Auge fassen, die Effizienz der Medizin zu reduzieren, um die Sterberate wieder zu erhöhen? Ist der Hippokratische Eid[1] noch zu verantworten? Ist es angesichts der Drohung, daß die Bevölkerungsexplosion die Menschheit vernichten wird, noch zu verantworten, Forschung zu betreiben, welche die zweithäufigste Todesursache, den Krebs, eventuell besiegen hilft? – Natürlich ist dies auch für den Biologen, der keinen hippokratischen Eid geleistet hat, eine rhetorische Frage. Aber ist dies so selbstverständlich? In meiner Jugend wurde von einer politischen Ideologie definiert, was lebenswertes Leben ist und was nicht!

B. EINE VIELFALT VON WEISUNGEN

6. Die Zehn Gebote der Bibel

Nun sprach Gott alle die folgenden Worte:

(I.) „Ich bin der Herr, dein Gott, der dich aus dem Lande Ägypten, dem Hause der Knechtschaft, geführt hat. Du sollst keine anderen Götter neben mir haben! Du sollst dir kein Schnitzbild machen, noch irgendein Abbild von dem, was droben im Himmel oder auf der Erde unten oder im Wasser unter der Erde ist! Du sollst dich vor ihnen nicht niederwerfen und sollst sie nicht verehren; denn ich, der Herr, dein Gott, bin ein eifersüchtiger Gott, der die Schuld der Väter an den Kindern, am dritten und vierten Geschlecht, nach-

[1] Vgl. den Text des Hippokratischen Eides T. 79 a.

prüft bei denen, die mich hassen. Ich erweise aber meine Gnade bis ins tausendste Geschlecht denen, die mich lieben und meine Gebote halten.

(II.) Du sollst den Namen des Herrn, deines Gottes, nicht unnütz aussprechen; denn der Herr läßt denjenigen nicht ungestraft, der seinen Namen unnütz ausspricht!

(III.) Gedenke des Sabbattages, um ihn heiligzuhalten. Sechs Tage lang sollst du arbeiten und all deine Geschäfte verrichten. Doch der siebte Tag ist ein Ruhetag für den Herrn, deinen Gott. Du sollst an ihm keinerlei Arbeit tun, weder du selbst noch dein Sohn, noch deine Tochter, noch dein Knecht, noch deine Magd, noch dein Vieh, noch dein Fremdling, der sich in deinen Toren befindet. Denn in sechs Tagen hat der Herr den Himmel, die Erde, das Meer und alles, was in ihnen ist, erschaffen; doch am siebten Tag ruhte er. Darum segnete der Herr den Sabbat und erklärte ihn für heilig.

(IV.) Ehre deinen Vater und deine Mutter, damit du lange lebst in dem Land, das der Herr, dein Gott, dir gibt!

(V.) Du sollst nicht töten!

(VI.) Du sollst nicht ehebrechen!

(VII.) Du sollst nicht stehlen!

(VIII.) Du sollst gegen deinen Nächsten kein falsches Zeugnis abgeben!

(IX.) Du sollst nicht das Haus deines Nächsten begehren!

(X.) Du sollst nicht begehren die Frau deines Nächsten und auch nicht seinen Knecht, seine Magd, sein Rind, seinen Esel und nichts von dem, was deinem Nächsten gehört!"

7. Die zehn Gebote des buddhistischen Mönchs

Abstehen von der Zerstörung von Leben.

Abstehen vom Nehmen nicht-gegebener Dinge.

Abstehen von nicht-keuschem Wandel.

Abstehen von lügnerischer Rede.

Abstehen von Berauschung durch den Genuß geistiger Getränke.

Abstehen vom Essen zu ungehöriger Zeit.

Abstehen von Tanz, Gesang, Musik und von der Betrachtung von Schauspielen.

Abstehen von Schmückung und Verschönerung (des Körpers) durch Verwendung von Kränzen, Wohlgerüchen und Salben.

Abstehen von (der Benutzung) einer hohen und breiten Lagerstätte.

Abstehen von der Annahme von Gold und Silber.

8. Aus der Bergpredigt

21 Ihr habt gehört, daß gesagt wurde zu den Alten: ‚Du sollst nicht töten' (2 Mos 20,13; 5 Mos 5,17). Wer tötet, wird dem Gericht verfallen sein. 22 Ich aber sage euch: Jeder, der seinem Bruder zürnt, wird dem Gericht verfallen sein. Wer zu seinem

Bruder sagt: Du Tor! wird dem Hohen Rat verfallen sein; wer sagt: Du Narr! wird der Feuerhölle verfallen sein. 23 Wenn du daher deine Gabe zum Altare bringst und dich dort erinnerst, daß dein Bruder etwas gegen dich hat, 24 so laß deine Gabe dort vor dem Altar und geh zuerst hin und versöhne dich mit deinem Bruder, und dann komm und opfere deine Gabe! 25 Verständige dich mit deinem Gegner ohne Zögern, solange du noch mit ihm auf dem Wege bist, damit dich nicht der Gegner dem Richter und der Richter dem Gerichtsdiener übergibt und du in den Kerker geworfen wirst. 26 Wahrlich, ich sage dir: Du kommst nicht heraus von dort, bis du bezahlt hast den letzten Heller.

27 Ihr habt gehört, daß gesagt wurde [zu den Alten]: ‚Du sollst nicht ehebrechen' (2 Mos 20,14; 5 Mos 5,18). 28 Ich aber sage euch: Ein jeder, der eine Frau anblickt mit begehrlicher Absicht, hat schon die Ehe mit ihr gebrochen in seinem Herzen. 29 Wenn dein rechtes Auge dir zum Ärgernis wird, so reiß es aus und wirf es von dir; denn es ist besser für dich, daß eines deiner Glieder verlorengehe, als daß dein ganzer Leib in die Hölle geworfen werde. 30 Wenn deine rechte Hand dir zum Ärgernis wird, so haue sie ab und wirf sie von dir; denn es ist besser für dich, daß eines deiner Glieder verlorengehe, als daß dein ganzer Leib in die Hölle fahre.

31 Es wurde auch gesagt: ‚Wer seine Frau entläßt, gebe ihr einen Scheidebrief' (5 Mos 24,1). 32 Ich aber sage euch: Ein jeder, der seine Frau entläßt – nicht kommt in Frage Begründung mit Unzucht (5 Mos 24,1)! –, macht sie zur Ehebrecherin, und wer eine Entlassene heiratet, bricht die Ehe.

33 Wiederum habt ihr gehört, daß gesagt wurde zu den Alten: ‚Du sollst nicht falsch schwören' (3 Mos 19,12); ‚du sollst dem Herrn deine Schwüre halten' (4 Mos 30,3; 5 Mos 23,22). 34 Ich aber sage euch: Schwört überhaupt nicht, auch nicht beim Himmel, denn er ist ‚der Thron Gottes', 35 auch nicht bei der Erde, denn sie ist ‚der Schemel seiner Füße' (Is 66,1), auch nicht bei Jerusalem, denn es ist ‚die Stadt des großen Königs' (Ps 48,3). 36 Auch nicht bei deinem Haupte sollst du schwören, weil du nicht ein einziges Haar weiß machen kannst oder schwarz. 37 Es sei euer Jawort ein Ja, euer Nein ein Nein. Was darüber hinausgeht, ist vom Bösen.

38 Ihr habt gehört, daß gesagt wurde: ‚Aug um Aug, Zahn um Zahn' (2 Mos 21,24; 5 Mos 19,21). 39 Ich aber sage euch: Wehrt euch nicht gegen den Bösen, sondern wer dich auf deine rechte Wange schlägt, dem halte auch die andere hin! 40 Und wer dich vor Gericht bringen und deinen Leibrock nehmen will, dem lasse auch den Mantel! 41 Und wer dich nötigt zu einer einzigen Meile, mit dem gehe zwei! 42 Wer dich bittet, dem gib, und wer von dir borgen will, den weise nicht ab!

43 Ihr habt gehört, daß gesagt wurde: ‚Du sollst deinen Nächsten lieben' (3 Mos 19,18) und deinen Feind hassen. 44 Ich aber sage euch: Liebt eure Feinde [, tut Gutes denen, die euch hassen,] und betet für sie, die euch verfolgen [und verleumden], 45 auf daß ihr Söhne eures Vaters im Himmel werdet; denn er läßt seine Sonne aufgehen über Böse und Gute und läßt regnen über Gerechte und Ungerechte. 46 Denn wenn ihr die liebt, die euch lieben, welchen Lohn habt ihr? Tun nicht auch die Zöllner das gleiche? 47 Und wenn ihr nur eure Brüder grüßt, was tut ihr Besonderes? Tun nicht auch die Heiden das gleiche? 48 Seid also vollkommen, wie euer Vater im Himmel vollkommen ist!

9. Pflichten der Muslims

In der folgenden Zusammenfassung werden zuerst die fünf wesentlichen Verpflichtungen, die „fünf Säulen“ des Islam, genannt. Sodann folgen weitere Gebote.

1. Das *Glaubensbekenntnis,* das sich auf Gott (Allah) und Mohammed bezieht.
2. Der *Dienst an Gott* wird durch *tägliches Gebet* zu bestimmten fünf Tages- und Nachtzeiten, Niederwerfungen und freiwillige Andachtsübungen verrichtet. *Gebetsrichtung* (Kibla auf arabisch) ist die Kaaba, die heilige Moschee zu Mekka, wo immer der Gläubige sich befindet.
3. Einhalten der *Fastenvorschriften,* regelmäßig tagsüber im Fastenmonat Ramadan, auch als Bußübung in besonderen Fällen;
4. Durchführung der *Großen Pilgerfahrt* (Hadsch) einmal im Leben, oder öfters der Kleinen (Umra) für Nahewohnende, zur heiligen Stätte nach Mekka;
5. Abgabe der Zakat, der *Armensteuer,* die auf Bargeld oder Besitz (als Abgabe von der Nutzung in Naturalien) erhoben wird. Sie fließt vom Reichen dem Besitzlosen und Bedürftigen zu. Almosengabe ist eine immer wiederkehrende Forderung an den Gläubigen, sie ist auch Buße für Versündigung.

Speiseverbote aus heidnischer Zeit und solche, die den Juden auferlegt sind, sind im Koran vielfach aufgehoben beziehungsweise beschränkt. Sie bestehen vor allem hinsichtlich Wein (Alkohol), Schweinefleisch, Blut und Verendetem;
Spiel und abergläubische Schicksalsbefragung sind verboten. *Geboten* sind *gastliche Güte* gegen Pilger und Wandersmann. *Heiliges Gebot* ist die Befolgung des *Aufrufs zum Religionskrieg.*
Zu den rein religiösen Vorschriften treten *moralische* und *bürgerliche Pflichten*:
Achtung vor dem Leben des Mitmenschen, damit Einschränkung der Blutrache aus heidnischer Zeit und Verbot des Tötens weiblicher Nachkommenschaft, die dem Araber unerwünscht war;
Treue und Anständigkeit im *Einhalten von Verträgen* und im Handelsleben (in Maß und Gewicht);
Einschränkung der Polygamie auf vier Frauen und Besserstellung dieser bei gleichzeitiger Erschwerung der in heidnischer Zeit ganz einfachen Scheidung;
Güte und liebevolle *Dankbarkeit den Eltern* und gegen Anverwandte. *Hilfestellung* zu Stammes- und Glaubensgenossen, besonders zu Waisen (und Redlichkeit in deren Vermögensverwaltung);
Obsorge für die eigenen Kinder und Fürsorge für deren Mütter;
Sittlicher Lebenswandel;
Pflichttreue;
Güte gegen Untergebene und Sklaven, deren Haltung die heutige mohammedanische Lehre untersagt;
Verbot des Selbstmordes.

10. IMMANUEL KANT

Der kategorische Imperativ

Kant hat mehrere Formen seines kategorischen Imperativs gegeben. Drei davon sind hier wiedergegeben.

Der kategorische Imperativ ist also ein einziger und zwar dieser: *handle nur nach derjenigen Maxime*[1], *durch die du zugleich wollen kannst, daß sie ein allgemeines Gesetz werde.*

Wenn nun aus diesem einigen Imperativ alle Imperativen der Pflicht als aus ihrem Prinzip abgeleitet werden können, so werden wir, ob wir es gleich unausgemacht lassen, ob nicht überhaupt das, was man Pflicht nennt, ein leerer Begriff sei, doch wenigstens anzeigen können, was wir dadurch denken und was dieser Begriff sagen wolle.

Weil die Allgemeinheit des Gesetzes, wonach Wirkungen geschehen, dasjenige ausmacht, was eigentlich *Natur* im allgemeinen Verstande (der Form nach), d. i. das Dasein der Dinge heißt, sofern es nach allgemeinen Gesetzen bestimmt ist, so könnte der allgemeine Imperativ der Pflicht auch so lauten: *handle so, als ob die Maxime deiner Handlung durch deinen Willen zum allgemeinen Naturgesetze werden sollte.*

Handle so, daß du die Menschheit, sowohl in deiner Person als in der Person eines jeden anderen, jederzeit zugleich als Zweck, niemals bloß als Mittel brauchst.

11. Die zehn Gebote der Papuas

Diese und ähnliche Gebote wurden der Papuajugend in einer Art Unterweisung vor der Jugendweihe zum Teil unter harten Drohungen eingeschärft:„Weicht ihr davon, so sind Unheil und Rache der Ahnen, Tod und Verderben euer Los; dann bringt ihr Unglück über Sippe und Stamm; dann werdet ihr totgeschlagen und (bei Menschenfresserstämmen) aufgefressen!"

1. Du sollst dich fürchten! Am Tag sollst du dich besonders vor den Geisterplätzen, Geisterhöhlen, Geisterwassern, Geisterbäumen, Geisterfelsen und Geistertieren und überhaupt vor allem, was mit Geistern zusammenhängt, fürchten. Noch viel mehr sollst du dich aber in der Nacht fürchten, wo die Geister umgehen.
2. Du sollst niemals und in keiner Weise den Pfad der Ahnen verlassen, sondern alles genauso halten und weiterführen, wie es von ihnen überliefert worden ist.
3. Du sollst dich vor den Zauberern hüten. Laß nie einen Speiserest liegen, spucke nur ins Feuer oder Wasser aus, deinen Nasenschleim schmiere ans Bein, damit niemand deiner Seele habhaft werde. Wenn du in einem Dorf zu Besuch bist und es wieder verläßt, dann vergiß nicht, deinen Sitzplatz mit dem Knochendolch zu

[1] *Maxime* ist das subjektive Prinzip zu handeln und muß vom *objektiven Prinzip*, nämlich dem praktischen Gesetze, unterschieden werden. Jene enthält die praktische Regel, die die Vernunft den Bedingungen des Subjekts gemäß (öfters der Unwissenheit oder auch den Neigungen desselben) bestimmt, und ist also der Grundsatz, nach welchem das Subjekt *handelt*; das Gesetz aber ist das objektive Prinzip, gültig für jedes vernünftige Wesen, und der Grundsatz, nach dem es *handeln soll*, d. i. ein Imperativ. (Autor)

stechen; nur so wird nichts von deiner Seele zurückbleiben, und der Zauberer kann dir nichts anhaben. Vor allen Dingen aber mußt du für jeden Menschen, der aus deiner Verwandtschaft stirbt, jemand von der Sippe des Zauberers totschlagen.

4. Du sollst dich vor allem Fremden, insbesondere vor jedem fremden Menschen hüten, denn jeder Fremde ist ein Feind, der dir gefährlich werden kann. Die Berührung mit ihm schadet immer. Freund ist nur der Sippengenosse.
5. Du sollst die Alten und Großen, die Häuptlinge und Krieger ehren und ihnen nie widersprechen, denn sie haben die Macht, dir zu schaden.
6. Du sollst deinem Sippengenossen in jeder Lage und in jedem Falle helfen und für ihn Partei ergreifen, ob er recht oder unrecht hat; aber deinem Feind und jedem Fremden sollst du jederzeit und in jeder Weise schaden.
7. Alles, was dir gehört, was du erwirbst oder erbeutest, sollst du mit deinem Sippengenossen teilen und nichts für dich allein behalten, sei es auch nur eine Maus oder ein Vogelei.
8. Du sollst stets deiner Sippe Nutzen im Auge haben; denn er kommt auch dir zugute. Als Glied deiner Sippe bist du für sie verantwortlich und haftbar, wie auch deine Sippe für dich verantwortlich und haftbar ist.
9. Du sollst dir dein Weib durch Kauf ehrlich erwerben oder es bei den Feinden rauben, nicht aber deinem Sippengenossen entführen, denn daraus folgt Sippenstreit und Blutvergießen.
10. Du Mann, wenn dir deine Frau nicht folgt oder dir nichts zu essen kocht, dann schlage sie; denn ihr Sinn steht gewiß nach einem anderen Mann.
    Du Frau, folge deinem Mann und koche ihm stets das Essen, sonst schlägt er dich, und es kommt zu Unfrieden und Sippenstreit.

12. Zehn Gesetze der nationalsozialistischen Erziehung (vom 9. 9. 1937)

1. Deutscher Student, es ist nicht nötig, daß Du lebst, wohl aber, daß Du Deine Pflicht gegenüber Deinem Volk erfüllst! Was Du bist, werde als Deutscher!
2. Oberstes Gesetz und höchste Würde ist dem deutschen Mann die Ehre. Verletzte Ehre kann nur mit Blut gesühnt werden. Deine Ehre ist die Treue zu Deinem Volk und zu Dir selbst.
3. Deutscher sein, heißt Charakter haben. Du bist berufen, die Freiheit des deutschen Geistes zu erkämpfen. Suche die Wahrheiten, die in Deinem Volk beschlossen liegen!
4. Zügellosigkeit und Ungebundenheit sind keine Freiheit. Es liegt im Dienen mehr Freiheit als im eigenen Befehl. Von Deinem Glauben, Deiner Begeisterung und Deinem kämpferischen Willen hängt die Zukunft Deutschlands ab.
5. Wer nicht die Phantasie besitzt, sich etwas vorzustellen, wird nichts erreichen, und Du kannst nicht anzünden, wenn es in Dir nicht brennt. Habe den Mut, zu bewundern und ehrfürchtig zu sein!

6. Zum Nationalsozialisten wird man geboren, noch mehr wird man dazu erzogen, am meisten erzieht man sich selbst dazu.
7. Wenn etwas ist, gewaltiger als das Schicksal, dann ist es Dein Mut, der es unerschüttert trägt. Was Dich nicht umbringt, macht Dich nur stärker. Gelobet sei, was hart macht!
8. Lerne in einer Ordnung zu leben! Zucht und Disziplin sind die unerläßlichen Grundlagen jeder Gemeinschaft und der Anfang jeder Erziehung.
9. Als Führer sei hart in Deiner eigenen Pflichterfüllung, entschlossen in der Vertretung des Notwendigen, hilfreich und gut, nie kleinlich in der Beurteilung menschlicher Schwächen, groß im Erkennen der Lebensbedürfnisse anderer und bescheiden in Deinen eigenen.
10. Sei Kamerad! Sei ritterlich und bescheiden! In Deinem persönlichen Leben sei Vorbild! An Deinem Umgang mit Menschen erkennt man das Maß Deiner sittlichen Reife. Sei eins im Denken und Handeln! Lebe dem Führer nach.

13. Die zehn Gebote sozialistischer Moral

Das moralische Gesicht des neuen sozialistischen Menschen, der sich in diesem edlen Kampf um den Sieg des Sozialismus entwickelt, wird bestimmt durch die Einhaltung der grundlegenden Moralgesetze:

1. Du sollst dich stets für die internationale Solidarität der Arbeiterklasse und aller Werktätigen sowie für die unverbrüchliche Verbundenheit aller sozialistischen Länder einsetzen.
2. Du sollst dein Vaterland lieben und stets bereit sein, deine ganze Kraft und Fähigkeit für die Verteidigung der Arbeiter- und Bauernmacht einzusetzen.
3. Du sollst helfen, die Ausbeutung des Menschen durch den Menschen zu beseitigen.
4. Du sollst gute Taten für den Sozialismus vollbringen, denn der Sozialismus führt zu einem besseren Leben für alle Werktätigen.
5. Du sollst beim Aufbau des Sozialismus im Geiste der gegenseitigen Hilfe und der kameradschaftlichen Zusammenarbeit handeln, das Kollektiv achten und seine Kritik beherzigen.
6. Du sollst das Volkseigentum schützen und mehren.
7. Du sollst stets nach Verbesserung deiner Leistung streben, sparsam sein und die sozialistische Arbeitsdisziplin festigen.
8. Du sollst deine Kinder im Geiste des Friedens und des Sozialismus zu allseitig gebildeten, charakterfesten und körperlich gestählten Menschen erziehen.
9. Du sollst sauber und anständig leben und deine Familie achten.
10. Du sollst Solidarität mit den um ihre nationale Befreiung kämpfenden und den ihre nationale Unabhängigkeit verteidigenden Völkern üben.

Diese Moralgesetze, diese Gebote der neuen, sozialistischen Sittlichkeit sind ein fester Bestandteil unserer Weltanschauung.

14. Allgemeine Erklärung der Menschenrechte der UN vom 10. 12. 1948

Art. 1

Alle Menschen sind frei und gleich an Würde und Rechten geboren. Sie sind mit Vernunft und Gewissen begabt und sollen einander im Geiste der Brüderlichkeit begegnen.

Art. 2

Jeder Mensch hat Anspruch auf die in dieser Erklärung verkündeten Rechte und Freiheiten ohne irgendeine Unterscheidung, wie etwa nach Rasse, Farbe, Geschlecht, Sprache, Religion, politischer oder sonstiger Überzeugung, nationaler oder sozialer Herkunft, nach Eigentum, Geburt oder sonstigen Umständen.

Art. 3

Jeder Mensch hat das Recht auf Leben, Freiheit und Sicherheit der Person.

Art. 4

Niemand darf in Sklaverei oder Leibeigenschaft gehalten werden.

Art. 5

Niemand darf der Folter oder grausamer, unmenschlicher oder erniedrigender Behandlung oder Strafe unterworfen werden.

Art. 6

Jeder Mensch hat überall Anspruch auf Anerkennung als Rechtsperson.

Art. 7

Alle Menschen sind vor dem Gesetze gleich und haben ohne Unterschied Anspruch auf gleichen Schutz durch das Gesetz.

Art. 8

Jeder Mensch hat Anspruch auf wirksamen Rechtsschutz vor den zuständigen innerstaatlichen Gerichten gegen alle Handlungen, die seine ihm nach der Verfassung oder nach dem Gesetz zustehenden Grundrechte verletzen.

Art. 9

Niemand darf willkürlich festgenommen, in Haft gehalten oder des Landes verwiesen werden.

Art. 10

Jeder Mensch hat in voller Gleichberechtigung Anspruch auf ein der Billigkeit entsprechendes und öffentliches Verfahren vor einem unabhängigen und unparteiischen Gericht, das über seine Rechte und Verpflichtungen oder über irgendeine gegen ihn erhobene strafrechtliche Beschuldigung zu entscheiden hat.

Art. 11

Jeder Mensch, der einer strafbaren Handlung beschuldigt wird, ist so lange als unschuldig anzusehen, bis seine Schuld in einem öffentlichen Verfahren, in dem alle für seine Verteidigung nötigen Voraussetzungen gewährleistet waren, gemäß dem Gesetz nachgewiesen ist. Niemand kann wegen einer Handlung oder Unterlassung verurteilt werden, die im Zeitpunkt, da sie erfolgte, auf Grund des nationalen oder internationalen Rechts nicht strafbar war. Desgleichen kann keine schwerere Strafe verhängt werden, als die, welche im Zeitpunkt der Begehung der strafbaren Handlung anwendbar war.

Art. 12

Niemand darf willkürlichen Eingriffen in sein Privatleben, seine Familie, sein Heim oder seinen Briefwechsel noch Angriffen auf seine Ehre und seinen Ruf ausgesetzt werden. Jeder Mensch hat Anspruch auf rechtlichen Schutz gegen derartige Eingriffe oder Anschläge.

Art. 13

Jeder Mensch hat das Recht auf Freizügigkeit und freie Wahl seines Wohnsitzes innerhalb eines Staates. Jeder Mensch hat das Recht, jedes Land, einschließlich seines eigenen, zu verlassen sowie in sein Land zurückzukehren.

Art. 14

Jeder Mensch hat das Recht, in anderen Ländern vor Verfolgung Asyl zu suchen und zu genießen. Dieses Recht kann jedoch im Falle einer Verfolgung wegen nicht politischer Verbrechen oder wegen Handlungen, die gegen die Ziele und Grundsätze der Vereinten Nationen verstoßen, nicht in Anspruch genommen werden.

Art. 15

Jeder Mensch hat Anspruch auf eine Staatsangehörigkeit. Niemandem darf seine Staatsangehörigkeit willkürlich entzogen noch ihm das Recht versagt werden, seine Staatsangehörigkeit zu wechseln.

Art. 16

Heiratsfähige Männer und Frauen haben ohne Beschränkung durch Rasse, Staatsbürgerschaft oder Religion das Recht, eine Ehe zu schließen und eine Familie zu gründen. Sie haben bei der Eheschließung, während der Ehe und bei deren Auflösung gleiche Rechte. Die Ehe darf nur auf Grund der freien und vollen Willenseinigung der zukünftigen Ehegatten geschlossen werden. Die Familie ist die natürliche und grundlegende Einheit der Gesellschaft und hat Anspruch auf Schutz durch Gesellschaft und Staat.

Art. 17

Jeder Mensch hat allein oder in Gemeinschaft mit anderen Recht auf Eigentum. Niemand darf willkürlich seines Eigentums beraubt werden.

Art. 18

Jeder Mensch hat Anspruch auf Gedanken-, Gewissens- und Religionsfreiheit, dieses Recht umfaßt die Freiheit, seine Religion oder seine Überzeugung zu wechseln, sowie die Freiheit, seine Religion oder seine Überzeugung allein oder in Gemeinschaft mit anderen, in der Öffentlichkeit oder privat, durch Lehre, Ausübung, Gottesdienst und Vollziehung von Riten zu bekunden.

Art. 19

Jeder Mensch hat das Recht auf freie Meinungsäußerung; dieses Recht umfaßt die Freiheit, Meinungen unangefochten anzuhängen und Informationen und Ideen mit allen Verständigungsmitteln ohne Rücksicht auf Grenzen zu suchen, zu empfangen und zu verbreiten.

Art. 20

Jeder Mensch hat das Recht auf Versammlungs- und Vereinigungsfreiheit zu friedlichen Zwecken. Niemand darf gezwungen werden, einer Vereinigung anzugehören.

Art. 21

Jeder Mensch hat das Recht, an der Leitung der öffentlichen Angelegenheiten seines Landes unmittelbar oder durch frei gewählte Vertreter teilzunehmen. Jeder Mensch hat unter gleichen Bedingungen das Recht auf Zulassung zu öffentlichen Ämtern in seinem Lande. Der Wille des Volkes bildet die Grundlage für die Autorität der öffentlichen Gewalt; dieser Wille muß durch periodische und unverfälschte Wahlen mit allgemeinem und gleichem Wahlrecht bei geheimer Stimmabgabe oder in einem gleichwertigen freien Wahlverfahren zum Ausdruck kommen.

Art. 22

Jeder Mensch hat als Mitglied der Gesellschaft Recht auf soziale Sicherheit; er hat Anspruch darauf, durch innerstaatliche Maßnahmen und internationale Zusammenarbeit unter Berücksichtigung der Organisation und der Hilfsmittel jedes Staates in den Genuß der für seine Würde und die freie Entwicklung seiner Persönlichkeit unentbehrlichen wirtschaftlichen, sozialen und kulturellen Rechte zu gelangen.

Art. 23

Jeder Mensch hat das Recht auf Arbeit, auf freie Berufswahl, auf angemessene und befriedigende Arbeitsbedingungen sowie auf Schutz gegen Arbeitslosigkeit. Alle Menschen haben ohne jede unterschiedliche Behandlung das Recht auf gleichen Lohn für gleiche Arbeit. Jeder Mensch, der arbeitet, hat das Recht auf angemessene und befriedigende Entlohnung, die ihm und seiner Familie eine der menschlichen Würde entsprechende Existenz sichert und die, wenn nötig, durch andere soziale Schutzmaßnahmen zu ergänzen ist. Jeder Mensch hat das Recht, zum Schutze seiner Interessen Berufsvereinigungen zu bilden und solchen beizutreten.

Art. 24

Jeder Mensch hat Anspruch auf Erholung und Freizeit sowie auf eine vernünftige Begrenzung der Arbeitszeit und auf periodischen, bezahlten Urlaub.

Art. 25

Jeder Mensch hat Anspruch auf eine Lebenshaltung, die seine und seiner Familie Gesundheit und Wohlbefinden, einschließlich Nahrung, Kleidung, Wohnung, ärztlicher Betreuung und der notwendigen Leistungen der sozialen Fürsorge, gewährleistet; er hat das Recht auf Sicherheit im Falle von Arbeitslosigkeit, Krankheit, Invalidität, Verwitwung, Alter oder von anderweitigem Verlust seiner Unterhaltsmittel durch unverschuldete Umstände. Mutter und Kind haben Anspruch auf besondere Hilfe und Unterstützung. Alle Kinder, eheliche und uneheliche, genießen den gleichen sozialen Schutz.

Art. 26

Jeder Mensch hat das Recht auf Bildung. Der Unterricht muß wenigstens in den Elementar- und Grundschulen unentgeltlich sein. Der Elementarunterricht ist obligatorisch. Fachlicher und beruflicher Unterricht soll allgemein zugänglich sein; die höheren Schulen sollen nach Maßgabe ihrer Fähigkeiten und Leistungen in gleicher Weise offenstehen. Die Ausbildung soll die volle Entfaltung der menschlichen Persönlichkeit und die Stärkung der Achtung der Menschenrechte und Grundfreiheiten zum Ziele haben. Sie soll Verständnis, Duldsamkeit und Freundschaft zwischen allen Nationen und allen rassischen oder religiösen Gruppen fördern und die Tätigkeit der Vereinten Nationen zur Aufrechterhaltung des Friedens begünstigen. In erster Linie haben die Eltern das Recht, die Art der ihren Kindern zuteil werdenden Bildung zu bestimmen.

Art. 27

Jeder Mensch hat das Recht, am kulturellen Leben der Gemeinschaft frei teilzunehmen, sich der Künste zu erfreuen und am wissenschaftlichen Fortschritt und dessen Wohltaten teilzuhaben. Jeder Mensch hat das Recht auf Schutz der moralischen und materiellen Interessen, die sich aus jeder wissenschaftlichen, literarischen oder künstlerischen Produktion ergeben, deren Urheber er ist.

Art. 28

Jeder Mensch hat Anspruch auf eine soziale und internationale Ordnung, in welcher die in der vorliegenden Erklärung angeführten Rechte und Freiheiten voll verwirklicht werden können.

Art. 29

Jeder Mensch hat Pflichten gegenüber der Gemeinschaft, in der allein die freie und volle Entwicklung seiner Persönlichkeit möglich ist. Jeder Mensch ist in Ausübung seiner Rechte und Freiheiten nur den Beschränkungen unterworfen, die das Gesetz ausschließlich zu dem Zwecke vorsieht, um die Anerkennung und Achtung der Rechte und Freiheiten der anderen zu gewährleisten und den gerechten Anforderungen der Moral, der öffentlichen Ordnung und der allgemeinen Wohlfahrt in einer demokratischen Gesellschaft zu genügen. Rechte und Freiheiten dürfen in keinem Fall im Widerspruch zu den Zielen und Grundsätzen der Vereinten Nationen ausgeübt werden.

Art. 30

Keine Bestimmung der vorliegenden Erklärung darf so ausgelegt werden, daß sich daraus für einen Staat, eine Gruppe oder eine Person irgendein Recht ergibt, eine Tätigkeit auszuüben oder eine Handlung zu setzen, welche auf die Vernichtung der in dieser Erklärung angeführten Rechte und Freiheiten abzielen.

II. ZUR GENESE ETHISCHEN VERHALTENS – BEITRÄGE DER WISSENSCHAFTEN

Einführung

Eine Ethik kann sich heute nicht mit philosophischen Reflexionen allein begnügen. Sie muß auch die Beiträge derjenigen Wissenschaften zur Kenntnis nehmen und verarbeiten, die sich mit ethischen Fragestellungen befassen. Aus der Vielzahl der Arbeiten, die in den letzten Jahrzehnten entstanden sind, werden hier einige wenige, aber doch sehr wichtige und vielfach diskutierte Beispiele vorgestellt, und zwar aus der Verhaltensforschung, aus der Psychologie und aus den Sozialwissenschaften. Sie befassen sich in der Mehrzahl mit der Frage der Genese ethischen Verhaltens. Die Richtung der Antwort ist dabei für die drei genannten Wissenschaftsbereiche verschieden. Die Verhaltensforschung rekurriert auf die biologische Struktur, die Psychologie sucht nach psychischen Faktoren, die Sozialwissenschaften betonen die Rolle der Gesellschaft bzw. Gruppe bei der Entstehung ethischen Verhaltens. Natur – Ich – Gesellschaft, das also sind die Bereiche, auf die eine philosophische Ethik heute durch die Wissenschaften aufmerksam gemacht wird. Es sei allerdings vermerkt, daß diese Bereiche auch von der früheren Ethik mitbedacht worden sind, allerdings weniger in der empirisch-fachlichen Art heutiger Wissenschaft. Eine künftige Ethik wird die Aufgabe haben, das so reiche, aber durchaus nicht einheitliche Material der Erfahrungswissenschaften auf einen Begriff und in systematische Ordnung zu bringen. Zur Zeit scheint diese Aufgabe wohl gesehen, aber durchaus noch nicht gelöst zu sein.

Die *Verhaltensforschung* (Ethologie) hat in den letzten Jahren viele ethische Fragen tangiert. Vor allem das Buch von Konrad Lorenz „Das sogenannte Böse“ (15) hat eine große Diskussion entfacht. Lorenz weist hier daraufhin, daß viele Verhaltensformen bei Tieren, die man als „böse“ interpretiert, durchaus nützliche Funktionen haben. So dienen z. B. bestimmte Formen der Aggression der Erhaltung der Art (15 a).

Ferner zeigt sich, daß bestimmte moralische Verhaltensformen wie Liebe oder Aggressionshemmung im naturalen Bereich vorprogrammiert sind. Sie dienen der Erhaltung und Auslese von Lebewesen und sind damit im Sinne Darwins erklärbar (15 b – c). Ein grundsätzliches Problem besteht allerdings darin, ob man Einsichten, die man beim Verhalten von Tieren beobachtet hat, auf den Menschen übertragen kann und darf. Irenäus Eibl-Eibesfeldt, ein Lorenz-Schüler, geht dieser Frage nach (16 a). Zugleich geht er auf die Kritik ein, die die Verhaltensforschung in ihren anthropologisch-ethischen Implikationen gefunden hat (16 b). Im Unterricht wird man weitere kritische Gesichtspunkte suchen können und sich ferner fragen müssen, ob die Zurückweisung der Kritik durch Eibl-Eibesfeldt überzeugend ist. Weitere Materialien aus dem Biologieunterricht und aus leicht zugänglichen Quellen können den Unterricht beleben[1]. – Der letzte Text (13) von Wolfgang Wickler stammt aus dessen anregendem Buch „Die Biologie der Zehn Gebote“. Er bietet ein Beispiel für moralanaloges Verhalten von Tieren. Hier wird man die Analogien und Differenzen zu menschlicher Moralität herausarbeiten können.

Der Text von S. Freud (18) eröffnet ethische Perspektiven der *Psychologie.* Der Begründer der Psychoanalyse versucht hier eine Erklärung für die Genese des Gewissens, des Schuldgefühls, des Unterscheidungsvermögens für Gut und Böse. Introjizierung von Aggression, Angst vor Liebesverlust, Triebverzicht, Internalisierung von (väterlicher) Autorität, schließlich auch Angst vor dem Über-Ich – das sind seine entscheidenden Kategorien der Erklärung. Auch die beiden nächsten Texte stammen aus der psychoanalytischen Schule. E. Erikson zeigt, wie Ur-Vertrauen

[1] In diesem Abschnitt wird die Aggressionsproblematik auch in den Texten von S. Freud (18) und H. Zulliger (20) berührt.

und Ur-Mißtrauen, wie Hoffnung, wie die Entfaltung des Willens und der Autonomie in den vormoralischen Tagen der Kindheit grundgelegt werden und in bestimmten Erfahrungen der Wechselseitigkeit gründen (19). Ein Beispiel kindlicher Aggression und ihrer Überwindung bietet H.Zulliger (20). Die beiden nächsten Texte stellen neuere empirische Forschungen zur Entstehung und Eigenart des moralischen Urteils vor. J. Piaget hat sich vor allem mit der Entstehung des moralischen Urteils beim Kind befaßt. Einige seiner Entdeckungen werden in kurzgefaßten Referaten von Guido Petter (20a), einem guten Kenner Piagets, und Maria Ossowska (20b), einer führenden polnischen Soziologin (vgl. T. 26), vorgestellt. L. Kohlberg hat eine noch stärkere Differenzierung der moralischen Urteilsstufen konstatiert und – darin sich von Piaget unterscheidend – bemerkt, daß alle Stufen des moralischen Urteils in jedem Lebensalter vorkommen (22, vgl. vor allem die Graphik). Piaget hatte bestimmte moralische Stufen bestimmten Altersstufen zugeordnet. – Am Schluß des Abschnitts kommt schließlich der Hauptvertreter des Behaviorismus zu Wort, durch den die Methode der Innenbetrachtung abgelehnt und für die Psychologie nur noch Begriffe wie Reiz und Reaktion zugelassen werden. B. F. Skinner, der vor allem von großer Wirkung in den USA war und auch bei uns z. B. die Idee des programmierten Lernens maßgeblich beeinflußt hat, zeigt in dem vorgestellten Text (23), was nun behavioristisch „gut" und „böse" ist. Sie sind positive und negative Verstärker unseres Verhaltens. Man wird gerade diesen Text mit den spezifisch philosophischen Reflexionen über die Wesensart des moralisch Guten vergleichen müssen (vgl. z. B. T 59 - 69), um zu einem fundierten Urteil über das Gute zu kommen.
Auch die *Sozialwissenschaften* haben sich intensiv mit ethischen Fragestellungen befaßt. Hier müssen zunächst die Thesen im Gefolge von K. Marx über das Verhältnis von Ethik und Gesellschaft genannt werden, die natürlich auch unter den philosophischen Positionen (Teil IV) ihren Platz haben könnten. Sein materialistischer Ansatz läßt die Ethik als Überbau (Abbild) über den ökonomischen Verhältnissen erscheinen (24). Demgegenüber hat Max Weber gezeigt, daß umgekehrt gerade die gesellschaftlichen Verhältnisse entscheidend von ethischen und religiösen Faktoren geprägt werden (25). Diesen Ansatz hat er in seiner berühmten Schrift „Die protestantische Ethik und der Geist des Kapitalismus" entwickelt, aus der hier ein Abschnitt angeführt wird. – Der Text von M. Ossowska (26) zeigt, wie bestimmte gesellschaftliche Rollen, z. B. Berufe oder Familienpositionen, mit bestimmten sittlichen Normen bzw. Erwartungen verbunden sind. Am Schluß zeigt E. Durkheim (27), daß sich alle moralische Tätigkeit letztlich nur auf die Gesellschaft beziehe. Er findet nur im Gruppenleben Moral.
Die vielfachen Aspekte, die der ganze Abschnitt zum Problemkreis der Genese ethischen Verhaltens bringt, sollten nicht für die eigentlich philosophischen Probleme der Ethik blind machen. Vor allem sollte im Unterricht überlegt werden, ob Wissenschaft allein Ethos begründen kann und ob mit der Erklärung der Genese von Moral schon etwas über deren Legitimation ausgemacht ist.

A. VERHALTENSFORSCHUNG

15. KONRAD LORENZ

Wozu das Böse gut ist

a) *Arterhaltende Funktion der inner- und zwischenartlichen Aggression*

Wozu kämpfen Lebewesen überhaupt miteinander? Kampf ist in der Natur ein allgegenwärtiger Vorgang, die Verhaltensweisen ebenso wie die Angriffs- und Verteidigungswaffen, die ihm dienen, sind so hoch entwickelt und so offensichtlich unter

dem Selektionsdruck ihrer jeweiligen arterhaltenden Leistung entstanden, daß es uns zweifellos zur Pflicht gemacht ist, diese Frage Darwins zu stellen. ...
Wir dürfen als sicher annehmen, daß die gleichmäßige Verteilung gleichartiger Tiere im Raum die wichtigste Leistung der intraspezifischen Aggression ist. Doch ist sie keineswegs ihre einzige! Schon Charles Darwin hat richtig gesehen, daß die geschlechtliche Zuchtwahl, die Auswahl der besten und stärksten Tiere zur Fortpflanzung sehr wesentlich dadurch gefördert wird, daß rivalisierende Tiere, vor allem Männchen, miteinander kämpfen. Einen unmittelbaren Vorteil für das Gedeihen der Kinderschar bietet die Stärke des Vaters natürlich bei solchen Arten, bei denen er an der Fürsorge für die Jungen und vor allem an ihrer Verteidigung aktiv teilnimmt. Die enge Beziehung zwischen männlicher Brutfürsorge und Rivalenkämpfen wird vor allem bei solchen Tieren deutlich, die nicht „territorial“ sind, sondern mehr oder weniger nomadenhaft umherstreifen, wie dies zum Beispiel große Huftiere, bodenbewohnende Affen und viele andere tun. Bei solchen Tieren spielt die intraspezifische Aggression keine wesentliche Rolle für die Raumverteilung, das „spacing out“ der betreffenden Arten, man denke etwa an Bisons, Antilopen, Pferde u. a., die sehr große Verbände bilden und denen Revierabgrenzung und Raum-Eifersucht deshalb völlig fremd sind, weil Nahrung in Hülle und Fülle zur Verfügung steht. Dennoch kämpfen die Männer dieser Tierformen heftig und dramatisch miteinander, und es besteht kein Zweifel darüber, daß die von diesem Kampfverhalten getriebene Selektion zur Herauszüchtung besonders großer und wehrhafter Familien- und Herdenverteidiger führt, umgekehrt aber ebensowenig daran, daß die arterhaltende Leistung der Herdenverteidigung eine Zuchtwahl auf Ausbildung scharfer Rivalenkämpfe getrieben hat. Auf diese Weise sind solche imposanten Kämpfer entstanden, wie es etwa Bisonbullen oder die Männer der großen Pavianarten sind, die bei jeder Bedrohung der Gemeinschaft einen Ringwall mutiger Verteidigung um die schwächeren Herdenmitglieder errichten.

Im Zusammenhang mit den Rivalenkämpfen sei einer Tatsache Erwähnung getan, die erfahrungsgemäß dem Nicht-Biologen überraschend, ja paradox erscheint und die im Verlaufe dessen, was in diesem Buche später noch gesagt werden soll, von allergrößter Wichtigkeit ist: Die rein *intra*-spezifische Zuchtwahl kann zur Ausbildung von Formen und Verhaltensweisen führen, die nicht nur bar jedes Anpassungswertes sind, sondern die Arterhaltung direkt schädigen können. Deshalb habe ich auch im vorangehenden Absatz so ausdrücklich erwähnt, daß die Familienverteidigung – also eine Form der Auseinandersetzung mit der *außer*-artlichen Umwelt – den Rivalenkampf herausgezüchtet hat und dieser erst seinerseits die wehrhaften Männer. Wenn geschlechtliche Rivalität allein, ohne funktionelle Beziehung zu einer auf die Außenwelt gerichteten arterhaltenden Leistung, in bestimmter Richtung Zuchtwahl treibt, kann es unter Umständen zu bizarren Bildungen kommen, die der Art als solcher durchaus nicht nützlich sind. Das Geweih der Hirsche zum Beispiel wurde ausgesprochen im Dienste des Rivalenkampfes entwickelt, ein Exemplar, das seiner entbehrt, hat nicht die geringste Aussicht, Nachkommen zu erzeugen. Sonst ist das Geweih bekanntermaßen zu nichts gut. Gegen Raubfeinde verteidigen sich auch männliche Hirsche nur mit den Vorderhufen, nie mit dem Geweih. ...

Viel offensichtlicher als bei inner-artlichen ist bei allen zwischen-artlichen Auseinandersetzungen die arterhaltende Funktion. Die wechselseitige Beeinflussung der Evolution von Raubtier und Beute liefert geradezu Musterbeispiele dafür, wie der Selektionsdruck einer bestimmten Leistung entsprechende Anpassung bewirkt. Die Schnelligkeit der gejagten Huftiere züchtet den sie jagenden Großkatzen gewaltige Sprungkraft und fürchterlich bewehrte Tatzen an, diese ihrerseits der Beute immer feinere Sinne und immer flinkere Läufe. Ein eindrucksvolles Beispiel eines solchen evolutiven Wettlaufs zwischen Angriffs- und Verteidigungswaffen liefert die palaeontologisch gut belegte Differenzierung immer härter und kaufähiger werdender Zähne bei grasfressenden Säugetieren und die parallel verlaufende Entwicklung der Nahrungspflanzen, die sich durch Einlagerung von Kieselsäure und andere Schutzmaßnahmen gegen das Zerkautwerden nach Möglichkeit schützen. Doch führt diese Art von „Kampf" zwischen dem Fresser und dem Gefressenen *nie* dazu, daß das Raubtier die Beute ausrottet, *immer* stellt sich zwischen ihnen ein Gleichgewichtszustand her, der für beide, als Arten betrachtet, durchaus erträglich ist.

b) *Keine Liebe ohne Aggression*

Ein persönliches Band, eine individuelle Freundschaft finden wir *nur* bei Tieren mit hoch entwickelter intraspezifischer Aggression, ja, dieses Band ist um so fester, je aggressiver die betreffende Tierart ist. Es gibt kaum aggressivere Fische als Buntbarsche, kaum aggressivere Vögel als Gänse. Das sprichwörtlich aggressivste aller Säugetiere, Dantes „bestia senza pace", der Wolf, ist der treueste aller Freunde. Wenn Tiere jahreszeitlich abwechselnd einmal territorial und aggressiv sind, das andere Mal aber aggressionslos und gesellig, so beschränkt sich jede etwaige persönliche Bindung auf die Periode der Aggressivität.

Das persönliche Band entstand im Laufe des großen Werdens ohne allen Zweifel in dem Zeitpunkte, als bei *aggressiven* Tieren das Zusammenarbeiten zweier oder mehrerer Individuen zu einem der Arterhaltung dienenden Zweck, meist wohl der Brutpflege, notwendig wurde. Das persönliche Band, die Liebe, entstand zweifellos in vielen Fällen *aus* der intraspezifischen Aggression, in mehreren bekannten auf dem Wege der Ritualisierung eines neu-orientierten Angriffs oder Drohens. Da die so entstandenen Riten *an die Person des Partners* gebunden sind und da sie weiters als selbstständig gewordene Instinkthandlungen zum *Bedürfnis* werden, machen sie auch die Anwesenheit des Partners zum unabdingbaren Bedürfnis und diesen selbst zu dem „*Tier mit der Heimvalenz*[1]".

Die intraspezifische Aggression ist um Millionen Jahre *älter* als die persönliche Freundschaft und Liebe. Es hat durch lange Epochen der Erdgeschichte Tiere gegeben, die ganz sicher außerordentlich böse und aggressiv waren. Fast alle Reptilien, die wir heute kennen, sind es, und es ist nicht anzunehmen, daß die der Vorzeit es weniger waren. Ein persönliches Band aber kennen wir nur bei Knochenfischen, Vögeln und Säugern, bei Gruppen also, von denen keine vor dem späteren Erdmittel-

[1] Valenz: Aufforderungscharakter (engl. valence), eine von dem Psychologen Kurt Lewin geprägte Bezeichnung für Gegenstände der Wahrnehmung, welche bestimmte Bedürfnisse ansprechen und dadurch bestimmte Verhaltensweisen auslösen.

alter auftauchte. Es gibt also sehr wohl intraspezifische Aggression ohne ihren Gegenspieler, die Liebe, aber es gibt umgekehrt *keine Liebe ohne Aggression*.
Ein Verhaltensmechanismus, der begrifflich scharf von der intraspezifischen Aggression getrennt werden muß, ist der *Haß*, der häßliche kleine Bruder der großen Liebe. Anders als gewöhnliche Aggression, richtet er sich gegen ein *Individuum*, ganz wie die Liebe es tut, und wahrscheinlich hat er deren Vorhandensein zur Voraussetzung: Man kann wohl nur dort richtig hassen, wo man geliebt hat und es, wenn man das auch ableugnen möchte, immer noch tut.

c) *Aggression und Aggressionshemmung*

Was sich wohl abgespielt haben mag, als zum erstenmal ein Mensch einen Faustkeil in der Hand hatte? Sehr wahrscheinlich etwas Ähnliches, wie man es an zwei- und selbst drei- und mehrjährigen Kindern beobachten kann, die durch keinerlei instinktive oder moralische Hemmung daran gehindert werden, einander schwere Gegenstände, die sie kaum zu heben vermögen, mit aller Kraft auf den Kopf zu hauen. Ebensowenig hat wahrscheinlich der Erfinder des ersten Faustkeiles gezögert, damit nach einem Genossen zu schlagen, der eben seinen Zorn erregte. Gefühlsmäßig wußte er ja nichts von der furchtbaren Wirkung seiner Erfindung, die angeborenen Tötungshemmungen des Menschen waren damals wie heute auf seine natürliche Bewaffnung abgestimmt. Ob er betreten war, als der Stammesbruder tot vor ihm lag? Wir dürfen es mit Sicherheit annehmen. Soziale höhere Tiere reagieren oft in höchst dramatischer Weise auf den plötzlichen Tod eines Artgenossen. Graugänse stehen zischend, in äußerster Verteidigungsbereitschaft über dem toten Freund, wie Heinroth berichtet, der einst eine Gans im Beisein ihrer Familie erschoß. Ich erlebte dasselbe, als eine Nilgans ein Graugansjunges auf den Kopf geschlagen hatte, das taumelnd zu seinen Eltern lief und dort alsbald an Hirnblutung starb. Die Eltern hatten den Totschlag nicht sehen können und reagierten dennoch in der beschriebenen Weise auf das Hinstürzen und Sterben ihres Kindes. Der Münchner Elefant Wastl, der ohne jede aggressive Absicht im Spiel seinen Wärter schwer verletzt hatte, geriet in die größte Erregung, stellte sich schützend über den Verwundeten und verhinderte dadurch leider, daß diesem rechtzeitig ärztliche Hilfe gebracht werden konnte. Bernhard Grzimek erzählte mir, daß ein Schimpansenmann, der ihn gebissen und erheblich verletzt hatte, sofort nach Abklingen seines Zornes versuchte, die Wundränder mit den Fingern zusammenzudrücken.
Der erste Kain hat sehr wahrscheinlich das Entsetzliche seiner Tat sofort erkannt. Es hat sich nicht erst langsam herumsprechen müssen, daß eine unerwünschte Schwächung des Kampfpotentials der eigenen Horde entsteht, wenn man allzu viele Mitglieder totschlägt. Was immer aber die abdressierende Strafe gewesen sein mag, die den hemmungslosen Gebrauch der neuen Waffe verhinderte, auf alle Fälle entstand eine, wenn auch primitive Form von Verantwortlichkeit, die schon damals die Menschheit vor der Selbstvernichtung bewahrte.
Die erste Leistung, die verantwortliche Moral in der Menschheitsgeschichte vollbrachte, bestand also darin, das verlorengegangene Gleichgewicht zwischen Bewaffnung und angeborener Tötungshemmung wiederherzustellen. In allen übrigen Belan-

gen dürften die Forderungen, die von der vernunftmäßigen Verantwortlichkeit an den einzelnen gestellt wurden, bei den ersten Menschen noch recht einfach und leicht zu erfüllen gewesen sein.

16. IRENÄUS EIBL-EIBESFELDT

Stammesgeschichtliche Vorprogrammierung der Aggression

a) *Aggression bei Tier und Mensch*

Zwischen inner- und zwischenartlicher Aggression muß klar unterschieden werden. Innerartliches Aggressionsverhalten entwickelte sich im Laufe der Stammesgeschichte bei sehr vielen Wirbeltieren als ein Mechanismus, Artgenossen aus einem Gebiet zu verdrängen und ein Territorium für das Individuum oder eine Gruppe zu sichern. Ein weiterer Selektionsvorteil besteht u. a. in der bei Rivalenkämpfen stattfindenden Auslese der Gewandtesten und Stärksten. Die Kämpfe zielen nicht auf die Vernichtung des Gegners ab. Wo der Artgenosse Gefahr läuft beschädigt zu werden, wurden die Auseinandersetzungen häufig zu Turnieren umgestaltet. Dort, wo sie als Beschädigungskampf auftraten, wurden oft besondere Demutsstellungen entwickelt, mit denen sich der Verlierer unterwerfen kann. Sie hemmen weitere Angriffe.
Im Dienste der innerartlichen Aggression entwickelten die Tiere Anpassungen in der Motorik (Erbkoordinationen), ferner Auslöser, angeborene Auslösemechanismen und schließlich auch besondere Antriebe (Aggressionstriebe).
Die Frage, ob auch das menschliche Aggressionsverhalten in bestimmten Bereichen von stammesgeschichtlichen Anpassungen vorgezeichnet ist, wurde in den letzten Jahren sehr lebhaft diskutiert. Wir können nachweisen, daß solche Vorprogrammierungen in der Tat vorliegen. Taubblind geborene Kinder entwickeln in der Motorik typisches Wutverhalten. Sie differenzieren ferner zwischen ihren Bekannten und Fremden, die sie geruchlich voneinander unterscheiden. Fremde lehnen sie ab. Anfangs äußert sich dies als Fremdenfurcht, später trägt die Ablehnung aggressive Züge. Diese Intoleranz Fremden gegenüber entwickelt sich, ohne daß die Kinder je schlechte Erfahrungen mit Fremden sammeln. Dieses Feindschema des Menschen (fremd = Feind) ist offensichtlich angeboren. Der Kulturenvergleich bestätigt, daß Fremdenfurcht eine universelle Erscheinung ist.
Kulturenvergleichende Untersuchungen beweisen ferner, daß aggressives Verhalten selbst in pazifistischen Kulturen auftritt, dann allerdings in stark ritualisierter Form. In der Motorik aggressiven Verhaltens gibt es eine Reihe von Universalien (Wutmimik, Drohstarren, Schmollen und andere Verhaltensweisen der Unterwerfung). Angeborene Tötungshemmungen lassen sich nachweisen. Aggressives Verhalten tritt in einer Reihe von typischen Situationen auf, die ebenfalls universell sind. An der stammesgeschichtlichen Vorprogrammierung dieses im übrigen recht komplexen Verhaltens ist demnach nicht zu zweifeln. Darüber hinaus wird dieses Verhalten selbstverständlich in ganz entscheidender Weise von individuellen Erfahrungen gesteuert. Für die Annahme eines uns Menschen angeborenen Aggressionstriebes gibt es eine Reihe von

gewichtigen Indizien, in erster Linie aus dem Forschungsgebiet der Neurophysiologie. Der Hinweis auf stammesgeschichtliche Anpassungen entschuldigt Aggressionen keineswegs, noch haben wir sie fatalistisch hinzunehmen. Manch stammesgeschichtliches Erbe hat seine ursprüngliche Angepaßtheit eingebüßt und wird nur als historische Belastung mitgeschleppt. In solchen Fällen müssen kulturelle Anpassungen korrigierend einwirken. Einsicht in die kausalen Zusammenhänge ist jedoch eine Voraussetzung für die Entwicklung einer vernünftigen Therapie.

b) *Mißverständnisse um Schlußfolgerungen*

Wir haben festgestellt, daß menschliches Aggressionsverhalten durch stammesgeschichtliche Anpassungen vorprogrammiert ist. Diese Feststellung hat uns Vorwürfe eingetragen. Wie lauten die Vorwürfe und was steht wirklich in den Schriften der Verhaltensforscher? Es dürfte lehrreich sein, einen abschließenden Blick auf diese Diskussion zu werfen.

Die Vorwürfe zielen etwa in die gleiche Richtung. Man unterschiebt uns die Intention, Aggressionen zu verharmlosen, sie zu rechtfertigen, zu entschuldigen und sie schließlich als unabwendbares Geschick des Menschen hinzustellen. So schreibt *Rattner* (1970): „In politischer Hinsicht ist es nicht zu übersehen, daß die grandiose Verharmlosung des Aggressionsproblems für alle wohltuend wirken muß, die sich an den Massenverbrechen der letzten Jahrzehnte beteiligt haben … Die Lehre vom ‚Aggressionstrieb' bietet einer gesellschaftlichen Verschleierungstechnik Vorschub, die dem konservativ bürgerlichen Denken durchaus entspricht. Der Blick des Betrachters wird von den Mängeln innerhalb der Gesellschaft … abgelenkt und richtet sich nur noch auf die hypothetische ‚Instinktgrundlage' des Menschen, die sich menschlicher Willkür und Einflußnahme entzieht."

…

Ähnliches hört man von *Lepenies* und *Nolte* (1971): „Der Rekurs auf das archaische (aggressive) Erbe des Menschen dient nicht der Reflexion oder den Bedingungen der Emanzipation, sondern nimmt eine offensichtlich anti-aufklärerische Richtung." In der letztgenannten Abhandlung findet sich auch die erstaunliche Feststellung, wer den Menschen für aggressiv halte, setze ihm auch aggressive Ziele! Als ob ein Psychiater die Krankheit stets als unabwendbares Geschick ansehe und dem Kranken dementsprechende Ziele setze!

…

Und wie steht es mit den Vorwürfen, daß Ethologen das aggressive Verhalten als naturgegebenes, triebbedingtes Verhalten akzeptierten und exkulpierten (*Schmidt-Mummendey* 1971)? Wenn der Vorwurf gegen *Lorenz* zielt, dann handelt es sich um eine böswillige Unterstellung, denn der Tenor des *Lorenz*schen Buches ist das Bemühen um eine Aggressionskontrolle. So schreibt *Lorenz*: „Wir haben guten Grund, die intraspezifische Aggression in der gegenwärtigen kulturhistorischen und technologischen Situation der Menschheit für die schwerste aller Gefahren zu halten. Aber wir werden unsere Aussichten, ihr zu begegnen, gewiß nicht dadurch verbessern, daß wir sie als etwas Metaphysisches und Unabwendbares hinnehmen, vielleicht aber dadurch, daß wir die Kette ihrer natürlichen Verursachung verfolgen. Wo immer der

Mensch die Macht erlangt hat, ein Naturgeschehen willkürlich in bestimmter Richtung zu lenken, verdankt er sie seiner Einsicht in die Verkettung der Ursachen, die es bewirken. Die Lehre vom normalen, seine arterhaltende Leistung erfüllenden Lebensvorgang, die sogenannte Physiologie, bildet die unentbehrliche Grundlage für die Lehre von seiner Störung, für die Pathologie.“

Damit ist wohl klar genug ausgedrückt, daß Ethologen die Aggression keineswegs als unabwendbares Schicksal hinzunehmen gedenken. Im Gegenteil! Es wurde immer wieder betont, daß stammesgeschichtliche Anpassungen unter den veränderten Bedingungen unserer Zeit ihre einstige Angepaßtheit einbüßen können. Wir wissen ja, daß wir auf morphologischem Gebiet historische Belastungen mitschleppen, die keineswegs mehr adaptiv sind. Der Blinddarm ist ein gutes Beispiel dafür. Deswegen, weil er immer wieder angelegt wird, nehmen wir ihn doch noch lange nicht als unabwendbares Schicksal hin. Nur wenige sterben heute noch an Blinddarmentzündung. Genausowenig müssen wir Dispositionen im Verhalten als unabwendbar – sprich unkontrollierbar – hinnehmen. Als Kulturwesen von Natur sind wir jederzeit in der Lage, unser Triebleben kulturell zu steuern. Einsicht in die Zusammenhänge ist dazu Voraussetzung. Emotionelle Diskussionen tragen wenig zur Bewältigung des Problems bei. Sie sind eher dazu angetan, Kommunikationsbarrieren zu errichten. Man sollte lernen, ohne Aggression über Aggression zu sprechen.

...

Bei der ganzen Diskussion um die menschliche Aggressivität fällt schließlich eine gewisse Einseitigkeit auf, auf die wir zum Abschluß noch hinweisen möchten. Wie gebannt konzentrieren sich die Diskutanten auf die Aggression, als wäre dies die einzige uns Menschen bewegende Regung. An der Tatsache, daß selbst feindliche Truppen Zigaretten austauschen, wenn die Gegner einander kennenlernen, geht man vorbei, obgleich sich hier die hoffnungsvollsten Ansätze für die Kontrolle unserer Aggressivität bieten. In solchen Fällen zeigt sich nämlich, daß der Mensch von Natur auch ein geselliges Wesen ist, beherrscht von einem Trieb, freundliche Bindungen einzugehen. Begabt mit diesen natürlichen Gegenspielern zur Aggression, brauchen wir keinerlei fatalistische Haltung zu pflegen. Wir dürfen nur nicht verlernen, in anderen Mitmenschen zu sehen.

Im menschlichen Feindschema sind auch die Möglichkeiten wirksamer Konfliktlösung angelegt. Förderung der Bekanntheit führt fast automatisch zur Verbrüderung. Jede im Dienste des Friedens stehende Erziehungsstrategie muß sich daher in erster Linie um den Abbau der Kommunikationsbarrieren bemühen.

Letztlich sehen damit auch die Ethologen in der Erziehung den Schlüssel zur Behebung der Störungen zwischenmenschlichen Zusammenlebens. Wir bemühen uns jedoch, unsere Erziehungsstrategie aus der Kenntnis der menschlichen Natur und nicht aus Ideologien abzuleiten.

17. WOLFGANG WICKLER

Du sollst nicht lügen. – Moralanaloges Verhalten bei Tieren

In der juridischen Sprache des Alten Testaments steht: „Du sollst gegen deinen Nächsten nicht aussagen als Lügenzeuge." Es ging da nicht um das Lügen im allgemeinen, sondern um die todeswürdige Lüge eines Zeugen vor Gericht, durch die ein Unschuldiger bestraft worden wäre. Das steht ausdrücklich im deuteronomischen Gesetz (Dt 19, 18 – 20): „Ist der Zeuge aber ein Lügenzeuge, hat er seinen Bruder fälschlich beschuldigt, so sollt ihr ihm antun, was er seinem Bruder anzutun gedachte. So sollst du das Böse aus deiner Mitte ausrotten."

Ich gebe gern zu, daß diese Fassung des Gebotes auf eine typisch menschliche Handlungsmöglichkeit zugeschnitten erscheint und daß man kaum vermuten wird, es gäbe auch dafür eine biologische Wurzel im tierischen Bereich. Dennoch gibt es sie, und die verbotene Handlungsweise ist wiederum nicht auf den Menschen beschränkt.

Dr. Hans Kummer von der Universität Zürich hat jahrelang Mantelpaviane im Zoo und im Freiland in Äthiopien beobachtet. Diese Affen haben eine ziemlich strenge Rangordnung unter den Mitgliedern jedes Trupps. Haben sich rangtiefe Tiere zu weit vom Trupp entfernt oder vorwitzig Futter erhascht, auf das Ranghohe Anspruch erheben, so werden sie von den Ranghohen attackiert. Derartige Angriffe fangen sie mit einer Unterwürfigkeitsgeste ab: sie präsentieren dem Angreifer ihr Hinterteil, das gerade bei Mantelpavianen auffällig rot gefärbt ist. So beschwichtigen sie aber nicht nur nach einer Handlung, wenn der Gruppengenosse bereits zornig ist, sondern sie tun es auch schon gewissermaßen vorbeugend, z. B. wenn ein Rangtiefer dicht an einem Ranghohen vorbeigeht, was dieser ja als Provokation auffassen könnte. Solch eine vorweggenommene Beschwichtigung hat besonders stark den Charakter eines Grußes.

Mit diesem Gruß können die Affen nun aber auch Mißbrauch treiben, am deutlichsten in folgender Situation, an der drei Affen beteiligt sind, ein ranghohes Tier und zwei rangniedere, die untereinander gleichrangig sein können. Wenn eins von diesen aus irgendeinem Grund mit Kreischen, Drohmimik und sonstigen Kampfbewegungen seinen Genossen bedroht, stellt es sich oft so, daß es zugleich sein Hinterteil dem anwesenden Ranghöchsten präsentiert. Dieser greift ziemlich regelmäßig in einen Streit seiner „Untergebenen" ein und greift seinerseits an, womit die Sache sozusagen von höchster Stelle entschieden ist. Wenn nun aber der Unruhestifter schon vorsorglich „grüßend" vor dem Ranghohen steht, kann der ihn nicht angreifen und muß deshalb, wenn er Ruhe schaffen will, den Bedrohten vertreiben. Durch sein unterwürfiges Gebaren zwingt der Störenfried den Ranghohen dazu, auf einen Dritten zornig zu werden, der von sich aus gar keinen Anlaß dazu gab. Auf diese Weise kann sogar ein rangtiefes Tier ein ihm überlegenes Gruppenmitglied durch den Ranghöchsten vertreiben lassen. Dasselbe Verhalten ist von Steppenpavianen und von Rhesusaffen bekannt geworden. Es scheint, daß auch dieses Verhalten von verschiedenen Individuen „erfunden" wird; sie können dann – wie ein falscher Zeuge – einen Unschuldigen durch die Obrigkeit bestrafen lassen. Hier ist der erste kleine Schritt getan, Eigennutz über Gemeinnutz zu stellen.

B. PSYCHOLOGIE

18. SIGMUND FREUD

Die Entstehung des Über-Ich und des Schuldgefühls

Welcher Mittel bedient sich die Kultur, um die ihr entgegenstehende Aggression zu hemmen, unschädlich zu machen, vielleicht auszuschalten? Einige solcher Methoden haben wir bereits kennengelernt, die anscheinend wichtigste aber noch nicht. Wir können sie an der Entwicklungsgeschichte des einzelnen studieren. Was geht mit ihm vor, um seine Aggressionslust unschädlich zu machen? Etwas sehr Merkwürdiges, das wir nicht erraten hätten und das doch so nahe liegt. Die Aggression wird introjiziert, verinnerlicht, eigentlich aber dorthin zurückgeschickt, woher sie gekommen ist, also gegen das eigene Ich gewendet. Dort wird sie von einem Anteil des Ichs übernommen, das sich als Über-Ich dem übrigen entgegenstellt, und nun als „Gewissen" gegen das Ich dieselbe strenge Aggressionsbereitschaft ausübt, die das Ich gerne an anderen, fremden Individuen befriedigt hätte. Die Spannung zwischen dem gestrengen Über-Ich und dem ihm unterworfenen Ich heißen wir Schuldbewußtsein; sie äußert sich als Strafbedürfnis. Die Kultur bewältigt also die gefährliche Aggressionslust des Individuums, indem sie es schwächt, entwaffnet und durch eine Instanz in seinem Inneren, wie durch eine Besatzung in der eroberten Stadt, überwachen läßt.

Über die Entstehung des Schuldgefühls denkt der Analytiker anders als sonst die Psychologen; auch ihm wird es nicht leicht, darüber Rechenschaft zu geben. Zunächst, wenn man fragt, wie kommt einer zu einem Schuldgefühl, erhält man eie Antwort, der man nicht widersprechen kann: man fühlt sich schuldig (Fromme sagen: sündig), wenn man etwas getan hat, was man als „böse" erkennt. Dann merkt man, wie wenig diese Antwort gibt. Vielleicht nach einigem Schwanken wird man hinzusetzen, auch wer dies Böse nicht getan hat, sondern bloß die Absicht, es zu tun, bei sich erkennt, kann sich für schuldig halten, und dann wird man die Frage aufwerfen, warum hier die Absicht der Ausführung gleichgeachtet wird. Beide Fälle setzen voraus, daß man das Böse bereits als verwerflich, als von der Ausführung auszuschließen erkannt hat. Wie kommt man zu dieser Entscheidung? Ein ursprüngliches, sozusagen natürliches Unterscheidungsvermögen für Gut und Böse darf man ablehnen. Das Böse ist oft gar nicht das dem Ich Schädliche oder Gefährliche, im Gegenteil auch etwas, was ihm erwünscht ist, ihm Vergnügen bereitet. Darin zeigt sich also fremder Einfluß; dieser bestimmt, was Gut und Böse heißen soll. Da eigene Empfindung den Menschen nicht auf denselben Weg geführt hätte, muß er ein Motiv haben, sich diesem fremden Einfluß zu unterwerfen. Es ist in seiner Hilflosigkeit und Abhängigkeit von anderen leicht zu entdecken, kann am besten als Angst vor dem Liebesverlust bezeichnet werden. Verliert er die Liebe des anderen, von dem er abhängig ist, so büßt er auch den Schutz vor mancherlei Gefahren ein, setzt sich vor allem der Gefahr aus, daß dieser übermächtige ihm in der Form der Bestrafung seine Überlegenheit beweist. Das Böse ist also anfänglich dasjenige, wofür man mit Liebesverlust bedroht wird; aus Angst vor diesem Verlust muß man es vermeiden. Darum macht es auch wenig aus, ob

man das Böse bereits getan hat, oder erst tun will; in beiden Fällen tritt die Gefahr erst ein, wenn die Autorität es entdeckt, und diese würde sich in beiden Fällen ähnlich benehmen.
Man heißt diesen Zustand „schlechtes Gewissen", aber eigentlich verdient er diesen Namen cht, denn auf dieser Stufe ist das Schuldbewußtsein offenbar nur Angst vor dem Liebesverlust, „soziale" Angst. Beim kleinen Kind kann es niemals etwas anderes sein, aber auch bei vielen Erwachsenen ändert sich nicht mehr daran, als daß an Stelle des Vaters oder beider Eltern die größere menschliche Gemeinschaft tritt. Darum gestatten sie sich regelmäßig, das Böse, das ihnen Annehmlichkeiten verspricht, auszuführen, wenn sie nur sicher sind, daß die Autorität nichts davon erfährt oder ihnen nichts anhaben kann, und ihre Angst gilt allein der Entdeckung[1]. Mit diesem Zustand hat die Gesellschaft unserer Tage im allgemeinen zu rechnen.
Eine große Änderung tritt erst ein, wenn die Autorität durch die Aufrichtung eines Über-Ichs verinnerlicht wird. Damit werden die Gewissensphänomene auf eine neue Stufe gehoben, im Grunde sollte man erst jetzt von Gewissen und Schuldgefühl sprechen[2]. Jetzt entfällt auch die Angst vor dem Entdecktwerden und vollends der Unterschied zwischen Böses tun und Böses wollen, denn vor dem Über-Ich kann sich nichts verbergen, auch Gedanken nicht. Der reale Ernst der Situation ist allerdings vergangen, denn die neue Autorität, das Über-Ich, hat unseres Glaubens kein Motiv, das Ich, mit dem es innig zusammengehört, zu mißhandeln. Aber der Einfluß der Genese, der das Vergangene und Überwundene weiterleben läßt, äußert sich darin, daß es im Grunde so bleibt, wie es zu Anfang war. Das Über-Ich peinigt das sündige Ich mit den nämlichen Angstempfindungen und lauert auf Gelegenheiten, es von der Außenwelt bestrafen zu lassen.
Auf dieser zweiten Entwicklungsstufe zeigt das Gewissen eine Eigentümlichkeit, die der ersten fremd war und die nicht mehr leicht zu erklären ist. Es benimmt sich nämlich um so strenger und mißtrauischer, je tugendhafter der Mensch ist, so daß am Ende gerade, die es in der Heiligkeit am weitesten gebracht, sich der ärgsten Sündhaftigkeit beschuldigen. Die Tugend büßt dabei ein Stück des ihr zugesagten Lohnes ein, das gefügige und enthaltsame Ich genießt nicht das Vertrauen seines Mentors, bemüht sich, wie es scheint, vergeblich, es zu erwerben. Nun wird man bereit sein, einzuwenden: das seien künstlich zurechtgemachte Schwierigkeiten. Das strengere und wachsamere Gewissen sei eben der ihn kennzeichnende Zug des sittlichen Menschen, und wenn die Heiligen sich für Sünder ausgeben, so täten sie es nicht mit Unrecht unter Berufung auf die Versuchungen zur Triebbefriedigung, denen sie in besonders hohem Maße ausgesetzt sind, da Versuchungen bekanntlich durch beständige Versagung nur wachsen, während sie bei gelegentlicher Befriedigung wenigstens zeitweilig nachlassen. Eine andere Tatsache des an Problemen so reichen Gebiets der Ethik ist die, daß Mißgeschick, also äußere Versagung, die Macht des Gewissens im

[1] (Autor) Man denke an *Rousseaus* berühmten Mandarin!
[2] (Autor) Daß in dieser übersichtlichen Darstellung scharf getrennt wird, was sich in Wirklichkeit in fließenden Übergängen vollzieht, daß es sich nicht um die Existenz eines Über-Ichs allein, sondern um dessen relative Stärke und Einflußsphäre handelt, wird jeder Einsichtige verstehen und in Rechnung bringen. Alles Bisherige über Gewissen und Schuld ist ja allgemein bekannt und nahezu unbestritten.

Über-Ich so sehr fördert. Solange es dem Menschen gut geht, ist auch sein Gewissen milde und läßt dem Ich allerlei angehen; wenn ihn ein Unglück getroffen hat, hält er Einkehr in sich, erkennt seine Sündhaftigkeit, steigert seine Gewissensansprüche, legt sich Enthaltungen auf und bestraft sich durch Bußen[1]. Ganze Völker haben sich ebenso benommen und benehmen sich noch immer so. Aber dies erklärt sich bequem aus der ursprünglichen infantilen Stufe des Gewissens, die also nach der Introjektion ins Über-Ich nicht verlassen wird, sondern neben und hinter ihr fortbesteht. Das Schicksal wird als Ersatz der Elterninstanz angesehen; wenn man Unglück hat, bedeutet es, daß man von dieser höchsten Macht nicht mehr geliebt wird, und von diesem Liebesverlust bedroht, beugt man sich von neuem vor der Elternvertretung im Über-Ich, die man im Glück vernachlässigen wollte. Dies wird besonders deutlich, wenn man in streng religiösem Sinne im Schicksal nur den Ausdruck göttlichen Willens erkennt. Das Volk Israel hatte sich für Gottes bevorzugtes Kind gehalten, und als der große Vater Unglück über dies sein Volk hereinbrechen ließ, wurde es nicht etwa irre an dieser Beziehung oder zweifelte an Gottes Macht und Gerechtigkeit, sondern erzeugte die Propheten, die ihm seine Sündhaftigkeit vorhielten, und schuf aus seinem Schuldbewußtsein die überstrengen Vorschriften seiner Priesterreligion. Es ist merkwürdig, wie anders sich der Primitive benimmt! Wenn er Unglück gehabt hat, gibt er nicht sich die Schuld, sondern dem Fetisch, der offenbar seine Schuldigkeit nicht getan hat, und verprügelt ihn, anstatt sich selbst zu bestrafen.

Wir kennen also zwei Ursprünge des Schuldgefühls, den aus der Angst vor der Autorität und den späteren aus der Angst vor dem Über-Ich. Das erstere zwingt dazu, auf Triebbefriedigungen zu verzichten, das andere drängt, da man den Fortbestand der verbotenen Wünsche vor dem Über-Ich nicht verbergen kann, außerdem zur Bestrafung. Wir haben auch gehört, wie man die Strenge des Über-Ichs, also die Gewissensforderung, verstehen kann. Sie setzt einfach die Strenge der äußeren Autorität, die von ihr abgelöst und teilweise ersetzt wird, fort. Wir sehen nun, in welcher Beziehung der Triebverzicht zum Schuldbewußtsein steht. Ursprünglich ist ja der Triebverzicht die Folge der Angst vor der äußeren Autorität; man verzichtet auf Befriedigungen, um deren Liebe nicht zu verlieren. Hat man diesen Verzicht geleistet, so ist man sozusagen mit ihr quitt, es sollte kein Schuldgefühl erübrigen. Anders ist es im Falle der Angst vor dem Über-Ich. Hier hilft der Triebverzicht nicht genug, denn der Wunsch bleibt bestehen und läßt sich vor dem Über-Ich nicht verheimlichen. Es wird also trotz des erfolgten Verzichts ein Schuldgefühl zustande kommen und dies ist ein großer ökonomischer Nachteil der Über-Ich-Einsetzung, wie man sagen kann, der Gewissensbildung. Der Triebverzicht hat nun keine voll befreiende Wirkung mehr, die tugendhafte Enthaltung wird nicht mehr durch die Sicherung der Liebe gelohnt, für ein drohendes äußeres Unglück – Liebesverlust und Strafe von seiten der äußeren Autorität – hat man ein andauerndes inneres Unglück, die Spannung des Schuldbewußtseins eingetauscht.

[1] (Autor) Diese Förderung der Moral durch Mißgeschick behandelt *Mark Twain* in einer köstlichen kleinen Geschichte: *The first melon I ever stole*. Diese erste Melone ist zufällig unreif. Ich hörte Mark Twain diese kleine Geschichte selbst vortragen. Nachdem er ihren Titel ausgesprochen hatte, hielt er inne und fragte sich wie zweifelnd: „*Was it the first*?“ Damit hatte er alles gesagt. Die erste war also nicht die einzige geblieben.

Diese Verhältnisse sind so verwickelt und zugleich so wichtig, daß ich sie trotz der Gefahren der Wiederholung noch von anderer Seite angreifen möchte. Die zeitliche Reihenfolge wäre also die: zunächst Triebverzicht infolge der Angst vor der Aggression der äußeren Autorität – darauf läuft ja die Angst vor dem Liebesverlust hinaus, die Liebe schützt vor dieser Aggression der Strafe –, dann Aufrichtung der inneren Autorität, Triebverzicht infolge der Angst vor ihr, Gewissensangst. Im zweiten Fall Gleichwertung von böser Tat und böser Absicht, daher Schuldbewußtsein, Strafbedürfnis. Die Aggression des Gewissens konserviert die Aggression der Autorität.

19. ERIK H. ERIKSON

Ethische Neigungen gründen in frühkindlicher Erfahrung der Wechselseitigkeit

Um eine der vorzüglichsten Kraftquellen des Menschen erkennen zu können, müssen wir seine individuelle Entwicklung bis auf seine *vormoralischen* Tage zurückverfolgen, auf seine Kindheit. Seine frühesten sozialen Experimente in jener Zeit führen zu einem bestimmten Verhältnis zwischen Ur-Vertrauen und Ur-Mißtrauen, einem Verhältnis, das, wenn es günstig ist, die fundamentale menschliche Stärke, die *Hoffnung*, begründet. Diese Allgemeinhaltung entsteht, wenn der neugeborene Organismus sich seinen Versorgern fordernd zuwendet und sie ihm das zubringen, was wir nun als *Wechselseitigkeit* besprechen wollen. Die Psychiatrie hat das Mißlingen des Ur-Vertrauens und der Wechselseitigkeit als die folgenschwerste Fehlentwicklung überhaupt erkannt, die aller Entwicklung entgegensteht. Wir wissen, wie tragisch und tief pathogen dieser Mangel für Kinder und für Eltern sein kann, die kein Gefühl erregen und auf kein Gefühl reagieren können. Meine weitere Behauptung lautet nun, daß alle moralischen, ideologischen und ethischen Neigungen von dieser frühen Erfahrung der Wechselseitigkeit abhängen.

Als Wechselseitigkeit möchte ich eine Beziehung bezeichnen, in der die Partner für die Entwicklung ihrer jeweiligen Stärken voneinander abhängig sind. Die ersten Reaktionen eines Säuglings können als Teil einer Aktualität angesehen werden, die aus vielen Einzelvorgängen der gegenseitigen Erregung und der wechselseitigen Reaktion bestehen. Während das kleine Kind anfangs einen bloßen Umriß, der dem menschlichen Antlitz gleicht, anlächelt, kann der Erwachsene nicht umhin, zurückzulächeln, voll der Erwartung auf ein „Erkennen", dessen er sich unbedingt von dem neuen Wesen versichern muß – so sicher, wie es ihn braucht. Tatsache ist, daß die Wechselseitigkeit von Erwachsenem und Säugling die ursprüngliche Quelle der Hoffnung ist, die grundlegende Ingredienz aller bewirkenden wie aller ethischen menschlichen Aktion. Schon im Jahre 1895 hat Freud in seinem ersten Umriß einer Psychologie für Neurologen dem hilflosen Neugeborenen einen hilfreichen Erwachsenen gegenübergestellt und postuliert, daß ihr wechselseitiges Verstehen der Urquell aller moralischen Motive sei. Sollten wir also versuchen, die Goldene Regel[1] mit

[1] Goldene Regel: Zurückgehend auf Tobias 4,16 („Was du nicht willst, das man dir tu, das füg auch keinem andern zu") bezeichnet man damit alle Verhaltensvorschriften des Sinnes: Behandle die anderen so, wie du selbst von den anderen behandelt werden willst.

einem Prinzip der lebendigen Wechselseitigkeit auszustatten, anstelle eines reziproken Vertrages, der auf Schlauheit und Sympathie beruht?

Hier müssen wir die Beobachtung hinzufügen, daß Eltern, die sich mit einem Kind beschäftigen, in *ihrer* Vitalität, in *ihrem* Identitätsgefühl und in *ihrer* Bereitschaft zum ethischen Handeln bestärkt werden, eben durch den Dienst, durch den sie dem Kind Vitalität, künftige Identität und schließlich die Bereitschaft zum ethischen Handeln zusichern.

Aber wir müssen uns hüten, aus der „Mutter-Kind-Beziehung" eine neue Utopie zu machen. Das Paradies der frühen Kindheit muß verlassen werden – eine Tatsache, die der Mensch noch immer nicht zu akzeptieren gelernt hat. Die früheste Wechselseitigkeit ist nur ein Anfang und führt zu differenzierteren Begegnungen, wenn sowohl das Kind wie seine Wechselwirkung mit einem sich erweiternden Personenkreis differenzierter werden. Ich brauche nur darauf hinzuweisen, daß die zweite grundlegende Gruppe von vitalen Stärken in der Kindheit (die dem Vertrauen und der Hoffnung folgt) die Autonomie und der Wille ist, und es ist ja klar, daß eine Situation, in der der Eigenwille des Kindes dem Willen des Erwachsenen entgegentritt, ein anderes Unternehmen darstellt als das wechselseitige Einflößen von Hoffnung. Aber jeder Erwachsene, dem es gelungen ist, den Willen eines Kindes zu erziehen, muß – im Guten wie im Bösen – zugeben, daß er viel über sich selbst und über den Willen gelernt hat, was er vorher nicht wußte und was sich auf keine andere Weise erlernen läßt. So ist die sich entwickelnde Stärke jedes heranwachsenden Individuums mit den Stärken einer wachsenden Anzahl von Menschen „ineinander verfugt", die rings um es her in den geprägten Ordnungen von Familie, Schule, Gemeinschaft und Gesellschaft angeordnet sind. Aber Ordnungen und Regeln werden nur von jenen „Tugenden" lebendig erhalten, von denen Shakespeare sagt, „daß auf andre strahlend ihre Kraft sie wärmt, und deren Wärme wiederum zum ersten Spender kehrt" (was mir seine leidenschaftliche Version der Regel zu sein scheint!).

Noch ein weiteres Postulat muß dem entwicklungsmäßigen, dem generationenmäßigen und dem von der Wechselseitigkeit hinzugefügt werden. Es ist in dem Begriff „aktivieren" enthalten, und ich würde es das Prinzip der *aktiven Wahl* nennen. Am verehrungswürdigsten kommt es, meinem Gefühl nach, in dem Gebet des heiligen Franziskus zum Ausdruck: „Gib mir, daß ich nicht so sehr suche, getröstet zu werden als zu trösten, verstanden zu werden als zu verstehen, geliebt zu werden als zu lieben; denn im Geben nur empfangen wir." Eine derartige Hingabe an die Initiative in der Liebe ist natürlich in der Mahnung enthalten „den Nächsten zu lieben". Ich glaube, daß wir in diesen Worten eine psychologische Wahrheit erkennen, daß nämlich nur der, der sich einer Begegnung in (bewußt oder unbewußt) aktiver und gebender Haltung zuwendet, statt in einer fordernden und abhängigen, imstande sein wird aus dieser Begegnung das zu machen, was sie sein kann.

20. HANS ZULLIGER

Ein Beispiel kindlicher Aggression

Da ist zum Beispiel ein Ehepaar mit zwei Kindern, einem älteren Buben, Ludwig, von neun und einem Mädchen von viereinhalb Jahren. Die Leute hatten sich, als sie sich heirateten, beide nicht zuerst einen Stammhalter, vielmehr ein Mädchen, ein „Kindermütterchen" für die erwarteten nachfolgenden Kinder gewünscht. Als dann ein Bub anrückte, waren sie beide enttäuscht. Und als dann nicht bald ein zweites Kind kommen wollte, waren sie es noch viel mehr.

Dies ist gewiß eine ungewöhnliche Situation, denn in der Regel wünschen sich junge Eheleute nichts sehnlicher als einen Stammhalter. Aber im erwähnten Falle war es umgekehrt, und es bestand keine Gelegenheit, nach den bewußten Motiven der elterlichen Einstellung zu forschen. Als dann nach viereinhalb Jahren endlich ein Mädchen da war, zeigten sich die Eltern hochbefriedigt; sie vernachlässigten Ludwig und wandten ihre ganze Aufmerksamkeit seinem Schwesterchen zu. Es wurde vorgezogen, nach Noten verwöhnt und bildete den Mittelpunkt der Familie. Dem Büblein hatte man oft gesagt, daß er ein Mädchen hätte sein sollen.

Es ist nicht zum Wundern, daß der kleine Ludwig in steigendem Grade eifersüchtig wurde. Jahrelang tat er so, als nähme er vom Vorhandensein des Schwesterchens überhaupt keine Kenntnis. Allmählich entwickelte er sich zum „schwierigen" Kinde: Er zeichnete sich durch außerordentlichen Trotz aus und sonderte sich von allen Mitmenschen ab. Während er noch vorschulpflichtig war, kümmerten sich die Eltern um sein Verhalten nicht so sehr. Falls der Bub trotzte und nicht gehorchen wollte, wurde er so lange geprügelt, bis er klein beigab.

Dann kam er, siebenjährig geworden, zur Schule. Als begabtes Bürschchen hatte er in bezug auf den Lerntrieb keinerlei Schwierigkeiten. Aber er lebte das Leben eines Sonderlings, nahm an den Spielen freiwillig nie teil, und wenn ihn die Lehrerin dazu veranlaßte, wurde er zum Spielverderber, begann Händel, wurde aggressiv und verdrosch mit kalter Grobheit besonders die Mädchen. Als er dies auch auf dem Schulweg tat, kamen Klagen von den Eltern der Schulkameradinnen. Die Lehrerin verlangte von den Eltern, daß sie Ludwig psychotherapeutisch behandeln ließen. Die Eltern waren nicht einverstanden. Der Vater glaubte, es genüge, den Sohn abzustrafen. Als jedoch die Klagen nicht aufhören wollten, ließen sich die Eltern schließlich doch bewegen, psychotherapeutische Hilfe zu suchen.

Während der Behandlung wurde bald einmal ersichtlich, warum sich Ludwig zum Aggressiven und zum Einsiedler entwickelt hatte und was für eine Kindertragödie er durchgemacht. Entsprechende Spiele mit Guignols und Bildergeschichten machten den Konflikt offenbar. Ganz besonders liebte der Knabe, sich als Mädchen zu verkleiden und die Rolle der Mutter oder Schwester zu spielen, während ich die des „bösen Buben" oder des Vaters, der freundlich mit dem Mädchen war, zu mimen hatte.

Hier galt es, die Eltern über ihr Verhalten aufzuklären, ihnen allerhand Ratschläge zu erteilen und Ludwig mit den Eltern, aber auch mit seiner Geschlechtsrolle auszusöhnen. Vor allem mußte sich der Vater des Knaben annehmen, ihn zum Spiel- und

Arbeitskameraden machen. Statt mit Strenge und Körperstrafen vorzugehen, mußten die Eltern Ludwig viel mehr Liebe erzeigen, ihn durch Geschenke bestechen, ihm Freude machen, ihn anerkennen.
Die Eltern *vermochten* dies zu tun, weil ihr Wunsch, ein Töchterchen zu bekommen, erfüllt worden war. Und unter dem Obwalten ihrer bewußten, beabsichtigten anderen Einstellung unter Führung ihres Beraters klang die Aggressivität Ludwigs bald ab. Er wurde verträglicher, die Klagen aus der Schule und vom Schulweg blieben aus. Der Vater, auf Rat des Helfers, lud Nachbarskinder zu gemeinsamen Spielen ein, und Ludwig freundete sich mit ihnen an. Je weniger er Prügel erhielt, desto mehr schwand sein Trotz. Als die Lehrerin mitteilte, Ludwig füge sich in die Gemeinschaft und sei kein Streithahn und Einsiedler mehr, konnte die Behandlung allmählich abgebrochen werden – auch die Beratung der Eltern.

21. JEAN PIAGET

Die Entstehung des moralischen Urteils beim Kind

a) Guido Petter: Der moralische Realismus des Kindes

Piaget bezeichnet als *moralischen Realismus* die Neigung, dem Buchstaben (dem „empirischen Inhalt") einer Regel oder im allgemeinen einem Befehl größere Wichtigkeit zuzuschreiben als seinem Sinn (und damit der Absicht, welche sie inspiriert und die dahintersteht). Diese Tendenz kommt auch in der *objektiven* und noch nicht *subjektiven* Auffassung der Verantwortung zum Ausdruck.
Zu den Handlungen eines Kindes, welche normalerweise den Zorn der Erwachsenen wachrufen, müssen sicherlich die Unachtsamkeitshandlungen gezählt werden. Indem sie sich tölpelhaft benehmen oder die Gegenstände des Milieus, in dem sie leben, unangemessen handhaben, pflegen die Kinder diese am Ende sehr oft zu beschädigen, zu beschmutzen oder zu zerbrechen, *und sie tun dies ganz ohne die leiseste Absicht.* In bezug auf diese Unachtsamkeitshandlungen ist es also angezeigt, die Haltung der Kinder auf den verschiedensten Altersstufen zu untersuchen.
Diese Aufgabe hat *Piaget* mit einer Versuchsanordnung gelöst, die darin bestand, die Vpn dazu anzuhalten, miteinander (jeweils paarweise) zwei Kurzgeschichten zu vergleichen. In jeder dieser Kurzgeschichten wurde eine solche Unachtsamkeitshandlung beschrieben: In der ersten war die Handlung ganz zufällig, sie verursachte jedoch einen großen materiellen Schaden; in der zweiten ging es um eine Ungehorsamkeit, wobei jedoch nur ein minimaler Schaden entstand. Die Kurzgeschichten waren folgender Art:

A. Ein Kind namens Hans ist in seinem Zimmer und wird zum Essen gerufen. Er geht in das Speisezimmer. Auf der anderen Seite der Türe steht aber ein Stuhl, auf dem sich ein Tablett mit 15 Gläsern befindet. Hans kann nicht wissen, daß sich das alles hinter der Tür befindet. Er stößt die Tür auf, das Tablett fällt auf den Boden, und alle 15 Gläser sind zerbrochen.
B. Es war einmal ein Kind namens Heinrich. Eines Tages war seine Mutti ausgegangen, und er versuchte, die Marmelade aus dem Speiseschrank zu nehmen. Er stieg auf einen Stuhl und streckte die Arme aus. Aber die Marmelade stand zu hoch, und er konnte sie nicht erreichen. Während er versuchte, sie in die Hand zu bekommen, hat er ein Glas angestoßen. Das Glas fiel zu Boden und zerbrach.

Zu jedem Paar von solchen Kurzgeschichten wurden zwei Fragen gestellt: „Ist die Schuld dieser beiden Kinder gleich groß?“ und als Unterfrage: „Welcher von beiden hat sich schlimmer benommen, und warum?“
Die Ergebnisse dieses Versuchs sind kurz zusammengefaßt, die folgenden: Die von Kindern über 10 Jahre abgegebenen Urteile können in zwei Klassen geteilt werden: Einige dieser Vpn werten die Handlungen ausschließlich in Begriffen des materiellen Ergebnisses. Für diese Vpn wird also das erste Kind das schuldigere und schlimmere sein, weil es 15 Gläser zerbrochen hat. Andere hingegen ziehen einzig und allein die Absichten in Betracht und meinen also, das erste Kind sei als weniger schuldhaft oder gar als unschuldig zu betrachten. Unter den sehr kleinen Kindern gibt es dagegen eine verhältnismäßig große Zahl, die in ihren Urteilen nur das materielle Ergebnis der Handlungen berücksichtigt. Der Begriff der objektiven Verantwortung drückt sich also in der Überzeugung aus (viel allgemeiner bei den kleineren Kindern), daß gewisse Handlungen auszuführen an sich etwas Schlechtes ist und eine Schuld darstellt, ganz unabhängig von jeder Rücksicht auf die psychologischen Zusammenhänge, welche ihr vorangehen oder sie begleiten.

b) Maria Ossowska: Zwei Arten von Moral

In seinem Buch „Le jugement moral chez l'enfant“ unterscheidet Jean Piaget zwei Arten von Sittlichkeit: Die eine Form der Sittlichkeit bilde sich in kleineren Gruppen heraus, die sich aus Kindern und Erwachsenen zusammensetzten, d. h. in Gruppen, die durch ungleiche Beziehungen charakterisiert seien und in denen Erwachsene das Übergewicht hätten; die zweite entwickle sich in Gruppen von etwa gleichaltrigen Kindern, die untereinander durch gleichrangige, kameradschaftliche Beziehungen verbunden seien. Die Sittlichkeit der ersten Gruppe sei eine solche des Zwanges, der Unterdrückung und der einseitigen Achtung; die der zweiten Gruppe dagegen eine solche der Zusammenarbeit und der gegenseitigen Achtung. Piaget nennt die Sittlichkeit der ersten Gruppe eine „Sittlichkeit der Pflicht“ und die der zweiten Gruppe eine „Sittlichkeit des Guten“ (la morale du devoir et la morale du bien). Gesetzesgehorsam, d. h. Gehorsam gewöhnlich gegenüber der Erwachsenenwelt, sei typisch für eine Sittlichkeit der Pflicht; in diesem Fall würden sittliche Vorschriften dem Buchstaben nach verstanden und mit einer auffälligen Neigung zum Konformismus befolgt. Auch die Idee der Sühnestrafe stehe dann in Beziehung zum Druck der Erwachsenen vor allem in der Familie. Und tatsächlich, wie könnte der Gedanke aufkommen, daß eine Übertretung des Sittengesetzes durch Leiden gesühnt werden könne, wenn ein solches Leiden nicht von Eltern zugefügt würde, die das Kind liebt? Wenn ein Kind, das von seiner Mutter gebeten wird, Brot einzukaufen, dies vergißt und dafür mit dem Verbot, zum Zirkus zu gehen, bestraft wird, könnte es dieses Verbot als einen Racheakt auffassen; doch da es seine Mutter liebt, kommt es auf den Gedanken, Leiden sei als ein gerechtfertigtes Mittel zur Wiederherstellung der durch Schuld gestörten sittlichen Ordnung anzusehen.
Die Idee der Sühnestrafe kann sich nach Piaget nicht bei Menschen ausbilden, die in kameradschaftlich strukturierten Gruppen aufwachsen. In solchen Gruppen, in denen gegenseitige Achtung, Zusammenarbeit und Gleichheit vorherrschen, werde Strafe

auf Entsprechung gegründet: dem Jungen etwa, der sich weigert, Brot zu holen, werde umgekehrt eine entsprechende Gefälligkeit nicht erwiesen, wenn er darum bittet; doch werde man ihn nicht einer erwarteten Freude berauben.
Eine Sittlichkeit der Ordnung, des Gehorsams und der Gleichförmigkeit ist, nach Piaget, kennzeichnend für das Werk Kants und Durkheims. Seine Zuneigung gilt ganz offensichtlich der Sittlichkeit in Gruppen ebenbürtiger Kinder, d. h. der Sittlichkeit, wie sie sich unter Gleichen entwickelt. Regeln, die sich aus den Spielen der Kinder ergeben, werden von diesem großen Erzieher begeistert aufgenommen, und man könnte seine Einstellung kurz folgendermaßen zusammenfassen: Wie schade, daß es Eltern geben muß, damit es Kinder gibt! In bezug auf diese Grundauffassung Piagets fragt D. W. Harding in seinem Buch „Social Psychology and Individual Values" mit Recht, weshalb eigentlich „das Bestreben, mit einer Gruppe von Gleichgestellten zusammenzuarbeiten, nicht ebensoviel persönliche Unterordnung mit sich bringen soll wie das Bestreben, den Erwachsenen zu gehorchen".
In Piagets Ansichten, wie sie hier nur kurz dargestellt werden konnten, wird nicht nur die Bedeutung des Alters für unsere sittlichen Einstellungen betont, sondern auch die Bedeutung der zwischenmenschlichen Beziehungen, wie sie in einer gesellschaftlichen Gruppe herrschen (die Beziehung von Über- und Unterordnung oder die Beziehung unter Gleichen), und die Bedeutung des Zusammenlebens verschiedener Generationen für die Bildung sittlicher Verhaltensregeln.

22. LAWRENCE KOHLBERG

Stufen des moralischen Urteils

Kohlberg erzählte seinen Versuchspersonen Konfliktgeschichten, für die es keine eindeutigen und allgemein anerkannten „richtigen" Antworten gibt, und forderte seine Versuchspersonen zu Urteilen, Stellungnahmen und Begründungen auf. In einer der Geschichten steht z. B. ein Ehemann vor dem Dilemma, daß seine todkranke Frau nur durch eine Arznei zu retten ist, die ein Apotheker in derselben Stadt zusammengestellt und patentiert hat, die aber von dem Ehemann einfach nicht bezahlt werden kann. Diese Geschichte geht noch weiter und weist eine Reihe weiterer Dilemmas auf. In einer anderen Geschichte steht ein Kompaniechef im Krieg vor dem Problem, daß seine ganze Kompanie in die Hände der Feinde fällt, wenn nicht einer seiner Soldaten oder er selbst sich opfert und unter Einsatz des eigenen Lebens die Brücke sprengt, über die die Feinde kommen werden. – Die Antworten der Versuchspersonen und vor allem ihre Begründungen wurden ausgewertet und nach allgemeinen Kriterien kategorisiert.
Kohlberg fand drei Strukturniveaus des moralischen Urteilens, die sich in jeweils zwei Stufen untergliedern ließen und sich als Entwicklungsabfolge bestätigten. Das Auswertungsschema von Kohlberg ist sehr komplex und die Beschreibung seiner Stufen sehr differenziert. Die folgende Kurzbeschreibung der Stufen kann davon nur einen knappen Eindruck geben.

Stufen des moralischen Urteilens nach Kohlberg:

A *Vormoralisches Niveau:* Orientierung an äußerlichen Normen und Machtmitteln.

1. Orientierung am angerichteten Schaden; Gehorsam gegenüber Mächtigen und Orientierung an Strafvermeidung ist „richtig".
2. Naiver Hedonismus. Richtig ist, was mir nützt und meinen Wünschen (und evtl. denen anderer) entspricht. Wie-du-mir-so-ich-dir-Haltung.

B Rollenkonformität und Pflichterfüllung: Orientierung an der Erwartung und der guten Meinung anderer (bes. persönlicher Vorbilder).

3. „Braves-Kind"-Mentalität. Orientierung an Lob und Zustimmung. Wunsch, zu gefallen, zu helfen und gute soziale Kontakte zu erhalten. Ein guter Mensch ist einer mit guten Eigenschaften.

4. Achtung vor Autorität und Aufrechterhaltung der sozialen Ordnung. Orientierung an Pflichterfüllung. Verhaltensregeln und legitimes Recht haben Vorrang vor persönlichen, wenn auch verständlichen Motiven. Tugendhaftigkeit wird sich letzten Endes auszahlen.

C *Persönliche und moralische Prinzipien*: Persönlich akzeptierte moralische und ethische Prinzipien bilden die Richtschnur für Urteile. Konflikte werden nach rationalem Abwägen der zugrundeliegenden Prinzipien entschieden.

5. Im Konfliktfalle wird den rational begründeten Gesetzen vor individuellen Bedürfnissen der Vorrang gegeben, da die Erhaltung des sozialen Ganzen und die Einhaltung allgemeiner sozialer Vereinbarungen aus grundsätzlichen Erwägungen für wichtiger gehalten werden.

6. Die persönlichen ethischen Ideale und Prinzipien, denen universeller Charakter zugesprochen wird, bestimmen die Entscheidungen, u. U. auch unabhängig von den Reaktionen der unmittelbaren Umwelt. Diese persönlichen Prinzipien können u. U. auch in Gegensatz zu bestehenden Gesetzen geraten, werden aber im Zweifelsfall – bei aller Beachtung der Bedeutung von Gesetzen – über diese gestellt.

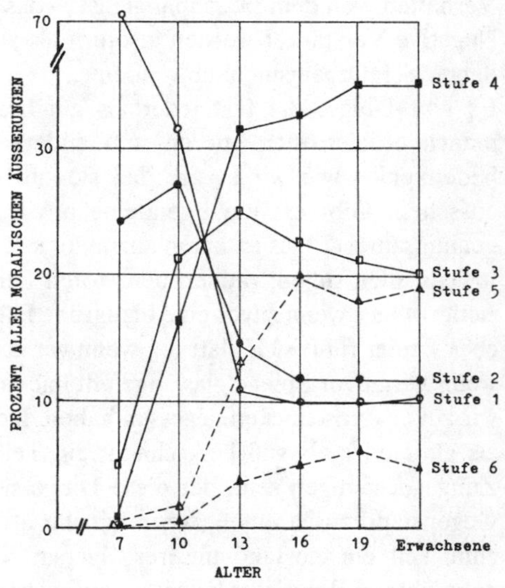

Stufen der moralischen Entwicklung bei einer amerikanischen Stichprobe. Die Abszisse gibt die untersuchten Altersgruppen an. Auf der Ordinate ist jeweils abgetragen, wieviel Prozent *aller* Aussagen der betreffenden Altersgruppe den jeweiligen Stufen zuzuordnen waren. (Nach *L. Kohlberg.*)

Die Abbildung zeigt die Zuordnung der Antworten einer amerikanischen Stichprobe zu den 6 Stufen des moralischen Urteilens. Die Abbildung liest sich folgendermaßen: Mehr als 70% der moralischen Entscheidungen und Begründungen der untersuchten 7jährigen entsprachen der Stufe 1, 24% der Stufe 2 (also ca. 95% dem „vormoralischen Niveau") und etwa 5% der Stufe 3. Bei den Erwachsenen herrscht mit etwa

35% die 4. Stufe vor. Ca. 5% der Entscheidungen wurden entsprechend der 6. Stufe gerechtfertigt, knapp 20% entsprechend der 5. Stufe. Aber auch vormoralische Entscheidungen wurden noch mit jeweils 10% bei Erwachsenen angetroffen. Allerdings nehmen die ersten beiden Stufen deutlich mit dem Alter ab, auch die 3. Stufe nach ihrem Höhepunkt bei den 13jährigen, während die 4. bis 6. Stufe noch anzusteigen scheinen.

23. BURRHUS FREDERIC SKINNER

Gute Dinge sind positive Verstärker

Wenn ein Verhalten eine gewisse Folge nach sich zieht, ist es wahrscheinlicher, daß es noch einmal auftritt. Eine Folge, die diese Wirkung hat, wird ‚Verstärker' genannt. So ist zum Beispiel Nahrung ein Verstärker für den hungrigen Organismus; alles, was zur Nahrungsaufnahme geführt hat, wird der Organismus höchstwahrscheinlich wieder tun, wenn er hungrig ist. Manche Reize werden als negative Verstärker bezeichnet; jede Reaktion, die die Intensität eines solchen Reizes einschränkt – oder ihn zum Erliegen bringt –, wird sich mit höherer Wahrscheinlichkeit wieder einstellen, wenn derselbe Reiz noch einmal auftritt. So wird zum Beispiel eine Person, die vor der heißen Sonne Schutz sucht, wahrscheinlich wieder vor ihr Schutz suchen, wenn sie wieder der Sonnenhitze ausgesetzt ist. Die Verringerung der Temperatur verstärkt das Verhalten, von dem sie ‚abhängig ist' – das heißt das Verhalten, dem sie folgt. ...
Negative Verstärker werden insofern als ‚aversiv' bezeichnet, als sie Dinge sind, von denen sich Organismen ‚abwenden'...
Es gibt Dinge, die fast jeder als gut bezeichnet. Manche Dinge schmecken gut, manche fühlen sich gut an und andere sehen gut aus. Wir sagen das genauso bedenkenlos wie wir sagen, daß sie süß schmecken, sich rauh anfühlen oder rot aussehen. Gibt es nun irgendeine physische Eigenschaft, die allen guten Dingen gemeinsam ist? Das ist kaum anzunehmen. Es gibt nicht einmal eine Eigenschaft, die jeweils allen süßen, rauhen oder roten Dingen gemeinsam wäre. Eine graue Fläche sieht rot aus, wenn zuvor eine blaugrüne Fläche betrachtet haben; ein Stück gewöhnliches Papier fühlt sich glatt an, wenn wir zuvor Sandpapier, und es fühlt sich rauh an, wenn wir zuvor Spiegelglas angefaßt haben; und Leitungswasser schmeckt süß, wenn wir zuvor Artischocken gegessen haben. Deshalb muß ein Teil dessen, was wir als rot, als glatt oder als süß bezeichnen, ein Teil der Augen, der Fingerspitzen oder der Zunge desjenigen sein, der diese Dinge sieht, fühlt oder schmeckt. Was wir einem Gegenstand zuschreiben, wenn wir ihn als rot, als rauh oder als süß bezeichnen, ist zum Teil ein Zustand unseres eigenen Körpers, ein Zustand, der (bei den eben angeführten Beispielen) von vorausgegangener Reizung herrührt. Körperzustände sind – allerdings aus einem anderen Grund – noch wesentlich wichtiger, wenn wir etwas als gut bezeichnen.
Gute Dinge sind positive Verstärker. Das Essen, das gut schmeckt, verstärkt uns, wenn wir es schmecken. Dinge, die sich gut anfühlen, verstärken uns, wenn wir sie fühlen. Dinge, die gut aussehen, verstärken uns, wenn wir sie sehen. Wenn wir in der

Umgangssprache sagen, daß wir auf solche Dinge ‚aus sind', bezeichnen wir eine Art von Verhalten, das häufig durch sie verstärkt wird. (Auch den Dingen, die wir schlecht nennen, ist keine Eigenschaft gemeinsam. Sie sind alle negative Verstärker, und wir werden verstärkt, wenn wir ihnen entfliehen oder wenn wir sie vermeiden.) …
Dinge erscheinen als gut (sie verstärken positiv) oder schlecht (sie verstärken negativ) wahrscheinlich wegen der Umstände des Überlebens, unter denen sich die Spezies entwickelte. Weil bestimmte Nahrungsmittel verstärkend wirken, haben sie Wert für das Überleben; so lernten die Menschen rascher, diese Nahrungsmittel zu sammeln, anzubauen oder sie durch Jagd zu gewinnen. Eine Empfänglichkeit für negative Verstärkung ist genauso wichtig; Menschen, die intensive Verstärkung erfahren, wenn sie potentiell gefährlichen Bedingungen entrinnen oder diese vermeiden, erwachsen natürlich Vorteile daraus. Als Folge wird es ein Merkmal der Erbanlage, also der sogenannten ‚menschlichen Natur', daß bestimmte Dinge auf bestimmte Weise verstärkend wirken. (Ebenfalls ein Teil dieser Erbanlage ist es, daß neue Reize durch reflexartige Konditionierung verstärkende Wirkung erhalten, daß zum Beispiel der Anblick einer Frucht bereits verstärkt, wenn wir, nachdem wir sie einmal gesehen haben, die Erfahrung gemacht haben, wie gut sie schmeckt.) …
Wenn man ein Werturteil fällt, indem man etwas als gut oder schlecht bezeichnet, so bedeutet das, daß wir dieses Etwas nach seinen verstärkenden Auswirkungen klassifizieren. Die Klassifikation ist, wie wir gleich sehen werden, wichtig, wenn andere Menschen Verstärker benutzen (wenn zum Beispiel die verbalen Reaktionen ‚Gut' und ‚Schlecht' als Verstärker funktionieren), doch haben die Dinge verstärkend gewirkt, lange bevor sie als gut oder schlecht bezeichnet wurden – und sie wirken immer noch verstärkend bei Tieren, die sie nicht als gut oder schlecht bezeichnen, sowie bei Säuglingen und anderen Menschen, die zu einer solchen Klassifikation unfähig sind.
…
Wir können ein Kind lehren, Dinge als gut zu bezeichnen, indem wir davon ausgehen, wie diese Dinge *uns* schmecken, wie sie für *uns* aussehen oder wie sie sich für *uns* anfühlen. Aber nicht jeder findet dieselben Dinge gut, und so können wir uns täuschen. Die einzige augenscheinliche Gewißheit liefert uns das Verhalten des Kindes selbst. Wenn wir einem Kind ein neues Essen vorsetzen, und wenn das Kind eifrig zu essen beginnt, hat der erste Geschmack offensichtlich verstärkend gewirkt. Wir sagen ihm dann, das Essen sei gut, und stimmen ihm zu, wenn das Kind selbst es als gut bezeichnet. Doch das Kind hat noch andere Informationen. Es empfindet noch andere Wirkungen, und später wird es andere Dinge als ‚gut' bezeichnen, wenn sie dieselben Wirkungen haben, auch dann, wenn Essen nicht dazu gehört.
Es gibt keine wesentliche kausale Verbindung zwischen der verstärkenden Wirkung eines Reizes und den Empfindungen, die dieser erzeugt.
Nicht einmal als Erklärungshilfe ist die Empfindung wichtig – wichtig ist nur die Sache, die Empfindung vermittelt. Es ist das Glas, das sich glatt anfühlt, und nicht ein ‚Gefühl von Glätte'. Es ist der Verstärker, der als angenehm empfunden wird, nicht das angenehme Gefühl. Die Menschen haben Empfindungen, die ihnen von angenehmen Dingen vermittelt werden, verallgemeinert und als ‚Freude' bezeichnet, genauso

wie sie die Empfindungen, die ihnen von unangenehmen Dingen vermittelt werden, in dem Begriff ‚Schmerz' zusammengefaßt haben. Doch bereiten wir einer Person nicht Freude oder Schmerz – wir geben ihr Dinge, die sie als angenehm oder schmerzhaft empfindet. Menschen arbeiten nicht, um Freude zu steigern und Schmerz zu mindern, wie der Hedonismus behauptet hat; sie arbeiten, um angenehme Dinge hervorzubringen und schmerzhafte Dinge zu vermeiden. Epikur[1] hatte nicht ganz recht: Freude und Schmerz sind nicht das äußerste Gute und Böse; die einzigen guten Dinge, die es gibt, sind positive Verstärker, und die einzigen schlechten Dinge negative Verstärker. Was maximiert oder minimiert wird oder was letztlich gut oder böse ist, das sind Dinge, nicht Empfindungen, und die Menschen arbeiten, um sie zu erlangen oder zu vermeiden, aber nicht weil sie diese oder jene Empfindung vermitteln, sondern weil sie positive oder negative Verstärker sind.

C. SOZIALWISSENSCHAFTEN

24. REINHOLD MILLER

Die marxistische Verhältnisbestimmung von Ethik und Gesellschaft

Die materialistische Geschichtsauffassung führt das gesellschaftliche Bewußtsein, die politischen und rechtlichen Institutionen, die politisch-ideologischen Kämpfe einer Epoche oder Gesellschaftsformation auf das materielle gesellschaftliche Sein der Menschen zurück, auf die Produktions- und die davon abhängigen Klassenverhältnisse, die wiederum durch den Entwicklungsstand der Produktivkräfte bestimmt werden. Sie zeigt, daß der Inhalt der Geschichte in dem gesetzmäßigen Prozeß der Ablösung gesellschaftlicher Formation besteht. Und sie kann auf dieser Grundlage wissenschaftlich begründen, welche Bedeutung der gesellschaftlichen Arbeitstätigkeit, dem Klassenkampf, der Tätigkeit der Volksmassen, der Aktivität, Initiative und Bewußtsein von Klassen, Gruppen und Persönlichkeiten im Geschichtsprozeß zukommt und unter welchen Bedingungen und Erfordernissen diese zur revolutionären Veränderung der Gesellschaft führen. Mit der materialistischen Geschichtsauffassung konnte der Marxismus-Leninismus als materialistische Weltanschauung erstmalig eine wissenschaftliche Antwort auf die Fragen geben, «wie die *‚konkrete Tätigkeit'* des Menschen sich entwickele, wie sich durch sie das *Selbstbewußtsein* des Menschen entwickele, wie *die subjektive Seite der Geschichte* entstehe»...

Alle vormarxistischen und heutigen bürgerlichen ethischen Systeme führen die sittlichen Anschauungen und moralischen Prinzipien der Menschen entweder – wie die Idealisten – auf Gott, auf eine absolute sittliche Idee oder das abstrakte Selbstbewußtsein, den Willen, das Gefühl oder – wie die metaphysischen Materialisten, die in bezug auf die Gesellschaft ebenfalls Idealisten waren – auf die ewige und unveränderliche

[1] Vgl. Text 41.

Natur des Menschen zurück bzw. leiten sie daraus ab. Im Gegensatz zu allen diesen Systemen geht die marxistisch-leninistische Ethik nach ENGELS davon aus, «daß die Menschen, bewußt oder unbewußt, ihre sittlichen Anschauungen in letzter Instanz aus den praktischen Verhältnissen schöpfen, in denen ihre Klassenlage begründet ist – aus den ökonomischen Verhältnissen, in denen sie produzieren und austauschen» (20, 87).

Und sie erkennt deren gesellschaftliche Funktion darin, das bewußte Handeln und Verhalten der Menschen so zu orientieren, daß es in Übereinstimmung mit den Klasseninteressen steht und auf deren Verpflichtung gerichtet ist.

Die sittlichen Normen, Prinzipien und Kategorien, die Ethik insgesamt, gehören zum gesellschaftlichen Bewußtsein, das stets konkreten historischen sozialökonomischen Verhältnissen entspricht, aus ihnen entsteht und auf sie zurückwirkt. Sie widerspiegeln objektive Erfordernisse des Zusammenlebens in der menschlichen Gesellschaft, grundlegende gemeinsame Interessen der Gesellschaft oder bestimmter Klassen, ohne deren Berücksichtigung die Gesellschaft sich nicht entwickeln kann. Durch die Zurückführung der Ethik (und der Moral) auf objektive Erfordernisse des materiellen Lebens der Gesellschaft erhält die Ethik erstmalig eine wissenschaftlich begründete objektive Grundlage und hört auf, eine Sammlung a priori gewonnener Forderungen der abstrakten Vernunft, des objektiven Geistes, der menschlichen Natur usw. zu sein. Sie ist ein theoretisch verallgemeinertes Abbild jener Verhältnisse, aus denen sie entsteht und auf die sie durch ihre Leitsätze zurückwirkt.

Wenn die marxistische Ethik ihre Leitsätze und Forderungen auf das materielle Leben der Gesellschaft und in letzter Instanz auf die ökonomischen Verhältnisse gründet, dann bedeutet das nicht, daß sie diese unmittelbar und direkt aus der Ökonomie ableitet. Der Zusammenhang der Moral mit der Ökonomie ist in der höherentwickelten menschlichen Gesellschaft sehr kompliziert. Die moralischen Vorstellungen und Normen besitzen eine relative Selbständigkeit. In ihnen spielt die Macht der Gewohnheit und der Tradition eine große Rolle, was dazu führt, daß moralische Prinzipien und Normen für eine gewisse Zeit erhalten bleiben, selbst wenn die Bedingungen, die sie hervorgebracht haben, sich bereits wesentlich verändert haben oder gänzlich verschwunden sind. Die ökonomischen Bedingungen bestimmen die moralischen Normen und Prinzipien, ihren Inhalt und die Richtung ihrer Entwicklung nicht direkt und unmittelbar, sondern nur in letzter Instanz – in der Klassengesellschaft vor allem vermittels der Politik und des Rechts.

Mit der materialistischen Auffassung der Gesellschaft ist die Ethik erstmalig auf den Boden der Wissenschaft gestellt, die ihre Erkenntnisse auf objektive soziale Tatsachen gründet und nicht auf außergesellschaftliche und ahistorische Quellen…

Mit der Zurückführung der Moral auf ihre ökonomischen Grundlagen war die entscheidende Ursache der schon von vielen Denkern vor MARX festgestellten historischen Veränderlichkeit der moralischen Normen, Gewohnheiten, Beziehungen, Begriffe und Gefühle gefunden. Nunmehr war es möglich nachzuweisen, daß und warum «im ganzen und großen für die Moral sowohl, wie für alle andern Zweige der menschlichen Erkenntnis ein Fortschritt zustande gekommen ist.» (MARX/ENGELS 20, 88). Es zeigte sich, daß der Fortschritt in der Moral untrennbar verbunden ist mit

der Tätigkeit und dem Kampf der Volksmassen, die die hauptsächliche gesellschaftliche Produktivkraft sind, daß folglich auch die geschichtliche Entwicklung der Moral, ihre Kontinuität in der historischen Entwicklung nur richtig verstanden werden kann, wenn sie begriffen wird als ein Element oder Bestandteil der Arbeit als der elementarsten menschlichen Lebenstätigkeit und des Kampfes der Volksmassen um ihre Befreiung. Dabei war die jeweils höchste Moral in der geschichtlichen Entwicklung stets jene Moral, die die Interessen derjenigen Klasse zum Ausdruck brachte, deren Kampf auf die Durchsetzung des gesellschaftlichen Fortschritts gerichtet ist.
Gleichzeitig war es damit möglich, den widersprüchlichen Charakter der Moral verschiedener historischer Epochen sowie innerhalb ein und derselben Gesellschaftsordnung zu verstehen, die elementare Tatsache nämlich, daß in der Klassengesellschaft die verschiedenen Klassen und Schichten je nach ihrem spezifischen Verhältnis zu den Produktionsmitteln und ihrem Platz in der gesellschaftlichen Produktion verschiedene und entgegengesetzte Moralbeziehungen, Auffassungen, Normen usw. herausbilden, daß folglich die Moral in diesen Gesellschaftsordnungen den Antagonismus der Klasseninteressen zum Ausdruck bringt und Klassencharakter hat. Alle wesentlichen Fragen der Moral der Klassengesellschaft können darum nur im Zusammenhang mit dem Klasseninteresse theoretisch richtig verstanden und praktisch nur dann und insoweit erfolgreich gelöst werden, wenn und inwieweit sie als Teilfragen des Klassenkampfes gelöst werden.
Mit der Aufdeckung dieser Tatsachen ist auch die in der bürgerlichen Ethik weitverbreitete Theorie von dem klassenindifferenten, allgemeinmenschlichen Charakter der Moralnormen und sittlichen Auffassungen widerlegt, die von der herrschenden kapitalistischen Klasse in besonderer Weise dazu verwendet wird, das Klassenwesen ihrer Moralforderungen zu verschleiern und die von ihr ausgebeuteten, unterdrückten und ideologisch manipulierten Massen in Botmäßigkeit zu halten.

25. MAX WEBER

Kritik an Marx. Eine neue Verhältnisbestimmung von Ethik – Religion – Gesellschaft

In seiner Schrift „Die protestantische Ethik und der Geist des Kapitalismus“ hat Max Weber – gegen Marx und dessen berühmte, genau umgekehrt lautende These gewandt – gezeigt, daß ‚Geist‘ in Gestalt religiöser Vorstellungen die Macht hat, etwas so ‚Materielles‘ wie ein Wirtschaftssystem, z. B. das kapitalistische, zwar nicht geradezu hervorzubringen, aber doch in entscheidenden Zügen zu prägen. Kapitalistische Produktionsweise setzt eine Arbeitsdisziplin und ein Berufsethos voraus, die beide religiöse, nämlich: asketische Gesinnungen zur Wurzel haben. Gegen Nietzsche gewandt zeigte er, daß Religiosität, in der Art wie sie in den eben angedeuteten Gleisen wirksam ist, nahezu nichts zu tun habe mit introvertierter Grausamkeit oder Ressentiment. Kein Aufstand unterdrückten Hasses findet hier statt, wohl aber Umformung von religiöser Unsicherheit und Todesangst in vornehme Selbstzucht, Weltherrschaftswille und Schaffenskraft. ...
Wir müssen die Nähe zeigen, in der der extrem dramatische Aufbau der Gesamtschrift zu dem damaligen Moment des Lebens Max Webers steht. Aus den vielfältigsten Zusammenhängen der

Welt, die er auf ebensoviele fachmännische Weisen zu beherrschen getrachtet hatte, sah er sich damals plötzlich vertrieben. Er war ungewollt zum Asketen geworden – einem Asketen, der Zeit hatte. Er wurde aber gewahr, daß die Menschen, die er im Betrieb der Welt zurückgelassen hatte, gleichfalls – und nicht minder ungewollt – Asketen waren, Asketen von allerdings sehr andersartiger Strenge: Asketen einer mit der Zeit geizenden und wuchernden Betriebsdisziplin, Asketen eines an ruhelosen ‚Fortschritt' gefesselten Fachmenschentums. Das war die Askese des puritanischen Protestantismus, – eine Askese, die nicht aus der Welt floh, sondern mitten in ihr sich ansiedelnd, die Reform und Rationalisierung derselben betrieb: ‚innerweltliche Askese', wie Max Weber sie benannt hat. (Eduard Baumgarten)

Die innerweltliche protestantische Askese ... wirkte also mit voller Wucht gegen den unbefangenen *Genuß* des Besitzes, sie schnürte die *Konsumtion*, speziell die Luxuskonsumtion, ein. Dagegen *entlastete* sie im psychologischen Effekt den *Gütererwerb* von den Hemmungen der traditionalistischen Ethik, sie sprengte die Fesseln des Gewinnstrebens, indem sie es nicht nur legalisierte, sondern (in dem dargestellten Sinn) direkt als gottgewollt ansah. Der Kampf gegen Fleischeslust und das Hängen an äußeren Gütern war, wie neben den Puritanern auch der große Apologet des Quäkertums, Barclay, ausdrücklich bezeugt, *kein* Kampf gegen rationalen Erwerb, sondern gegen irrationale Verwendung des Besitzes. Dieses aber lag vor allem in der Wertschätzung der als Kreaturvergötterung verdammlichen *ostensiblen* Formen des Luxus, wie sie dem feudalen Empfinden so nahe lagen, anstatt der von Gott gewollten rationalen und utilitarischen Verwendung für die Lebenszwecke des Einzelnen und der Gesamtheit. *Nicht Kasteiung* wollte sie dem Besitzenden aufzwingen, sondern Gebrauch seines Besitzes für notwendige und praktisch nützliche Dinge. Der Begriff des „*comfort*" umspannt in charakteristischer Weise den Kreis der ethisch statthaften Verwendungszwecke, und es ist natürlich kein Zufall, daß man die Entwicklung des Lebensstils, der sich an jenen Begriff heftet, gerade bei den konsequentesten Vertretern dieser ganzen Lebensanschauung: den Quäkern, am frühesten und deutlichsten beobachtet hat. Dem Flitter und Schein chevaleresken Prunkes, der, auf unsolider ökonomischer Basis ruhend, die schäbige Eleganz der nüchternen Einfachheit vorzieht, setzten sie die saubere und solide Bequemlichkeit des bürgerlichen „home" als Ideal entgegen.

Auf der Seite der *Produktion* des privatwirtschaftlichen Reichtums kämpfte die Askese gegen Unrechtlichkeit ebenso wie gegen rein *trieb*hafte Habgier, – denn diese war es, welche sie als „covetousness", als „Mammonismus" usw. verwarf: das Streben nach Reichtum zu dem Endzweck, reich zu *sein*. Denn der Besitz als solcher war Versuchung. Aber hier war nun die Askese die Kraft, „die stets das Gute will und stets das Böse" – das in ihrem Sinn Böse: den Besitz und seine Versuchungen – „schafft". Denn nicht nur sah sie, mit dem Alten Testament und in voller Analogie zu der ethischen Wertung der „guten Werke", zwar in dem Streben nach Reichtum als *Zweck* den Gipfel des Verwerflichen, in der Erlangung des Reichtums als *Frucht* der Berufsarbeit aber den Segen Gottes. Sondern, was noch wichtiger war: die religiöse Wertung der rastlosen, stetigen, systematischen, weltlichen Berufsarbeit als schlechthin höchsten asketischen Mittels und zugleich sicherster und sichtbarster Bewährung des wiedergeborenen Menschen und seiner Glaubensechtheit mußte ja der denkbar mächtigste Hebel der Expansion jener Lebensauffassung sein, die wir hier als „Geist" des Kapitalismus bezeichnen. Und halten wir nun noch jene Einschnürung der Konsumtion mit dieser Entfesselung des Erwerbsstrebens *zusammen*, so ist das äußere Ergebnis naheliegend: *Kapitalbildung* durch *asketischen Sparzwang*.

26. MARIA OSSOWSKA

Gesellschaftliche Rolle und Sittlichkeit

Wir wenden uns nun einem sehr bedeutsamen Faktor zu, der, soweit ich sehe, bei der Aufstellung sittlicher Normen, die sehr häufig allgemein, ohne die notwendigen Unterscheidungen formuliert werden, völlig außer acht gelassen wird. Ich habe mich bereits mit diesem Faktor befaßt, als ich die durch verschiedenartige Berufe herbeigeführten Unterschiede erwähnte. Ein Arzt oder ein Rechtsanwalt zu sein, bedeutet auch, eine gesellschaftliche Rolle zu spielen, die bestimmte Erwartungen weckt und auf die bestimmte Pflichten bezogen werden. Einen Arzt verurteilt man sehr scharf, wenn er in einem dringenden Fall die Hilfe verweigert. Von einem Lehrer erwartet man vor allen Dingen Ehrlichkeit. Doch die gesellschaftliche Rolle wechselt nicht nur mit dem Beruf. So gibt es etwa die Rolle des Arbeitgebers und des Arbeitnehmers, die des Vaters und des Sohnes oder der Tochter, die des Gastgebers und des Gastes, die des Abgeordneten, des Torwarts, des Bräutigams, des Präsidenten, die des Herrn und des Dieners, die des Staatsanwalts und des Verteidigers usw.

Bei einem Schiffbruch erwartet man vom Kapitän, daß er als letzter sein Schiff verläßt. Von einem Diplomaten erwartet man kaum Aufrichtigkeit, während man sie bei einem Freund durchaus voraussetzt. Söhnen gesteht man das Recht auf Selbständigkeit früher zu als Töchtern; denn den Söhnen gestattet man einen größeren Privatbereich, während man die Töchter an enger umschriebene Gesetze kindlicher und verwandtschaftlicher Verpflichtungen gebunden sieht und die Eltern von ihnen mehr Fürsorge für ihre alten Tage glauben erwarten zu dürfen als von ihren Söhnen. Von einem Gastgeber erwartet man, daß er den Aufenthalt in seinem Haus für den Gast so angenehm wie möglich gestaltet und daß er ihn nicht mit seinen eigenen Sorgen belastet. Frauen gesteht man ohne weiteres zu, daß sie in gefährlichen Situationen weinen, während sich junge Männer schämen müßten, würden sie diesem Beispiel folgen. Der Anblick eines betrunkenen Angestellten auf der Straße erweckt Mißbilligung, doch der eines Lehrers in dem gleichen Zustand moralische Entrüstung. Wenn wir mit unseren Freunden teilen, erwartet man von uns, daß wir den kleinsten Teil für uns selbst nehmen, doch das gleiche Verhalten bei einem Herrn seinem Diener gegenüber käme uns seltsam vor. Es gibt Rollen, die man für ein ganzes Leben übernimmt, wie etwa die Rolle des eigenen Geschlechts; dann gibt es gesellschaftliche Rollen, die man über Jahre beibehält, wie z. B. die berufsbedingten Rollen; und ferner gibt es Rollen, die nur wenige Stunden dauern und vielleicht unwiederholbar sind, wie etwa die Rolle eines Bräutigams. Doch in jedem Fall werden ganz bestimmte Erwartungen mit der eingenommenen Rolle verbunden, und ganz bestimmte Pflichten obliegen demjenigen, der sich gerade in dieser Rolle befindet: Von einem Sohn erwartet man z. B. beim Tod seiner Mutter Trauer. Die Tatsache, daß der Fremde in Albert Camus' Roman den Abend nach der Beerdigung seiner Mutter in Begleitung seiner Freundin im Kino zugebracht hat, trägt später zu seiner Verurteilung zum Tode für den Mord an einem Mann ohne erkennbaren Grund bei.

Jeder, der die gegenseitige Hilfsbereitschaft unter den Menschen zu fördern wünscht, sollte sich der Tatsache bewußt sein, daß er keine solche Hilfsbereitschaft in einer Gesellschaft erwarten kann, in der die Rollenerwartungen sehr eng und streng sind, wie z. B. im Kastenwesen Indiens, wo die Angehörigen der einen Kaste nicht die einer anderen Kaste zugedachte Arbeit übernehmen dürfen. Eine indische Erzählung mag als Anschauungsbeispiel für eine solche Strenge dienen: Ein Bauer besaß einen Hund und einen Esel. Eines Nachts, als Hund und Esel schliefen, versuchte ein Dieb, in das Haus einzubrechen. Der Hund bemerkte nichts, da er gerade fest eingeschlafen war; doch der Esel hörte den Dieb und schlug Alarm. Der Dieb floh. Doch als der Bauer erwachte und merkte, was vorgefallen war, prügelte er den Esel, weil er die Pflichten eines Hundes übernommen hatte.

27. EMILE DURKHEIM

Die Gesellschaft als Zweck einer jeden moralischen Tätigkeit

Die moralische Wirklichkeit stellt sich uns unter zwei verschiedenen Aspekten dar, die deutlich voneinander zu trennen sind: dem *objektiven* und dem *subjektiven* Aspekt.

Für jedes Volk gibt es zu einem bestimmten Zeitpunkt seiner Geschichte eine Moral, und im Namen dieser herrschenden Moral verurteilen die Gerichte und urteilt die öffentliche Meinung. Für jede gegebene Gruppe gibt es eine gewisse wohldefinierte Moral. Mich auf die Tatsachen stützend, behaupte ich also, daß es eine allen zu einer Kollektivität gehörenden Menschen gemeinsame Moral gibt.

Außer dieser Moral existiert nun aber noch eine unbestimmte Vielzahl weiterer Moralvorstellungen. Denn jedes Individuum, jedes moralische Bewußtsein bringt die gemeinsame Moral auf seine Weise zum Ausdruck; jedes Individuum begreift und sieht sie unter einem anderen Blickwinkel; möglicherweise ist kein einziges Bewußtsein der Moral seiner Zeit vollkommen adäquat, und man könnte sagen, daß es kein moralisches Bewußtsein gibt, das nicht in gewisser Hinsicht immoralisch ist. Unter dem Einfluß der Umwelt, der Erziehung, der Veranlagung sieht jedes Bewußtsein die moralischen Regeln in einem besonderen Licht; der eine mag die Regeln der staatsbürgerlichen Moral lebhaft empfinden, die der Familienmoral dagegen nur schwach, oder umgekehrt. Ein anderer wird vielleicht ein starkes Gefühl für die Respektierung von Verträgen und für die Gerechtigkeit besitzen, aber nur eine blasse Vorstellung von den Pflichten der Wohltätigkeit. Sogar die wesentlichsten Aspekte der Moral werden von den verschiedenen Individuen unterschiedlich wahrgenommen.

...

Wir haben Pflichten nur gegenüber einem Bewußtsein; all unsere Pflichten richten sich an moralische Personen, an denkende Wesen.

Welches sind diese bewußten Subjekte? Das ist das Problem.

Eine Handlung kann nur zweierlei Zweckobjekte haben:

1. Mein eigenes Ich.
2. Andere Wesen außer mir.

Wir wollen zunächst prüfen, ob Handlungen, die nur auf mein eigenes Ich zielen, moralischen Charakter tragen. Um auf die Frage eine Antwort zu finden, befragen wir das allgemeine moralische Bewußtsein. Zweifellos ist das eine sehr unsichere Verfahrensweise, denn wir laufen Gefahr, das allgemeine Bewußtsein nach unserem Munde reden zu lassen; dennoch wird diese Methode, gewissenhaft gehandhabt, nicht ohne Ergebnisse bleiben können. Zunächst wird man wahrscheinlich nicht in Abrede stellen, daß das moralische Bewußtsein noch niemals eine Handlung als moralisch angesehen hat, die *ausschließlich auf die Selbsterhaltung* des Individuums zielte; zwar kann ein solcher Akt der Selbsterhaltung moralisch werden, wenn ich mich für meine Familie oder für mein Vaterland erhalte; erhalte ich mich jedoch nur für mich selbst, dann entbehrt mein Verhalten in den Augen der Allgemeinheit jedes moralischen Wertes.

Haben nun Handlungen, die nicht auf die Erhaltung meines Lebens, sondern auf dessen Entwicklung zielen, größeren moralischen Wert? Auch das läßt sich bejahen, wenn ich mich nicht aus persönlichen Interesse entfalte, sei es auch ein ästhetisches Interesse, sondern zu dem Zweck, daß sich diese Entfaltung für andere Wesen außer mir nützlich auswirkt. Entwickle ich meine Intelligenz und meine Fähigkeiten aber nur, um zu brillieren und Erfolg zu haben, um ein Kunstwerk aus mir zu machen, dann wird meine Handlung niemals als moralisch gelten.

So kann also mein eigenes Ich als solches nicht der Zweck meines moralischen Verhaltens sein. ...

Wenn wir aber durch die Pflicht nur mit bewußten Subjekten verbunden sein können, bleibt der moralischen Tätigkeit nun, da wir jedes individuelle Subjekt ausgeschaltet haben, kein anderes Zweckobjekt mehr übrig als das Subjekt sui generis, das durch eine Pluralität individueller, zu einer Gruppe assoziierter Subjekte gebildet wird; es bleibt nunmehr das kollektive Subjekt. Überdies muß die kollektive Person etwas anderes sein als die Summe der Individuen, aus denen sie sich zusammensetzt; denn wäre sie nur eine Summe, so könnte sie nicht mehr moralischen Wert besitzen als die Elemente, aus denen sie sich zusammensetzt und die durch sich selbst keinen haben. Wir kommen also zu folgendem Schluß: wenn es eine Moral, ein System von Pflichten und Obligationen gibt, muß die Gesellschaft eine moralische Person sein, die sich von den individuellen Personen, die sie umfaßt und aus deren Synthese sie hervorgeht, qualitativ unterscheidet. ...

Die Moral beginnt also dort, wo das Gruppenleben beginnt, weil erst dort Selbstlosigkeit und Hingabe einen Sinn erhalten. Ich sage Gruppenleben ganz allgemein. Zweifellos gibt es sehr verschiedene Gruppen: Familie, Korporation, Stadt, Vaterland, internationale Gruppierungen; für diese diversen Gruppen ließe sich eine Rangordnung aufstellen; und in den verschiedenen Formen der moralischen Aktivität würde man die entsprechenden Abstufungen finden, je nachdem ob sie eine engere oder weitere Gesellschaft zum Gegenstand nimmt, eine elementare oder komplexe, eine partikuläre oder umfassende. Aber es ist nicht nötig, hier in diese Frage einzudringen. Es genügt, den Punkt zu bezeichnen, an dem der Bereich der Sittlichkeit zu beginnen scheint, ohne daß im Augenblick schon die Notwendigkeit einer Differenzierung bestünde. Er beginnt, sobald die Bindung an eine Gruppe gegeben ist, so beschränkt sie auch sein mag.

Und nun werden die Handlungen, die wir unterwegs ausgeschaltet hatten, mittelbar und indirekt einen moralischen Charakter erhalten. Das Interesse des Anderen, sagten wir, kann nicht mehr innere Moral besitzen als mein eigenes Interesse. Doch insofern der Andere am Leben der Gruppe teilhat, insofern er Mitglied der Kollektivität ist, an die wir gebunden sind, gewinnt er in unseren Augen etwas von der gleichen Würde, und wir sind geneigt, ihn zu lieben und zu wollen. Auf die Gesellschaft Wert legen heißt, auf das gesellschaftliche Ideal Wert legen, wie wir im folgenden noch zeigen werden; ein wenig von diesem Ideal liegt aber in jedem von uns; daher ist es natürlich, daß jedes Individuum in gewissem Maße etwas von der religiösen Ehrfurcht besitzt, die dieses Ideal einflößt. Die Bindung an die Gruppe impliziert somit indirekt, doch notwendig die Bindung an die Individuen, und sobald das Ideal der Gesellschaft eine besondere Form des menschlichen Ideals ist, sobald der Typus des Citoyen sich weitgehend mit dem Typus der menschlichen Gattung deckt, fühlen wir uns an den Menschen gebunden. Das ist es, was den moralischen Charakter erklärt, der den interindividuellen Sympathiegefühlen und den durch sie angeregten Handlungen zugeschrieben wird. Das bedeutet nicht, daß diese Gefühle und Handlungen durch sich selbst Elemente des moralischen Temperaments darstellen, doch sind sie, wenngleich indirekt, eng genug mit den wesentlichsten moralischen Dispositionen verknüpft, daß ihr Fehlen nicht ohne Grund als ein sehr wahrscheinliches Anzeichen einer geringeren Moralität betrachtet werden kann. Wenn man sein Vaterland liebt, wenn man die Menschheit liebt, kann man das Leiden seiner Mitmenschen nicht mitansehen, ohne selbst zu leiden und das Bedürfnis zu verspüren, ihnen zu helfen. Doch was uns moralisch an den Nächsten bindet, ist nicht seine empirische Individualität, sondern der höhere Zweck, dessen Diener und Organ er ist.

Wir können nun verstehen, wie es kommt, daß es Regeln gibt, moralische Regeln genannt, denen wir gehorchen müssen, weil sie gebieten, und die uns an Zwecke binden, die über uns hinausreichen und die wir zugleich als erstrebenswert empfinden. Wir sahen in der Tat, daß die Gesellschaft der eminente Zweck einer jeden moralischen Tätigkeit ist.

III. WESEN UND AUFGABE DER ETHIK

Einführung

In den vorangegangenen beiden Kapiteln sind neben Beispielen, Dokumenten und grundsätzlichen Problemen ethischen Verhaltens Überlegungen von Einzelwissenschaften zur Genese solchen Verhaltens zur Sprache gekommen. Die folgenden vier Kapitel bringen nun Texte zur Ethik als einem Teilgebiet der Philosophie und bilden insofern den Hauptteil des vorliegenden Heftes. Im ersten dieser vier Kapitel geht es vor allem um Wesens- und Aufgabenbestimmung der Ethik und um die Frage nach der Möglichkeit einer Ethik als einer philosophischen Disziplin. Dieser Themenkomplex wird jedoch nicht systematisch abgehandelt, denn das würde den Rahmen einer bloßen Einführung in dieses philosophische Gebiet überschreiten; vielmehr werden nur einige wichtige Aspekte ohne Anspruch auf Vollständigkeit ermöglicht.

Weischedel erläutert in Text 28 die Herkunft des Wortes „Ethik" und seine Verwendungsweise bei Aristoteles, dem Begründer der Ethik als einer speziellen Disziplin der Philosophie; Weischedel verweist außerdem darauf, daß die Grundbedeutung, die Aristoteles dem Begriff „Ethik" gegeben hat, maßgeblich geblieben ist für die ganze weitere Geschichte der Ethik. Im Zusammenhang mit der Bestimmung dieses Begriffs ist auch eine Erläuterung des Begriffs „Moral" angebracht: Dem Wortursprung nach (von lat.: mos = Sitte, Brauch, Gewohnheit) ist „Moral" bedeutungsgleich mit „Ethik", so daß also Ethik, Moral und Sittenlehre anfänglich Synonyme sind, doch veränderte sich die Bedeutung der Ausdrücke im Laufe der Philosophiegeschichte dahingehend, daß mit „Ethik" eher die Theorie und mit „Moral" eher die Praxis des Sittlichen gemeint ist. Nicolai Hartmann brachte diesen Sachverhalt in der pointierten Formulierung zum Ausdruck, daß der „Vielheit der Moralen" die „Einheit der Ethik" gegenüberstehe. Jedoch ist diese Bedeutungsdifferenzierung nicht bei allen Philosophen zu finden, so daß in vielen der folgenden Texte nicht zwischen Ethik und Moral bzw. zwischen ethisch und moralisch unterschieden wird.

Daß es in jedem menschlichen Gemeinwesen gleich welcher Art moralische Überzeugungen gibt, behauptet Russell in Text 29. Nietzsche teilt die vielen Moralen in zwei Grundtypen: eine Moral der Herrschenden, Freien und eine Moral der Unterdrückten, Unfreien; dementsprechend bedeutet für Nietzsche „gut" ursprünglich (aus der Sicht der Herren-Moral) soviel wie „vornehm", „schlecht" soviel wie „verächtlich"; aus der Sicht der Sklaven-Moral verkehren sich diese Bedeutungen in gewisser Weise (30; vgl. T. 63). – Die nächsten drei Texte beschäftigen sich mit dem Gegenstand der Ethik, den menschlichen Handlungen (vgl. dagegen T. 30). Hartmann (31) charakterisiert (in Anlehnung an Kant) das Grundproblem der Ethik durch die Frage: Was sollen wir tun? Diese Frage stellt sich uns ständig, in jeder neuen Situation, und hat insofern bedeutendes Gewicht, als wir die Wirklichkeit durch das, was wir tun, mitbestimmen und verantworten müssen. Die Ethik nimmt uns die Entscheidungen darüber, was wir im Einzelfall tun sollen, nicht ab, sondern gibt uns nur generelle Entscheidungshilfen, „lehrt das ‚Urteilen' selbst". Roth versucht die ethischen Handlungen als eine besondere Klasse von Handlungen zu kennzeichnen und zwar als Handlungen, die frei, verantwortlich und einsichtsvoll vollzogen werden (32). Auf das Moment der Freiheit des ethisch Handelnden verweist auch Weischedel (33): Freiheit von äußerem Zwang ist eine notwendige Bedingung für eine ethische Handlung. Das wesentlich kompliziertere philosophische Problem der Willensfreiheit bleibt in unserer Textsammlung, wie schon im Vorwort vermerkt, weitgehend unberücksichtigt; es wird im Heft „Anthropologie" zur Sprache kommen.

Die letzten vier Texte dieses Kapitels betreffen alle (mehr oder weniger deutlich) die Frage, ob Ethik als philosophische Disziplin überhaupt möglich ist. Text 34 bringt in exemplarischer Weise eine Stellungnahme zum Relativismusproblem, das der Sache nach in vielen anderen Texten dieser Sammlung explizit oder implizit angesprochen wird (2, 6 – 14, 29, 30, 64, 65). Bei diesem Problem geht man von der Tatsache aus, daß die Normen und Moralkodizes verschiedener Individuen und Gruppen zu verschiedenen Zeiten sich sehr unterscheiden und zum Teil sogar widersprechen; es fragt sich dann erstens, ob einer dieser Moralkodizes der einzig richtige und allen anderen vorzuziehen ist oder ob sie alle gleichrangig sind, und zweitens, ob und in welcher Weise die Bevorzugung eines bestimmten Moralkodex rational zu rechtfertigen ist. Der ethische Relativismus verneint die Möglichkeit einer rationalen Begründung einer absoluten Auszeichnung eines bestimmten Normenkodex und leugnet damit auch, daß es allgemeinverbindliche Urteile darüber gibt, was moralisch richtig oder falsch ist. Hartmann versucht demgegenüber darzustellen, daß mit jeder neuen Moral und jedem neuen Normenkatalog nur ein neuer Ausschnitt aus dem Bereich der Werte sichtbar und bewußt wird; die Werte selbst verändern sich nicht.

Text 35 stammt aus Wittgensteins berühmtem „Tractatus logico-philosophicus“, dem wohl bekanntesten und radikalsten Dokument neupositivistischer Philosphie. Diese philosophische Richtung war im wesentlichen generell der Meinung, alle wissenschaftlichen Erkenntnisse gehörten entweder zu den Tatsachenwissenschaften (Physik, Chemie, Biologie, Geschichte usw.) oder zu den Formalwissenschaften (Logik und Mathematik) und würden entweder durch Beobachten und Experimentieren im Bereich der Tatsachen oder durch Beweise gewonnen. Als wissenschaftlich kann aus der Sicht des Positivismus also nur solches Vorgehen gelten, das vom „Positiven“, d. h. vom Gegebenen, Tatsächlichen und daher anscheinend Sicheren ausgeht, so daß alte philosophische Disziplinen wie Metaphysik, Ethik, Ästhetik aber auch Theologie sowie grundlegende philosophische Fragen wie z. B. nach dem Sinn und Wert des Lebens aus der Philosophie (insofern sie *Wissenschaft* sein will) verbannt wurden. Wittgensteins Thesen zur Ethik sind zwar leicht zu lesen, aber nicht voraussetzungslos zu verstehen: sie finden sich am Ende seiner Schrift und resultieren aus seinen Überlegungen zu dem, was Sprache leistet und überhaupt leisten kann: die Welt besteht aus Tatsachen und die Sprache beschreibt diese Welt, indem sie die Tatsachen abbildet; auch die Gedanken sind nur Abbilder der Wirklichkeit und einen Gedanken sprachlich ausdrücken heißt also ebenfalls die Welt der Tatsachen und möglichen Sachverhalte abbilden: über anderes als über wirkliche oder mögliche Fakten kann man nicht sinnvoll reden und denken. Da Ethik sich nicht auf Tatsachen, sondern auf Werte bezieht, überschreitet sie die Darstellungsmöglichkeiten der Sprache, sie ist „transcendental“ (da dieser Terminus durch Kant eine spezifische Bedeutung bekommen hat, hieße es wohl besser „transzendent“). – Apel konfrontiert in Text 36 diese Einstellung des Positivismus zur Ethik mit dem Bedürfnis nach einer für die ganze menschliche Gesellschaft verbindlichen Ethik – ein Bedürfnis, das gerade angesichts der unheilvollen Folgen von moderner Zivilisation, Wissenschaft und Technik immer dringlicher wird. Es ergibt sich die paradoxe Situation, daß dieselbe Wissenschaft, welche durch ihre Auswirkungen auf die menschliche Gesellschaft ein solches Bedürfnis nach Ethik provoziert, zugleich die Möglichkeit einer rationalen Begründung der Ethik zu verneinen scheint. Apel weist außerdem darauf hin, daß die überkommenen Moralkodizes veraltet sind, weil sie auf das Individuum und kleine überschaubare Gruppen, nicht aber auf die „erdumspannende Industriegesellschaft“ zugeschnitten sind. An diesen Gedanken knüpft Text 37 von Gehlen an.

28. WILHELM WEISCHEDEL

Der Begriff der Ethik

Der Begriff der Ethik geht auf Aristoteles zurück. Das von diesem verwendete Adjektiv ἠθικός[1], „ethisch“, leitet sich von dem Substantiv ἦθος[2] ab, das eine teils

[1] lies „ethikós“.
[2] lies „éthos“.

objektive, teils subjektive Bedeutung besitzt. Zum einen, objektiv, heißt ἦθος soviel wie Gewohnheit, Sitte, Brauch. Zum andern, subjektiv, hat es die Bedeutung von Sinnesart, Gesinnung, Haltung. Aus dieser Spaltung im Grundbegriff ergibt sich eine doppelte Ausrichtung des Begriffes der Ethik als der Wissenschaft vom ἦθος. Zum einen verweist der objektive Gebrauch auf das Miteinander der Menschen; Gewohnheit, Sitte und Brauch gelten in der Polis, weshalb für Aristoteles die „Ethik" einen Teil der „Politik" darstellt. Zieht man zum andern die subjektive Bedeutung von ἦθος als Sinnesart, Gesinnung und Haltung heran, dann zeigt sich: Ethik bezieht sich ausdrücklich auf den Menschen, sein Verhalten und seine Haltung; sie ist „Philosophie vom Menschlichen". Diese doppelte Ausrichtung – auf den Menschen als solchen und auf den Menschen als Staatsbürger – ist für die gesamte weitere Geschichte der Philosophischen Ethik maßgebend.

29. BERTRAND RUSSELL

In jedem menschlichen Gemeinwesen gibt es moralische Überzeugungen

In allen menschlichen Gemeinwesen, die wir kennen, selbst in den primitivsten, gibt es moralische Überzeugungen und Gefühle. Manche Handlungen werden gepriesen, andere getadelt, manche belohnt, andere bestraft. Gewisse Handlungen Einzelner gelten als gedeihlich, nicht nur für Einzelne, sondern für die Allgemeinheit; andere werden als verderblich betrachtet. Die Anschauungen, die darin zum Ausdruck kommen, sind zum Teil rational vertretbar, in primitiven Gemeinwesen aber überwiegen die rein abergläubischen Vorstellungen, die häufig sogar solche Verbote inspirieren, die sich, wie sich später herausstellt, vernünftig begründen lassen.

...

In jedem Gemeinwesen, selbst bei der Besatzung eines Piratenschiffs, gibt es befohlene und verbotene, gebilligte und getadelte Handlungen. Der Pirat muß Mut beim Angriff und Gerechtigkeitssinn bei der Verteilung der Beute beweisen, sonst ist er kein ‚guter' Pirat. Gehört ein Mensch zu einem größeren Verbande, dann ist der Kreis seiner Pflichten und etwaigen Verfehlungen größer, sind die dadurch bedingten Überlegungen vielgestaltiger und verwickelter; aber immer noch ist ein Kanon maßgebend, nach dem er sich zu richten hat, wenn er nicht in schlechten Ruf kommen will. Die meisten Handlungen sind freilich sittlich belanglos, wenn der Handelnde nicht ein Sklave ist oder sich in halbsklavischer Lage befindet. Wer unabhängig ist, kann aufstehen und schlafen gehen, wann er will; er kann essen und trinken, was ihm beliebt, wenn es nicht im Übermaß geschieht; er kann die Frau seiner Wahl heiraten, wenn sie einverstanden ist. Er muß aber der Wehrpflicht genügen, wenn er vom Staat dazu aufgerufen wird; er darf keine Verbrechen begehen, und er muß in seinem Verhalten alles vermeiden, was einen Menschen unbeliebt macht.

30. FRIEDRICH NIETZSCHE

Herren-Moral und Sklaven-Moral

Bei einer Wanderung durch die vielen feineren und gröberen Moralen, welche bisher auf Erden geherrscht haben oder noch herrschen, fand ich gewisse Züge regelmäßig miteinander wiederkehrend und aneinandergeknüpft: bis sich mir endlich zwei Grundtypen verrieten, und ein Grundunterschied heraussprang. Es gibt *Herren-Moral* und *Sklaven-Moral*; – ich füge sofort hinzu, daß in allen höheren und gemischteren Kulturen auch Versuche der Vermittlung beider Moralen zum Vorschein kommen, noch öfter das Durcheinander derselben und gegenseitige Mißverstehen, ja bisweilen ihr hartes Nebeneinander – sogar im selben Menschen, innerhalb einer Seele. Die moralischen Wertunterscheidungen sind entweder unter einer herrschenden Art entstanden, welche sich ihres Unterschieds gegen die beherrschte mit Wohlgefühl bewußt wurde, – oder unter den Beherrschten, den Sklaven und Abhängigen jeden Grades. Im ersten Falle, wenn die Herrschenden es sind, die den Begriff „gut" bestimmen, sind es die erhobenen stolzen Zustände der Seele, welche als das Auszeichnende und die Rangordnung Bestimmende empfunden werden. Der vornehme Mensch trennt die Wesen von sich ab, an denen das Gegenteil solcher gehobener stolzer Zustände zum Ausdruck kommt: er verachtet sie. Man bemerke sofort, daß in dieser ersten Art Moral der Gegensatz „gut" und „*schlecht*" soviel bedeutet wie „vornehm" und „verächtlich": – der Gegensatz „gut" und „*böse*" ist andrer Herkunft. Verachtet wird der Feige, der Ängstliche, der Kleinliche, der an die enge Nützlichkeit Denkende; ebenso der Mißtrauische mit seinem unfreien Blicke, der Sich-Erniedrigende, die Hunde-Art von Mensch, welche sich mißhandeln läßt, der bettelnde Schmeichler, vor allem der Lügner: – es ist ein Grundglaube aller Aristokraten, daß das gemeine Volk lügnerisch ist. „Wir Wahrhaftigen" – so nannten sich im alten Griechenland die Adeligen. Es liegt auf der Hand, daß die moralischen Wertbezeichnungen überall zuerst auf *Menschen* und erst abgeleitet und spät auf *Handlungen* gelegt worden sind: weshalb es ein arger Fehlgriff ist, wenn Moral-Historiker von Fragen den Ausgang nehmen wie: „Warum ist die mitleidige Handlung gelobt worden?" Die vornehme Art Mensch fühlt *sich* als wertbestimmend, sie hat nicht nötig, sich gutheißen zu lassen, sie urteilt, „was mir schädlich ist, das ist an sich schädlich", sie weiß sich als das, was überhaupt erst Ehre den Dingen verleiht, sie ist *werteschaffend.* Alles, was sie an sich kennt, ehrt sie: eine solche Moral ist Selbstverherrlichung. Im Vordergrunde steht das Gefühl der Fülle, der Macht, die überströmen will, das Glück der hohen Spannung, das Bewußtsein eines Reichtums, der schenken und abgeben möchte: – auch der vornehme Mensch hilft dem Unglücklichen, aber nicht oder fast nicht aus Mitleid, sondern mehr aus einem Drang, den der Überfluß von Macht erzeugt. Der vornehme Mensch ehrt in sich den Mächtigen, auch den, welcher Macht über sich selbst hat, der zu reden und zu schweigen versteht, der mit Lust Strenge und Härte gegen sich übt und Ehrerbietung vor allem Strengen und Harten hat. ...

Es steht anders mit dem zweiten Typus der Moral, der *Sklaven-Moral.* Gesetzt, daß die Vergewaltigten, Gedrückten, Leidenden, Unfreien, ihrer selbst Ungewissen und

Müden moralisieren: was wird das Gleichartige ihrer moralischen Wertschätzungen sein? Wahrscheinlich wird ein pessimistischer Argwohn gegen die ganze Lage des Menschen zum Ausdruck kommen, vielleicht eine Verurteilung des Menschen mitsamt seiner Lage. Der Blick des Sklaven ist abgünstig für die Tugenden des Mächtigen: er hat Skepsis und Mißtrauen, er hat *Feinheit* des Mißtrauens gegen alles „Gute“, was dort geehrt wird –, er möchte sich überreden, daß das Glück selbst dort nicht echt sei. Umgekehrt werden die Eigenschaften hervorgezogen und mit Licht übergossen, welche dazu dienen, Leidenden das Dasein zu erleichtern: hier kommt das Mitleiden, die gefällige, hilfsbereite Hand, das warme Herz, die Geduld, der Fleiß, die Demut, die Freundlichkeit zu Ehren –, denn das sind hier die nützlichsten Eigenschaften und beinahe die einzigen Mittel, den Druck des Daseins auszuhalten. Die Sklaven-Moral ist wesentlich Nützlichkeits-Moral. Hier ist der Herd für die Entstehung jenes berühmten Gegensatzes „gut“ und „*böse*“: – ins Böse wird die Macht und Gefährlichkeit hineinempfunden, eine gewisse Furchtbarkeit, Feinheit und Stärke, welche die Verachtung nicht aufkommen läßt. Nach der Sklaven-Moral erregt also der „Böse“ Furcht; nach der Herren-Moral ist es gerade der „Gute“, der Furcht erregt und erregen will, während der „schlechte“ Mensch als der verächtliche empfunden wird.

31. NICOLAI HARTMANN

Die ethische Grundfrage „Was sollen wir tun?“

Die Tradition des neuzeitlichen Denkens stellt die Philosophie an der Schwelle ihrer Arbeit vor drei aktuelle Fragen: was können wir wissen, was sollen wir tun, was dürfen wir hoffen? Die zweite von ihnen gilt als die ethische Grundfrage. Es ist diejenige Form menschlichen Fragens überhaupt, die der Ethik den Charakter der „praktischen“ Philosophie gibt. …

Vor der Frage „was sollen wir tun“ stehen wir in jedem Augenblick. Jede neue Situation gibt sie uns neu auf, von Schritt zu Schritt im Leben müssen wir sie neu beantworten, unausweichlich und ohne daß irgendeine Macht uns dabei entlasten, über die Notwendigkeit hinwegheben könnte. Und auf die immer neue Frage ist unser Tun, unser wirkliches Verhalten, die immer neue Antwort. Denn allemal enthält die Tat bereits die gefällte Entscheidung. Und wo sie uns nicht bewußt war, da können wir sie an unserem Tun doch nachträglich erkennen, vielleicht um sie zu bereuen. Denn ob wir in jenem Für und Wider das Rechte treffen, das eben liegt nicht in der Frage, nicht in der Situation; dafür gibt es keine Notwendigkeit, keine Führung durch fremde Hand. Hier ist jeder auf sich selbst angewiesen, trifft allein und von sich die Entscheidung. Und er trägt hernach, wenn er irrte, allein Verantwortung und Schuld.

Und wer sieht die Tragweite seines Tuns ab? Wer kennt die Kette der Folgen, ermißt die Größe der Verantwortung?

Die Tat, einmal geschehen, gehört der Wirklichkeit an und ist nicht wieder ungeschehen zu machen. Was in ihr gefehlt wurde, ist unwiederbringlich verfehlt, ist irreparabel im strengen Sinne. Die Situation ist einmalig, kehrt nicht wieder, ist individuell wie alles Wirkliche. Aber sie ist auch unwiderruflich da, ist hineingeflochten als Glied in die Zusammenhänge des Weltgeschehens. Dasselbe gilt von der Tat, wenn sie geschehen ist. Ihre Wirkungen ziehen immer weitere Kreise, ihre Seinsweise ist eine fortzeugende. Einmal ins Dasein verwoben, lebt sie fort, stirbt nicht mehr aus – wenn auch der Wellenschlag, der von ihr ausgeht, sich mannigfach bricht, abschwächt, ausgleicht im größeren Strome des Weltlaufs –, sie ist unsterblich wie alles Wirkliche. Wie unwirklich und unkausal ihr Ursprung auch sein mag, einmal ins Dasein gesetzt, folgt sie einem anderen Gesetz, dem Gesetz der Wirklichkeit und Wirksamkeit. Dieses Gesetz gibt ihr ein Eigenleben, eine Macht, Leben und Sein zu formen oder zu zerstören, der gegenüber Reue und Verzweiflung ohnmächtig sind. Die Tat wächst über den Täter hinaus, stempelt ihn ab, richtet ihn ohne Gnade.

Nicht an jedem menschlichen Verhalten sehen wir die Kette der Folgen. Aber ein jedes hat Folgen, und die Möglichkeit besteht immer, daß sie schwerwiegend sind, oft dort am meisten, wo wir am wenigsten daran denken. Und was im Kleinen vom Verhalten des Einzelnen gilt, das gilt im Großen vergrößert vom Verhalten einer Gemeinschaft, einer Generation, eines Zeitalters. Was wir heute erfassen, begreifen, beschließen, tun, daran hängt vielleicht die Zukunft von Geschlechtern. Immer erntet die kommende Zeit, was die Gegenwart gesät, wie diese die Saat der Vergangenheit geerntet. Und im eminenten Sinne gilt das, wo Altes sich überlebt hat und Neues, Unerprobtes sich bilden will, wo junge Kräfte ans Licht drängen, dunkle ungekannte Mächte sich regen. Hier ist es, wo auch der bescheidene Anteil des Einzelnen an der Initiative des Ganzen unter der Last einer ungeahnten Verantwortung für Jahrhunderte stehen kann. ...

Ethik lehrt nicht direkt, was hier und jetzt geschehen soll in gegebener Sachlage, sondern allgemein, wie dasjenige beschaffen ist, was überhaupt geschehen soll. Vielleicht ist es Vieles und Mannigfaltiges, was überhaupt geschehen soll. Nicht in jeder Sachlage aber kann alles geschehen, was überhaupt geschehen soll. Hier behält der Augenblick mit seinen Anforderungen Spielraum innerhalb dessen, was ethische Besinnung lehrt. Ethik schafft eine allgemeine Grundlage, von der aus das Aktuelle objektiv, wie aus der Vogelschau, gesehen wird. Aufgaben des Individuums und Aufgaben des Zeitalters sind vor ihr gleich partikulär. Beiden gegenüber hält sie gleiche Distanz, für beide bedeutet sie die Erhebung über den Fall, die Befreiung von äußerer Beeinflussung, Suggestion, Verfälschung, Fanatismus. Ethik verfährt darin nicht anders als alle Philosophie: sie lehrt nicht fertige Urteile, sondern „Urteilen" selbst.

In diesem Sinne nimmt sie die Frage „was sollen wir tun". Sie bestimmt, beschreibt, definiert nicht das eigentliche „Was" des Sollens; wohl aber gibt sie die Kriterien, an denen es zu erkennen ist.

32. HEINRICH ROTH

Ethische Handlungen als eine besondere Klasse von Handlungen

Wenn der Mensch handelt – und unter Handeln wird hier alles verstanden, was er zu tun fähig ist: reden, schweigen, den Acker bestellen, Häuser bauen, Bücher schreiben, Kriege führen oder unterlassen, den Mond befahren –, wird eine *Instanz* vorausgesetzt, die alle aufgeführten und charakterisierten Kräfte und Fähigkeiten zu *einheitlichen Handlungen* integriert, sie nach Zielen und Zwecken lenkt und sie bis zum Abschluß der Handlung unter Kontrolle hält.
Die erste schlichte Antwort, die wir auf die Frage nach einer solchen Instanz geben, lautet: das sind wir selbst; es ist das Ich, das diese Aufgabe zu leisten hat.

...

Die menschlichen Handlungen werden zunächst von Reflexen regiert, dann von Trieben, Gefühlen und Affekten, schon sehr früh von Konditionierungen[1], auf die wir quasi dressiert wurden, schließlich handeln wir nach Gewohnheiten, Einstellungen und Eigenschaften, die sich in uns gebildet haben. Entsprechend reden wir von Reflexhandlungen, Triebhandlungen, Affekthandlungen, Gewohnheitshandlungen, Erfahrungshandlungen (Handlungen gemäß unseren Einstellungen, Eigenschaften, Tugenden und Untugenden). Schließlich sprechen wir auch von einsichtigen Handlungen und von Willenshandlungen. Die für unsere Handlungen zuständigen Instanzen werden im Laufe der Entwicklung offenbar immer komplexer, bewußtseins- und ichabhängiger, sie arbeiten zunehmend reflektierter und entscheidungsbewußter.
Von Handlungen im Sinne mündiger Personalität können wir erst sprechen, wenn unsere Handlungen „*Ich-Leistungen*" darstellen.

...

Wer frei und gleichzeitig verantwortlich handeln können soll, muß zunächst in seinem Tun den Schritt vom *Verhalten* zum *Handeln* lernen. Mit dem Begriff eines handelnden, im Gegensatz zu einem sich nur verhaltenden Wesen wird postuliert, daß nicht jedes Verhalten ein Handeln ist. Unter dem Begriff „menschliches Handeln" wird ein zielorientiertes, von Sach-, Sozial- und Werteinsichten gelenktes, die Folgen seines Tuns bedenkendes und verantwortendes Verhalten abgesetzt von einem teils undurchsichtig, teils unüberschaubar vielfältig, teils zufällig determiniert ablaufenden Verhalten, bei dem der kontrollierende Führungsanspruch eines sein Verhalten verantwortenden Subjekts nicht gestellt wird oder nicht erkennbar ist.

...

Das moralische Verhalten im engeren Sinne, sei es in moralisch-sozialen oder moralisch-politischen Zusammenhängen, zeichnet sich qualitativ dadurch aus, daß vom Handelnden in ethisch zugespitzten Konfliktlagen im strengen Sinne *selbstbestimmte Handlungen* erwartet werden, die in der Verantwortung der eigenen „letzten Einsichten" getroffen werden, die für den betreffenden Menschen lebensführend

[1] Konditionierung: (von lat.: conditio = Bedingung) Ein Lernvorgang, bei dem ein komplexer Organismus dazu gebracht wird, auf bestimmte Reize in bestimmter Weise zu reagieren; man nennt diese Reize bzw. Reaktionen dann bedingte Reize bzw. bedingte Reaktionen.

geworden sind. Sie können und müssen unter Umständen gegen das eigene Wohl (in *Kants* Formel gegen die eigenen Neigungen) und unter Umständen gegen die eigene Gesellschaft getroffen werden – im Widerstand aus Gewissensgründen.

In einem bescheideneren Sinne werden wir von solchen Handlungen sprechen, wenn wir – dem Augenschein nach meist abweichend von scheinbar naheliegenden und scheinbar selbstverständlichen Sach- und Sozialeinsichten – *anders* handeln, als von der Umwelt oder der Gesellschaft erwartet wird, und dann bekennen, unserem Gewissen gemäß gehandelt zu haben.

33. WILHELM WEISCHEDEL

Handlungsfreiheit als Voraussetzung ethischen Handelns

Die Handlungsfreiheit besteht darin, daß der Mensch das, was er will, auch tatsächlich ausführen kann; so ist sie Freiheit von Zwang, der von außen, von der Welt her ausgeübt wird. Eine solche Handlungsfreiheit besitzt der Mensch zweifellos, allerdings, sieht man genauer hin, in einem höchst beschränkten Maß. Da sind einmal die Einschränkungen, die aus der Natur kommen, so wie diese nun einmal eingerichtet ist: wider die Naturgesetze kann keiner angehen. Vor allem aber entspringen solche Zwänge dem gesellschaftlichen Leben. Das Recht, die polizeilichen Verordnungen, die Konventionen, die Mode, das Urteil anderer Menschen, alles das und noch anderes läßt nur gewisse Möglichkeiten des Tuns frei. Das gleiche gilt etwa von der Notwendigkeit, sich seinen Unterhalt zu verdienen. Auch aus dem Menschen selber kommen Begrenzungen der Handlungsfreiheit: etwa aus seinen Gesundheitsverhältnissen oder aus seiner besonderen Begabung oder aus den Gegebenheiten seiner Altersstufe oder seines Geschlechts, oder aus der erforderlichen Rücksichtnahme auf andere Menschen. Solche Einengungen resultieren schließlich auch aus der persönlichen und geschichtlichen Herkunft und Stellung des Menschen, die oftmals durch keine Anstrengung der Freiheit überwunden werden können. Man kann das Ganze dieser Einschränkungen als die Situation bezeichnen, in der jeder sich vorfindet; die Situation aber ist offensichtlich mächtiger als die Freiheit zu handeln.

Gleichwohl gibt es auch innerhalb der Grenzen der die Handlungsmöglichkeiten einschränkenden Situation Handlungsfreiheit. Oftmals steht der Mensch mehreren Möglichkeiten gegenüber, die er verwirklichen kann. Die Handlungsfreiheit ist übrigens beim einen oder anderen von verschiedenem Umfang. Der Reiche etwa hat im allgemeinen eine weiterreichende Handlungsfreiheit als der Arme. Auch in den verschiedenen Phasen des Lebens sind ihr die Grenzen enger oder weiter gesteckt. Dem Kind und dem Greis sind nicht die gleichen Möglichkeiten zugemessen wie dem Menschen auf der Höhe seines Lebens.

Hat nun die Handlungsfreiheit Bedeutung für die Philosophische Ethik? Sicherlich. Um überhaupt moralisch wirken zu können, muß der Mensch Möglichkeiten des Handelns haben. Das wird vom Gegenteil her einsichtig. Ein Extremfall von Unfreiheit im Bereich des Handelns wäre ein Mensch, für den alles vorgeschrieben und

geregelt ist, bis hin zu den kleinsten Dingen des täglichen Lebens. Für ihn, den es so normalerweise in der Wirklichkeit nicht gibt, entstünden keine ethischen Probleme. Höchstens daß er sich fragt, ob er sich einer solchen totalen Bevormundung unterwerfen will. Doch das gehört schon eher in den Bereich der Willensfreiheit. Man sieht: Die ethischen Probleme stellen sich nur dann, wenn dem Menschen grundsätzlich Handlungsfreiheit zukommt; diese ist somit eine Voraussetzung der Ethik.
Die Problematik dieser Art von Freiheit wird jedoch sofort deutlich. Wer in seinem Tun allzusehr eingeschränkt ist, der wird auch in seinem Menschsein beeinträchtigt; denn zu diesem gehört es, daß man dieses oder jenes tun kann; wo dies fehlt, wird das Dasein leer. Aber auch in einer allzu weit ausgedehnten oder schrankenlos ausgeübten Handlungsfreiheit lauern Gefahren; es kann zu Anarchie und Unordnung kommen. Die Ethik muß also Anweisungen dafür geben, wie die Handlungsfreiheit zwischen ihren Extremen in einer angemessenen Mitte gehalten werden kann.

34. NICOLAI HARTMANN

Zum Relativismusproblem – Das Wertbewußtsein verändert sich ständig, die Werte selbst verschieben sich nicht

Jede Zeit hat ihre „geltenden Wahrheiten". Die Physik des Aristoteles „galt" und die des Galilei „galt als Wahrheit". Zu unterscheiden aber von allen geltenden Wahrheiten ist „die Wahrheit" als solche, die ideale Forderung, die jedes Wissen einer Zeit an sich stellt; eine Forderung, die es immer nur unvollkommen erfüllt, für die aber die Philosophie das Kriterium sucht. Ebenso hat jede Zeit und jedes Volk seine „geltende Moral" – man kann auch in Analogie zur „positiven Wissenschaft" sagen: seine „positive Moral". Das ist allemal ein System geltender Vorschriften, denen sich der Mensch unterwirft und die er als absolut anerkennt.
Es gibt geschichtlich eine Moral der Tapferkeit, eine Moral des Gehorsams, eine Moral des Stolzes, desgleichen der Demut, der Macht, der Schönheit, der Willensstärke, der Mannestreue, des Mitleids. Von aller positiven Moral zu unterscheiden ist aber die Ethik als solche mit ihrer allgemeinen, idealen Forderung des Guten, wie sie in jeder speziellen Moral schon gemeint und vorausgesetzt ist. Ihre Sache ist es zu zeigen, was überhaupt „gut" ist. Die Ethik sucht das Kriterium des Guten, das jenen positiven Moralen fehlt.
...
Jeder neue Lebenskonflikt stellt den Menschen vor neue Aufgaben und kann dadurch zum Erfassen neuer Werte führen. Das primäre Wertbewußtsein wächst eben mit der Steigerung des moralischen Lebens, mit seiner Komplizierung und Intensivierung, mit der Mannigfaltigkeit und tatsächlichen Werthöhe seines Inhalts. Dann ergibt sich aber, daß die ganze Menschheit unausgesetzt an der primären Entdeckung der Werte arbeitet, und zwar ohne diese Arbeit als Zweck zu verfolgen: jede Gemeinschaft, jedes Zeitalter, jedes Volk an seinem Teil und in den Grenzen seines geschichtlichen Seins; und ebenso im Kleinen jeder Einzelne für sich, in den Grenzen seines moralischen Gesichtskreises.

Die Konsequenz ist: es gibt überhaupt keinen absoluten Stillstand des Wertbewußtseins. Auch hier, wie überall in der Welt, ist alles im Fluß. Unter der scheinbar beruhigten Oberfläche ist die beständige Revolution des Ethos am Werk. Die geprägten Begriffe mögen einen darüber wohl täuschen; sie sind dauerhafter als die wirklichen Grenzen jeweiliger Wertschau. Sie sind aus einem anderen Stoff gemacht, sind nicht das Wertgefühl selbst, gehören der Oberfläche an. Hat eine Zeit dem geschauten Wert den Namen aufgeprägt, so ist es sicher schon die nächste Generation, die mit dem Namen nicht mehr den gleichen Sinn verbindet. ...

Es gibt also ein andauerndes Sichherausarbeiten neuer ethischer Wertgehalte. Das ist keine Umwertung der Werte, wohl aber eine Umwertung des Lebens. Die Werte selbst verschieben sich nicht in der Revolution des Ethos. Ihr Wesen ist überzeitlich, übergeschichtlich. Aber das Wertbewußtsein verschiebt sich. Es schneidet aus dem Reich der Werte jeweilig einen kleinen Umkreis des Erschauten heraus. Und dieser Umkreis „wandert" auf der idealen Ebene der Werte. Jede in den Ausschnitt des Erschauten eintretende und jede aus ihm verschwindende Wertstruktur bedeutet eine Umwertung am Leben für das wertende Bewußtsein. Denn nur unter die jeweilig geschauten Werte fällt dem wertenden Bewußtsein das Wirkliche.

So geschieht es, daß Handlungen, Gesinnungen, Verhältnisse, die gestern für gut galten, heute verwerflich scheinen können. Weder das Wirkliche hat sich geändert noch die Werte; nur die Auslese der Werte, die als Maßstab des Wirklichen gelten, ist verändert. Der Prozeß der ethischen Revolution ist ein echter Entdeckungsprozeß, echte Wertenthüllung, Werterschließung; freilich auf der anderen Seite immer zugleich Wertverlust, Wertvergessen, Wertentschwinden.

35. LUDWIG WITTGENSTEIN

Die Ethik läßt sich nicht aussprechen

Der Sinn der Welt muß außerhalb ihrer liegen. In der Welt ist alles wie es ist und geschieht alles wie es geschieht; es gibt *in* ihr keinen Wert – und wenn es ihn gäbe, so hätte er keinen Wert.

Wenn es einen Wert gibt, der Wert hat, so muß er außerhalb alles Geschehens und So-Seins liegen. Denn alles Geschehen und So-Sein ist zufällig.

Was es nicht-zufällig macht, kann nicht *in* der Welt liegen; denn sonst wäre dies wieder zufällig.

Es muß außerhalb der Welt liegen. Darum kann es auch keine Sätze der Ethik geben.

Sätze können nichts Höheres ausdrücken.

Es ist klar, daß sich die Ethik nicht aussprechen läßt.

Die Ethik ist transcendental.

36. KARL-OTTO APEL

Eine paradoxe Situation

Wer über das Verhältnis von Wissenschaft und Ethik in der modernen, erdumspannenden Industriegesellschaft nachdenkt, der sieht sich m. E. vor eine paradoxe Situation gestellt. Einerseits nämlich war das Bedürfnis nach einer universalen, d. h. für die menschliche Gesellschaft insgesamt verbindlichen Ethik noch nie so dringend wie in unserem Zeitalter einer durch die technologischen Konsequenzen der Wissenschaft hergestellten planetaren Einheitszivilisation. Andererseits scheint die philosophische Aufgabe einer rationalen Begründung allgemeiner Ethik noch nie so schwierig, ja aussichtslos gewesen zu sein wie im Zeitalter der Wissenschaft, und zwar deshalb, weil die Idee intersubjektiver Geltung in diesem Zeitalter ebenfalls durch die Wissenschaft präjudiziert ist: nämlich durch die szientistische Idee der normativ neutralen oder wertfreien „Objektivität"[1].

Betrachten wir zunächst die eine Seite dieser paradoxen Situation: das aktuelle Bedürfnis nach einer universalen Ethik (ich möchte sagen: einer Makroethik der Menschheit auf der begrenzten Erde). Die technologischen Konsequenzen der Wissenschaft haben heute den menschlichen Handlungen und Unterlassungen insgesamt eine solche Reichweite und Tragweite verschafft, daß es nicht mehr möglich ist, sich mit moralischen Normen zu begnügen, die das menschliche Zusammenleben in kleinen Gruppen regeln und die Beziehungen zwischen den Gruppen dem Kampf ums Dasein im Sinne Darwins überlassen. Wenn die Vermutung der Ethologen[2] zutrifft, daß bereits der Kannibalismus unter den Frühmenschen als Konsequenz der Erfindung des Faustkeils zu verstehen ist, d. h. als Auswirkung der (für den „homo faber" konstitutiven)[3] Störung des Gleichgewichts zwischen den verfügbaren Aggressionsorganen und den moralanalogen Hemmungsinstinkten, so hat sich dieses Mißverhältnis durch die moderne Entwicklung der Waffensysteme ins Unermeßliche gesteigert. Hinzu kommt aber in der Gegenwart, daß die, zumeist in archaischen Institutionen und Traditionen verwurzelten, Gruppenmoralen jene für den „homo faber" konstitutive Gleichgewichtsstörung nicht mehr zu kompensieren vermögen. Denn es gibt wohl kein typischeres Beispiel für die „Ungleichzeitigkeit" menschlicher Kultursektoren als das Mißverhältnis zwischen der Expansion szientifisch-technischer Möglichkeiten und der Beharrungstendenz gruppenspezifischer Moralen.

Unterscheidet man etwa hinsichtlich der heute möglichen Auswirkung menschlicher Handlungen zwischen einem Mikrobereich (Familie, Ehe, Nachbarschaft), einem Mesobereich (Ebene der nationalen Politik) und einem Makrobereich (Schicksal der

[1] „intersubjektive Geltung": Geltung nicht nur für ein Individuum, sondern für alle; „präjudiziert": vorentschieden; „szientistisch": wissenschaftlich. Gemeint ist also (in freier Umschreibung): Da von der Wissenschaft nur das als wissenschaftlich und objektiv anerkannt ist, was wertfrei ist und nicht ethischen Normen unterworfen ist oder ethische Normen zur Folge hat, kann es keine wissenschaftlichen, objektiven Begründungen von Wertungen und Normen geben.

[2] „Ethologe": Verhaltensforscher.

[3] „für den „homo faber" konstitutiv": für den produzierenden (Technik herstellenden) Menschen grundlegend.

Menschheit), so läßt sich leicht zeigen, daß die zur Zeit bei allen Völkern wirksamen moralischen Normen noch immer überwiegend auf den Intimbereich (insbesondere auf die Regelung der sexuellen Beziehungen) konzentriert sind; schon im Mesobereich der nationalen Politik sind sie weitgehend auf den archaischen Impuls des Gruppenegoismus und der Gruppenidentifikation reduziert, während die eigentlich politischen Entscheidungen als Probleme moralisch neutraler „Staatsräson“ gelten; soweit aber der Makrobereich der menschlichen Lebensinteressen tangiert wird, so scheint die Sorge darum vorerst noch relativ wenigen Eingeweihten überlassen zu sein. Dieser Situation auf dem konservativen moralischen Sektor steht aber seit kurzem eine völlig andersgeartete Situation auf dem Gebiet der Auswirkung menschlicher Handlungen, insbesondere ihres Risikos, gegenüber: Infolge der planetaren Expansion und internationalen Verflechtung der technisch-wissenschaftlichen Zivilisation sind in der Gegenwart die Auswirkungen menschlicher Handlungen – z. B. innerhalb der industriellen Produktion – weitgehend im Makrobereich der gemeinsamen Lebensinteressen der Menschheit zu lokalisieren.

Am deutlichsten wird die ethisch relevante Seite dieses Phänomens, wenn man das Handlungsrisiko, etwa die Gefährdung menschlichen Lebens, in Betracht zieht. Konnte etwa bis vor kurzem der Krieg als ein Instrument der biologischen Auslese und u. a. der räumlichen Expansion der menschlichen Rasse durch Verdrängung der jeweils Schwächeren in unbesiedelte Gebiete interpretiert werden, so ist diese Auffassung durch die Erfindung der Atombombe endgültig überholt: Seitdem ist das Zerstörungsrisiko der Kriegshandlungen nicht mehr auf den Mikro- oder Mesobereich möglicher Auswirkungen beschränkt, sondern bedroht die Existenz der Menschheit im ganzen. Ähnlich steht es aber heute mit den Wirkungen und Nebenwirkungen der industriellen Technik insgesamt. In den letzten Jahren ist uns dies schlagartig klargemacht worden durch die Entdeckung der progressiven Umweltverschmutzung. Diese ökologische Problematik der Nebenwirkungen der technischen Zivilisation hat ja u. a. die Frage aufgeworfen, ob nicht das übliche ökonomisch-technologische Wachstumsdenken der konkurrierenden Industriestaaten radikal revidiert werden muß, wenn die Rettung der menschlichen Ökosphäre noch gelingen soll.

Diese wenigen Hinweise mögen genügen, um klar zu machen, daß die Resultate der Wissenschaft für die Menschheit eine moralische Herausforderung darstellen. Die wissenschaftlich-technische Zivilisation hat alle Völker, Rassen und Kulturen ohne Rücksicht auf ihre gruppenspezifischen kulturrelativen Moral-Traditionen mit einer gemeinsamen ethischen Problematik konfrontiert. Zum ersten Mal in der menschlichen Gattungsgeschichte sind die Menschen praktisch vor die Aufgabe gestellt, die solidarische Verantwortung für die Auswirkungen ihrer Handlungen im planetarischen Maßstab zu übernehmen. Man sollte meinen, daß diesem Zwang zur solidarischen Verantwortung die intersubjektive Geltung der Normen oder wenigstens des Grundprinzips einer Ethik der Verantwortung entsprechen müßte. – Soviel zum ersten Aspekt der Problemsituation, wie sie durch das Thema „Ethik im Zeitalter der Wissenschaft“ nahegelegt wird.

Der zweite Aspekt der Problemsituation, der sie, wie schon angedeutet, zu einer paradoxen macht, drängt sich dem Fachphilosophen auf, wenn er die theoretische –

oder besser: metatheoretische[4] Problemlage – des Verhältnisses von Wissenschaft und Ethik ins Auge faßt. Diese nämlich ist gekennzeichnet durch die gerade bei unerschrockenen und redlichen Denkern weit verbreitete Überzeugung, daß die Möglichkeit intersubjektiver Geltung von Argumenten überhaupt genau so weit reicht wie die Möglichkeit wissenschaftlicher Objektivität im Bereich der logisch-mathematischen Formalwissenschaften und im Bereich der empirisch-analytischen Realwissenschaften. Da nun weder durch den Formalismus logisch-mathematischer Schlüsse noch durch induktive Schlüsse[5] aus Tatsachen jemals Normen oder Werturteile abgeleitet werden können,[6] so scheint die Idee wissenschaftlicher Objektivität den Geltungsanspruch moralischer Normen oder Werturteile in den Bereich der unverbindlichen Subjektivität zu verweisen. Die in weltanschaulich-ideologischen Kontexten implizit oder explizit vertretenen Geltungsansprüche der Ethik müssen – so scheint es – auf irrationale, emotionale Reaktionen oder ebenso irrationale Willkürentscheidungen zurückgeführt werden. Rational begründbar sind demzufolge nicht die ethischen Normen selbst, sondern nur die wertfreien Beschreibungen der faktisch befolgten moralischen Normen bzw. die kausalen oder statistischen Erklärungen des Zustandekommens moralischer Normen oder Wertsysteme durch die sogenannten empirischen Sozialwissenschaften.

Diese Wissenschaften hinwiederum, zu denen man in diesem Zusammenhang die Geschichte und Kultur-Anthropologie ebenso wie die Soziologie und Psychologie rechnet, scheinen ihrerseits noch ein zusätzliches, empirisches Argument für die bereits wissenschafts-logisch postulierte Subjektivität und Irrationalität der moralischen Normen und Werte zu liefern: Sie kommen nämlich – wie man oft hört – zu dem objektivgültigen Tatsachenurteil, daß die von Menschen anerkannten oder praktisch befolgten moralischen Normen in hohem Maße kultur- bzw. epochenrelativ, d. h. also wiederum: subjektiv sind.

So scheint es denn nur konsequent zu sein, wenn zuletzt die professionelle Philosophie, die sich wissenschaftlich versteht, selbst das Geschäft der Ethik im Sinne unmittelbarer Begründung ethischer Normen bzw. eines letzten Prinzips ethischer Normen aufgegeben hat. Aus der traditionellen Ethik oder praktischen Philosophie wurde in diesem Zusammenhang die analytische „Metaethik", die sich selbst im allgemeinen als wertfreie wissenschaftlich-theoretische Beschreibung des Sprachgebrauchs oder der logischen Regeln des sogenannten „moralischen Diskurses" („moral discourse") versteht. Jede Philosophie, die mit dieser Transformation nicht konform geht, d. h. jede Philospohie, welche die „Neutralitätsthese" der analytischen Metaethik zugunsten einer Begründung moralischer Normen zu überwinden sucht, scheint Normen aus Fakten herzuleiten und damit gegen das Humesche Prinzip der strikten Unterscheidung dessen, was *ist*, und dessen, was *sein soll*, zu verstoßen. Damit scheint jede normative Ethik logisch überholt zu sein. Ihre Grundlagen werden, wie die des

4 „metatheoretisch": Metatheorie = Theorie über eine Theorie; zur Vorsilbe „meta" s. Einführung zu Kapitel VI.

5 „induktive Schlüsse": Schlußweisen der Tatsachenwissenschaften wie Physik, Biologie, Chemie usw. Beispiel: in 10 gleichartigen Versuchen hat man immer dasselbe Ergebnis erhalten und folgert nun, daß dieses Ergebnis bei dieser Versuchsanordnung *immer* eintreffen wird.

6 Vgl. die Einführung zu Kapitel VI, Erläuterung zu T 76–77.

„Naturrechts", von der „wissenschaftlichen" Philosophie als dogmatisch bzw. ideologisch entlarvt und ihr Geltungsanspruch je nachdem als bedauernswerte Illusion oder als autoritäre Repression und Gefahr für die menschliche Freiheit gebrandmarkt.

37. ARNOLD GEHLEN

Die moralische Überforderung des Individuums in der erdumspannenden Industriegesellschaft

Seit die technisierten und industrialisierten Massenkriege ganze Bevölkerungen engagieren, ist es denkbar und nachfühlbar geworden, jedem einzelnen die Mitverantwortung für gewaltige Ereignisketten zu übertragen. Dieser einzelne hatte nicht die mindeste Chance, die Vorgänge und Kausalketten auch nur im geringsten zu beeinflussen, und folglich wird bereits seine gesinnungsmäßige, ideelle Einstellung zu den Großereignissen selbst für zurechenbar befunden. Darüber hinaus, aber in derselben Linie, wird uns neuerdings nahegelegt, rückwirkend die Gesinnung unserer Großväter und von deren Ahnen zu verwerfen, selbst wenn es sich, wie bei den europäischen Kolonisationen, die nun heute in die Zone des Odiums geraten, um weltumspannende Verläufe handelt, die sich in Jahrhunderten abwickelten.

Aus solchen Unmöglichkeiten kann man doch nur schließen, daß hier etwas im Grundsätzlichen nicht stimmt, sondern daß eine *moralische Überforderung* des einzelnen Menschen aus der falschen Perspektive heraus erfolgt ist, *sein moralisches Organ sei für die Ereignisse von Weltdimension überhaupt zuständig.* Früher nahm man das nur von Gott an. In Wirklichkeit ist es nicht wahr, daß das menschliche moralische Organ denselben Kompetenzumfang hat wie das weltumspannende Informationssystem, es ist auf Naheliegendes eingestellt, wenigstens primär, und es sieht so aus, als ob eine neuentstehende *Ferneethik* sich erst im Stadium der Versuche und Irrtümer befindet. …

Als Beispiel einer unhaltbaren Zumutung zitierte ich die folgende Äußerung eines sehr bekannten Gelehrten, der sagt: ‚Die Forschung ist verantwortlich für die gegenwärtige Lage der Menschheit. Sie hat uns aus dem naturgebundenen Paradies unserer Ahnen herausgeführt, sie hat in freier Tat die Waffen geschaffen, die uns heute mit Selbstvernichtung bedrohen.'

Die Forschung ist verantwortlich, heißt es. Ich widerspreche dem, ich behaupte, daß für den Fortschritt im Sinne der Weiterentwicklung von Wissenschaft und Technik, einschließlich ihrer dann unvermeidlichen zahllosen direkten und indirekten Folgen, schlechthin niemand verantwortlich ist. Dieser Fortschritt ist zu einem undurchbrechlichen Lebensgesetz der Menschheit geworden, kein einzelner hat moralisch für ihn einzustehen, man hat sich seit langem auf dieses Element hinausgewagt, es gibt kein Zurück mehr und nur noch Lösungen nach vorn.

IV. POSITIONEN DER ETHIK

Einführung

Die verschiedenen Positionen der Ethik lassen sich in verschiedener Weise klassifizieren. Eine erste sehr gebräuchliche Klassifikation ist die Unterteilung in zwei große Gruppen: die deontologischen und die teleologischen ethischen Theorien. Als *deontologisch* (von griech.: deon = Pflicht) bezeichnet man solche Theorien, bei denen die moralische Richtigkeit bzw. Falschheit von Handlungen nicht danach beurteilt wird, inwieweit eine solche Handlung Lust, Glück, Nutzen, Erkenntnis o. ä. bringt oder bringen sollte, sondern ausschließlich danach, wie eine Handlung oder die Entscheidung, die der Handlung zugrunde liegt, in sich selbst beschaffen sind – von den wirklichen oder möglichen Folgen der Handlung wird dabei abgesehen: Stehlen und Betrügen und die Gesinnungen, die solchen Verhaltensweisen zugrunde liegen, sind in sich schlecht, Treue und Aufrichtigkeit und die entsprechenden Gesinnungen sind in sich gut – unabhängig davon, daß solche Verhaltensweisen anderen Menschen möglicherweise schädlich oder nützlich sind.

Demgegenüber bezeichnet man als *teleologisch* (von griech.: telos = Ziel) solche Theorien, bei denen die moralische Handlung danach beurteilt wird, welche Ziele und Zwecke mit der Handlung beabsichtigt oder verwirklicht werden. Fraglich ist, ob sich jede ethische Position eindeutig einer dieser beiden Gruppen zuordnen läßt oder ob es nicht Positionen gibt, bei denen eine Zuordnung zweifelhaft bleibt, insofern sie hinsichtlich bestimmter Thesen eher als deontologisch, hinsichtlich anderer Thesen eher als teleologisch zu klassifizieren sind; beispielsweise enthält selbst die Theorie eines so rigorosen Pflichtethikers wie Kant gelegentlich teleologische Momente. Schließlich ist es bei vielen ethischen Thesen und Theorien überhaupt schwierig, sie diesem Klassifizierungssystem einzuordnen, beispielsweise bei gewissen Thesen von Nietzsche (30, 53, 63) oder Marx (24).

Die folgende Klassifizierung erfolgt daher mit Vorbehalten; sie behauptet insbesondere nicht, daß die Autoren der zitierten Texte jeweils mit ihrer ganzen Ethik-Theorie unter die jeweilige Rubrik einzuordnen sind; die zitierten Texte sollen nur als typische Beispiele der jeweiligen Position verstanden werden. Außerdem können auch eine Reihe von Texten aus anderen Kapiteln als Beispiele zu ethischen Positionen herangezogen werden (z. B. 24, 30 und Kap. V).

Zunächst wird ein kurzer historischer Überblick über wichtige ethische Theorien von der Antike bis jetzt gegeben (38). Diese Übersicht ermöglicht zugleich, die meisten der folgenden Texte historisch einzuordnen. Es schließen sich zwei Textgruppen an, die am ehesten der deontologischen Position zugewiesen werden können. Der Existentialist Sartre versucht an einem Beispiel zu zeigen (39), daß jede Situation einmalig und einzigartig ist, so daß man sich jedesmal neu in völliger Freiheit und Selbstverantwortung zu entscheiden hat; moralische Entscheidungen und Bewertungen können nicht aus Präzedenzfällen oder einem vorgegebenen Normensystem hergeleitet werden, sondern sie werden vom sich entscheidenden Menschen jedesmal schöpferisch *gesetzt*. Der deontologischen Position zugewiesen werden muß natürlich auch die Ethik Kants, wenn er behauptet, daß die Handlungen aus Neigung keinen sittlichen Wert haben, sondern nur diejenigen Handlungen, die lediglich aus Pflicht geschehen (40a). Eine kurze und bündige Zusammenfassung der formalen Ethik Kants gibt Text 40c; sie schließt mit der berühmten „Hymne" an die Pflicht aus der „Kritik der praktischen Vernunft". Eine Kritik der Pflichtethik Kants findet sich in dem eingeschobenen Epigramm von Schiller (40b).

Es folgt eine Gruppe von Texten zur teleologischen Ethik, die gewöhnlich in eine Reihe von Untergruppen aufgefächert wird. Die Sammlung beginnt mit einem Text von Epikur als Beispiel für den Hedonismus (von griech.: hedoné = Lust); der Hedonist bezeichnet jedes Handeln als gut, das Lust (Behagen, Vergnügen, Genuß) bringt, und jedes Handeln als schlecht, das Unlust (Schmerz, Unbehagen, Leid) bewirkt (41). Gelegentlich wird Epikur eher den Eudämonisten (von griech.: eudämonia = Glück) zugerechnet, wobei unter Glück mehr die überdauernde Lust, vor allem als seelische oder geistige – im Unterschied zur körperlichen – Lust verstanden wird, doch ist eine scharfe Trennung zwischen diesen beiden Positionen schwer zu ziehen. Ein Textbeispiel (42) für die Ethik der Stoiker schließt sich an: einzig das sittlich gute Handeln führt nach ihnen zum wirklichen Glück. Ein weiteres Beispiel zur eudämonistischen Position stellt Text 43 von Aristoteles dar, der ein Leben im Geistigen und insbesondere das Philosophieren als Quelle höchsten Glücks und damit als ein besonders gutes Leben ansieht. Der folgende Text (44) von Hobbes veranschaulicht die Position des Egoismus (von lat.: ego = ich), wonach alle diejenigen Handlungen gut sind, die aus der Selbstliebe hervorgehen und damit der Selbsterhaltung dienen: bei allen Handlungen hat der Mensch nur die Erhaltung und Förderung des eigenen Ichs im Auge. Hobbes versucht dies aus der Natur des Menschen zu erklären und vertritt insofern einen psychologischen Egoismus: der Mensch kann von seiner psychischen und physischen Beschaffenheit her nicht anders als egoistisch handeln; Schranken werden diesem Egoismus nur gesetzt durch die Furcht vor Leiden und Tod, die aus dem „Kampf aller gegen alle" ein friedliches Zusammenleben der Menschen erzwingt. – Die These, daß gut allein das ist, was dem Einzelnen und der Gemeinschaft nützt, schlecht ist, was ihnen schadet, vertritt der Utilitarismus (von lat.: utilis = nützlich), der somit nur die Folgen einer Handlung beurteilt. Als Beispiel dient ein Text von Bentham (45), von dem die berühmte Forderung stammt: strebe nach dem größtmöglichen Glück für die größtmögliche Zahl! Den Abschluß dieser kleinen Sammlung bilden zwei schwierig einzureihende Texte, die hier mit Einschränkungen den teleologischen Positionen nachgeordnet sind. Max Weber (46) unterscheidet zwischen Gesinnungsethik und Verantwortungsethik (wobei erstere eher unter die deontologischen Positionen, letztere unter die teleologischen Positionen zu zählen ist) und zeigt eindringlich die Problematik beider Positionen vor allem im Bereich des politischen Handelns. Hans Albert (47) fordert als Vertreter der Philosophie des kritischen Rationalismus eine ständige Überprüfung und Revidierung der ethischen Systeme und spricht sich gegen einen ethischen Dogmatismus aus; jede Ethik muß sich praktisch bewähren, ihre Güte bemißt sich daran, wieviel sie zur Befriedigung menschlicher Wünsche und Bedürfnisse und zur Vermeidung unnötigen Leidens beiträgt.

A. HISTORISCHER ÜBERBLICK

38. RICHARD L. PURTILL

Wichtige ethische Theorien von der Antike bis jetzt

Die Antike

Allgemeine Tendenzen: Bereits lange vor den Kulturen Griechenlands und Roms haben die Menschen über moralische Probleme nachgedacht; doch um zu einem besseren Verständnis heutigen ethischen Denkens in Ländern mit europäischer Kultur zu gelangen, muß man sich zunächst den Einfluß dieser beiden großen Völker des Mittelmeerraums auf dem Gebiet der Ethik vor Augen führen. Aus mannigfachen Gründen war der griechische Entwurf einer Ethik eher intellektuell als emotional, eher philosophisch als religiös und eher gemäßigt als extrem. Die wichtigste ethische Frage lautete für die Griechen: ‚Wie kann ich ein gutes Leben führen?', und dabei verstanden sie unter einem ‚guten Leben' ein glückliches und zufriedenstellendes Leben.

Die Sophisten: Der erste Versuch, diese Frage zu beantworten, wurde von den Philosophen unternommen, die wir heute als die ‚Sophisten' bezeichnen. Das Wort ‚Sophist' bedeutet ursprünglich ‚Weiser' oder ‚Kluger', doch wurde es von den Kritikern der Sophisten in einem abschätzigen Sinn verwendet (wie auch heutzutage die Ausdrücke ‚Neunmalkluger' oder ‚Klugschnacker') und bedeutete dann: ‚jemand, der nur vorgibt, ein Weiser zu sein'. Die Sophisten beantworteten die Frage nach dem guten Leben mit einer Auskunft, die auch heute wieder oft zu hören ist: ‚Ein gutes Leben ist ein erfolgreichens Leben', wobei einige Sophisten unter ‚Erfolg' hauptsächlich politische Macht, andere Geld und wieder andere ein Leben in Genuß verstanden. Viele von ihnen behaupteten, andere das erfolgreiche Leben lehren zu können, und ließen sich auch diese Unterweisung bezahlen. Einige waren wahrscheinlich nur gerissene Berater, andere haben ihren Schülern sicherlich auch Gutes getan, zumindest dadurch, daß sie ihr Selbstbewußtsein stärkten.[1] (Dasselbe läßt sich wohl auch von heutigen Lehrern sagen, die ihre Schüler darin unterrichten, wie sie erfolgreiche Geschäftsleute werden, sich Freunde machen oder Menschen beeinflussen können.)

Sokrates: Die Geschichte der Ethik im eigentlichen Sinn beginnt mit Sokrates (470–399 v. Chr.) und seinen philosophischen Erörterungen ethischer Probleme. Sokrates hat wahrscheinlich als erster im heutigen Sinn Philosophie betrieben, indem er grundlegende Probleme aufgriff, sie zu klären, zu prüfen und ihr Für und Wider zu erwägen suchte. Auf dem Gebiet der Ethik fragte Sokrates, worin das gute Leben wirklich bestehe und wie man es verwirklichen könne. Würden wir unter einem guten Leben tatsächlich ein erfolgreiches Leben verstehen, weshalb bewundern dann nicht mehr Menschen einen erfolgreichen Tyrannen oder Schürzenjäger, und warum scheinen dann erfolgreiche Menschen so oft unzufrieden zu sein? Sokrates warf viel mehr Fragen auf, als er beantwortet hat. Vielleicht ist er mit seiner Behauptung, wenn wir nur wüßten, worin genau das gute Leben bestünde, könnten wir nicht anders als auch versuchen, es zu verwirklichen, einer ethischen Theoriebildung am nächsten gekommen. Er führte das Tun des Schlechten auf eine bloße Unwissenheit bezüglich dessen zurück, was uns zum Besten dient: Würden wir das Gute kennen, so müßten wir auch notwendig danach leben.

Plato: Sokrates' bedeutendster Schüler Plato (427–347 v. Chr.) beantwortete die von Sokrates gestellten Fragen auf eigenständige Weise. Er verstand den Menschen als ein Ganzes, das sich aus Vernunft, Gefühlen und Strebungen zusammensetzte. Für ihn bestand das gute Leben darin, daß die Vernunft die Gefühle und Strebungen beherrschte. Die unvollkommene, dem Wandel unterworfene Welt unserer Sinne hielt er für ein Abbild einer vollkommenen, unveränderlichen und idealen Welt, so daß die Beherrschung der Gefühle und Strebungen durch die Vernunft den Versuch bedeutete, unsere Handlungen der idealen Gerechtigkeit und dem Guten an sich anzugleichen. Doch da Plato die Gebräuche und Institutionen seiner eigenen Gesellschaft für allgemein gültig hielt, hieß das in der Praxis, daß die Tugend eines Sklaven

[1] (Autor) Einige moderne Gelehrte würden sicherlich ein viel günstigeres Bild von den Sophisten zeichnen, doch dieses hier ist die allgemein anerkannte Sicht.

darin bestand, seinem Herrn treu zu dienen, die einer Frau, fügsam und unterwürfig zu sein. Nur dem erwachsenen freien Mann gestand Plato Unternehmungsgeist und geistige Selbständigkeit zu, und diese hatte er zur Erhaltung und Verteidigung des Staates einzusetzen.

Aristoteles: Aristoteles (384–322 v. Chr.) war ein Schüler Platos, doch gelangte er in vielen Fragen zu anderen Antworten als sein Lehrer. Er verwarf die Lehre Platos von einer eigenen idealen Welt und meinte, allgemeine Prinzipien seien in den konkreten Sachverhalten verwirklicht und existierten eigenständig nur in unserem Denken. Das gute Leben war für Aristoteles ein Leben der *Tat*, das von guten Prinzipien gelenkt wurde. Bei der Erklärung dessen, was er unter guten Prinzipien verstand, entwickelte er die griechische Bewunderung für das Maßvolle zu einer eigenen Theorie, nämlich zur Lehre von der goldenen Mitte. So hielt er jede gute Handlungsregel für ein Mittleres zwischen zwei Extremen. Mut ist für ihn beispielsweise ein Mittleres zwischen den beiden Extremen Tollkühnheit und Feigheit. Der Feige achtet zu sehr auf die Gefahr, der Tollkühne zu wenig; der Mutige dagegen schätzt die Gefahr in genau der rechten Weise ein, und daher ist Mut ein Mittleres zwischen Tollkühnheit und Feigheit, eine ausgewogene Haltung der Gefahr gegenüber.

Andere Schulen: Sowohl Plato als auch Aristoteles gründeten Philosophenschulen, die Vorläufer unserer modernen Universitäten. Auch andere Philosophen, die sich vielfach als in der Nachfolge des Sokrates stehend verstanden, waren die Begründer eigener Schulen und hatten oft viel größeren Einfluß als Plato oder Aristoteles, obwohl sie für die Entwicklung der Ethik gewöhnlich als weniger bedeutsam angesehen werden.

Die Epikureer und Stoiker: Zwei bedeutende ethische Denkrichtungen wurden in der nachklassischen Zeit in zwei Schulen gepflegt, von denen die eine von Epikur (342–270 v. Chr.) und die andere von einer Gruppe von Philosophen gegründet wurde, die sich nach ihrem Versammlungsort in einer Säulenhalle (griechisch: stoa) Athens ‚Stoiker' nannten. Die Epikureer vertraten eine sehr differenzierte Form der populären Auffassung, das gute Leben sei ein Leben der Freude oder der Lust. Doch weit davon entfernt, ein wildes Leben sinnlicher Ausschweifung zu empfehlen, lehrten sie, die geistigen Freuden beispielsweise der Wissenschaft und der Freundschaft seien dauerhafter und mit weniger Übeln behaftet als sinnliche Freuden wie Essen und sexueller Genuß. (Auch meinten sie, geistige Freuden seien vergleichsweise viel billiger zu erlangen.) Grundsätzlich waren die Epikureer allerdings der Ansicht, die beste Maxime für ein gutes Leben sei das Streben nach größtmöglicher Freude und geringstmöglichem Schmerz. In Fragen, die nicht unmittelbar individuellen Schmerz oder individuelle Freude betreffen, empfahlen sie, sich an die in der jeweiligen Gesellschaft geltenden Sitten und Gebräuche zu halten.
Die Stoiker waren demgegenüber der Meinung, ein zufriedenes Leben lasse sich am besten dann verwirklichen, wenn man so wenig Wünsche und Neigungen wie nur möglich habe und in Übereinstimmung mit der Natur lebe. Sie unterscheiden zwischen den natürlichen Strebungen, wie denen nach Nahrung und Wärme, und jenen,

die über das natürliche Verlangen hinausgingen, wie dem Verlangen nach Gaumenlust und feiner Wohnkultur. Die Familie hielten sie für eine ‚natürliche' Institution und empfahlen daher ein bürgerliches Leben in der Sorge um die eigene Familie. Die Sklaverei und die Ausbeutung anderer Völker lehnten sie demgegenüber als unnatürlich ab und hielten alle Menschen für Brüder und Mitbürger in der einen Weltgesellschaft. Vor allem dadurch war der Stoizismus für viele Menschen guten Willens in allen Ständen und Klassen sehr anziehend: Zwei der berühmtesten Stoiker waren Epiktet, ein Sklave, und Marc Aurel, ein römischer Kaiser.

Sowohl der Stoizismus als auch der Epikureismus wirkten auf die Römer anziehend: der Epikureismus auf ihre Liebe zum Luxus, der Stoizismus auf ihren Ernst und ihr Verantwortungsbewußtsein. Viele der ‚dropouts' der römischen Gesellschaft, die nur nach Sinnenlust verlangenden Aristokraten ohne Verantwortungsgefühl und ihr Anhang, hielten sich für Epikureer, während der Stoizismus bei den verantwortungsbewußten Regenten und Verwaltern des römischen Weltreichs fast zu einer offiziellen Religion aufstieg. Doch der normale römische Bürger zur Spätzeit des Imperiums fand oft überhaupt keinen moralischen Standpunkt. Die ethischen Theorien der Philosophen waren ihm zu abstrakt, und die traditionellen Werte der römischen Gesellschaft schienen ihm nicht mehr gültig zu sein. In großen Scharen schlossen sich daher die Römer der Spätzeit den Mysterienkulten aus dem Nahen Osten an, und das moralische Vakuum, in dem viele lebten, wurde zum Nährboden für die schnelle Ausbreitung des Christentums.

Die antike Ethik und die moderne Problematik: Zwei Sachverhalte sind im Zusammenhang mit der Ethik der Antike zu beachten: Zunächst habe ich das Unterscheidende der antiken Ethik stärker betont als das Verbindende mit den ethischen Entwürfen späterer Zeiten. Die klassische Periode kennt ihre ethischen Skeptiker und Relativisten; einige der sophistischen Theorien ähnelten sehr stark dem ethischen Egoismus späterer Zeiten, und einige Elemente der Theorien Platos und Aristoteles' sind durchaus vergleichbar mit den utilitaristischen oder den Regeltheorien. Doch sind die Unterschiede insofern sehr erheblich, als diese Elemente in eine ganz andere Perspektive eingeordnet sind.

Zweitens stellt die Frage, wie man ein gutes Leben führe, in dem Sinn, wie sie die Griechen und Römer verstanden haben, heute keine zentrale ethische Problemstellung mehr dar. Viele moderne Ethiker meinen, eine solche Fragestellung liege außerhalb ihrer Zuständigkeit, obgleich doch einige wenige sie oder ähnliche Probleme auch heute noch diskutieren. Dies scheint aber darauf hinauszulaufen, daß wichtige Wertfragen einer philosophischen Analyse und Prüfung entzogen werden. Denn die Frage, wie man am besten zu einem glücklichen und zufriedenen Leben komme, stellt sicherlich immer noch ein wirkliches Problem für uns dar, und tatsächlich wird es auch noch in der Populärliteratur und in Aussprachekreisen diskutiert. Der Vorteil einer genaueren Kenntnis der Geschichte der Ethik liegt unter anderem darin, daß sie uns vor einer Verengung des Blicks allein auf die Problemstellungen unserer Zeit zu bewahren und uns den Blick zu öffnen vermag auf Fragen hin, die andere Zeiten und Kulturen für bedeutungsvoll und entscheidend gehalten haben.

Die jüdisch-christliche Ethik

Allgemeine Tendenzen: Die jüdische Kultur, aus der das Christentum hervorgegangen ist, hat sich sehr stark von der griechischen und römischen unterschieden. Die jüdische Ethik wurzelte viel stärker in dem Glauben an eine göttliche Offenbarung als in philosophischen Erwägungen. Sie stand in scharfem Kontrast zu einem Teil der moralischen Auffassungen der Umwelt Israels und galt daher den Heiden als hart und extrem. Die jüdische und später die christliche Ethik beriefen sich viel stärker auf Gott und seine Offenbarung als auf die Natur des Menschen und auf philosophische Spekulationen über das gute Leben. Für die jüdisch-christliche Ethik lautet die entscheidende Frage nicht so sehr: ‚Wie kann ich ein gutes Leben führen?', sondern vielmehr: ‚Wie kann ich in der rechten Beziehung zu Gott leben?'. Das rechte Verhältnis zu Gott schloß die Hoffnung auf Belohnung und gerechten Ausgleich entweder schon in diesem oder aber doch im zukünftigen Leben ein. Doch für den frommen Juden und Christen ist die Liebe und Verehrung Gottes weitaus wichtiger als die Hoffnung auf Belohnung.

Die jüdische Ethik: Juden und Christen sind sich darin einig, daß der Gehorsam gegenüber Gott den Gehorsam gegenüber seinen Geboten und eine immer tiefere Gotteserkenntnis einschließt. Judentum und Christentum entwickelten sich über eine lange Zeit hin, und die spezifisch jüdische Interpretation dieser gemeinsamen Grundlage unterschied sich immer mehr von der christlichen. Das Judentum betont stärker die pünktliche Erfüllung des mosaischen Gesetzes, sowohl der sittlichen als auch der zeremoniellen Forderungen, und das genaue Studium der Tora und ihrer Kommentare. So beobachtet ein ‚guter Jude' nicht nur die Zehn Gebote, sondern auch die Speise- und Zeremonialgesetze und widmet sich, soweit es ihm möglich ist, dem Studium der Tora und ihrer Kommentare oder achtet und unterstützt wenigstens jene, die sich diesem Studium widmen können.

Die katholische und protestantische Interpretation der christlichen Ethik: Mit der Reformation ergab sich ein scharfer Gegensatz zwischen zwei Richtungen innerhalb der christlichen Ethik. Die Protestanten betonten die Wichtigkeit des Glaubens und der lebendigen Umkehr zu Gott, während die Katholiken den Nachdruck auf das Tun der guten Werke und auf die Übungen des Willens in der Unterwerfung gegenüber Gott legten. Es besteht die große Gefahr, den Unterschied zwischen beiden Sichten überzubewerten. Denn für den Protestanten sind die guten Werke die natürliche Folge und ein Zeichen der Bekehrung zu Gott, während für den Katholiken gute Werke ohne Glaube und Hilfe Gottes nutzlos sind. Doch im protestantischen Ideal eines guten Menschen wird stärker die Umkehr – eine lebendige und oft dramatische Erfahrung der ‚Annahme Christi' – betont, wohingegen im katholischen Ideal, wie es sich beispielsweise im Leben der Heiligen zeigt, Bußübungen zur Beugung des Willens unter Gott und Werke der Liebe und der Frömmigkeit eine größere Rolle spielen. John Wesley ist vielleicht ein gutes Beispiel für das protestantische, Franz von Assisi für das katholische Ideal.

Die jüdisch-christliche Ethik und die moderne Problematik: Eine Haupttendenz des Judentums und Christentums in seinen verschiedenen Formen lag in der Betonung der Brüderlichkeit aller Menschen aufgrund der gemeinsamen Gotteskindschaft. Diese Auffassung führte zu großen sozialen und politischen Wandlungen in der europäischen Gesellschaft. Wenn heute die meisten Menschen mit europäischem Erbe davon überzeugt sind, daß jeder Mensch als Person geachtet zu werden verdient, daß der Starke dem Schwachen zu helfen hat oder daß Haß und Rachsucht böse sind, dann ist diese Haltung weitgehend dem jüdisch-christlichen Einfluß zu verdanken. Nichts davon hätte einem Griechen oder Römer in der klassischen Periode als offensichtlich wahr eingeleuchtet noch leuchten diese Forderungen heute Angehörigen nicht-westlicher Kulturen, die vom Judentum oder Christentum unbeeinflußt geblieben sind, unmittelbar ein. Die Überzeugung, die Gottes- und Nächstenliebe mache das Wesen der Moral aus, ist vielleicht das kennzeichnendste Element der jüdisch-christlichen Ethik, in bezug auf das sich alle vor-jüdisch-christlichen und nicht-jüdisch-christlichen Moralauffassungen unterscheiden.
Die Bedeutung des jüdisch-christlichen Ansatzes für die Moral hängt heute weitgehend – doch nicht allein – davon ab, in welchem Maß der jüdisch-christliche Glaube und seine Praxis akzeptiert werden. Für den praktizierenden Juden oder Christen wird die Moral, die Teil seiner Religion ist, auch zu seiner eigenen Moral werden, nach der er versuchen wird zu leben. Aber auch für den allen Anregungen gegenüber offenen Atheisten und Humanisten, der den jüdisch-christlichen Glauben für falsch hält, kann es nützlich sein, sich mit der jüdisch-christlichen Ethik zu befassen. Wahrscheinlich wird er versuchen, all das aus den moralischen Lehren des Judentums und Christentums zu übernehmen, was nicht unmittelbar mit religiösen Vorstellungen verknüpft ist. Ob dies tatsächlich möglich ist, d. h. ob man eine jüdisch-christliche Moral oder wenigstens einen Teil davon ohne eine theologische Fundierung übernehmen kann, ist Gegenstand heftiger Auseinandersetzungen zwischen Gläubigen und Atheisten.

Die profane Ethik

A. *Die britische Tradition*

Wir können von der jüdisch-christlichen Ethik die profanen ethischen Theorien unterscheiden, die zweifellos alle vom Christentum beeinflußt sind, sich dennoch aber nicht auf die jüdisch-christliche Offenbarung berufen. Die meisten dieser Entwürfe stammen aus der Nachreformationszeit, deren Religionsstreitigkeiten das Christentum sehr in Mißkredit gebracht hatten. Es ist wohl angemessen, die verschiedenen profanen ethischen Theorien zu untergliedern in solche des englischen Empirismus und in solche der kontinentalen rationalistischen Tradition. Obwohl es innerhalb dieser Tradition große Unterschiede gibt, sind die Gemeinsamkeiten doch so groß, daß eine solche Einteilung als sinnvoll erscheint.

Die britische Ethik: Allgemeine Tendenzen: Die auf den britischen Inseln entwickelten ethischen Theorien stützen sich stärker auf die Erfahrung als auf die reine Vernunft; es gibt zwar einige bemerkenswerte Ausnahmen, doch ist dieses empirische Element bei den englischen Ethikern deutlich zu bemerken. Für sie lautet die zentrale

Frage der Ethik eher: ‚Wie soll ich meine Mitmenschen behandeln?‘ als: ‚Wie kann ich ein gutes Leben führen?‘ oder: ‚Wie kann ich in der rechten Beziehung zu Gott leben?‘. In der Ethik geht es nach ihnen weniger um unser Verhältnis zu Gott als um das zu unseren Mitmenschen, weniger um die Frage nach dem zufriedenstellenden Leben für den einzelnen als um die Probleme des gesellschaftlichen Handelns.

Hobbes: Thomas Hobbes (1588–1679) war der erste bedeutende englische Moralphilosoph. Er vertrat sowohl den psychologischen als auch den ethischen Egoismus und meinte, die Antwort auf die Frage, wie wir unsere Mitmenschen behandeln sollten, laute: ‚Behandle sie so, daß du vor ihnen geschützt bist und ihre Mitarbeit gewinnst.‘ Er glaubte, ohne eine organisierte Gesellschaft gebe es nur einen beständigen Kampf aller gegen alle, weil jeder darauf aus sei, den anderen zu unterjochen, um sich so vor ihm zu schützen. Zur Vermeidung eines solchen beständigen Kampfes, durch den das Leben nur ‚ekelhaft, tierisch und kurz‘ werde, sei es vernünftig, sich aus rein egoistischen Erwägungen in einer organisierten Gesellschaft zusammenzuschließen, in der jedes Individuum einen Teil seiner Freiheit aufgebe, um so in Sicherheit und Ordnung leben zu können. So ist die Ethik für Hobbes eine Art von Sozialtechnik: In welcher Weise kann ich auf bestmögliche Weise durch Aufgabe meiner Freiheit meine Sicherheit gewährleisten?

Hume: Die nächste wirklich neue ethische Theorie war die David Humes (1711–1776). Er kehrte Platos Gedanke um, die Vernunft solle die Gefühle und Neigungen beherrschen, und vertrat die Ansicht, die Vernunft als solche habe überhaupt keine Wünsche (Plato wäre hier anderer Meinung gewesen). Daher, so argumentierte Hume, könne die Vernunft nur die Mittel zur Erreichung eines Zwecks, der von den Leidenschaften (Gefühl und Neigung) gesetzt werde, bestimmen. Er kommt dann zu dem Schluß, daß die Vernunft die „Sklavin der Leidenschaften ist und sein soll“. Nach Hume gehören aber auch altruistische Gefühle und Neigungen zur menschlichen Natur, so daß seine im Grunde egoistische Theorie dennoch Raum läßt für uneigennützige Handlungen. Humes Antwort auf die grundlegende Frage lautet demnach: ‚Behandle die anderen so, daß du dadurch möglichst viele deiner Leidenschaften, einschließlich der altruistischen, befriedigst.‘ Bei der Erörterung der Frage, welche Handlungen im einzelnen dazu am besten geeignet seien, scheint Hume oft den Utilitarismus vorwegzunehmen.

Price und Reid: Humes Theorie wurde von einem intuitionistischen Standpunkt aus von Richard Price (1723–1791) und Thomas Reid (1710–1796) angegriffen, deren Ansichten in vielen Punkten der Theorie von W. D. Ross glichen. Eine weitere in dieser Zeit sehr oft vertretene Theorie ging davon aus, daß der Mensch mit einem ‚moralischen Sinn‘ – ähnlich dem Geschmacks- oder Gefühlssinn – begabt sei, der ihm die Unterscheidung zwischen Gut und Schlecht, Richtig und Falsch ermögliche. Solche Theorien, die von der Gegebenheit eines moralischen Sinns ausgingen, ähnelten je nachdem, ob sie diesen Sinn als eine Quelle objektiver Erkenntnis oder nur als ein subjektives Gefühl verstanden, entweder den intuitionistischen Theorien Prices und Reids oder aber der Theorie Humes.

Der Utilitarismus: Die nächste bedeutende ethische Theorie war die des Utilitarismus. Die beiden herausragenden frühen Vertreter dieser ethischen Richtung waren Jeremy Bentham (1748–1832) und John Stuart Mill (1806–1873), die zwei unterschiedliche Entwürfe dieser Theorie vorgelegt haben. Bentham vertrat das utilitaristische Prinzip des größtmöglichen Glücks für die größtmögliche Zahl als eine zureichende Basis aller Moral: Wenn unsere üblichen moralischen Vorstellungen oder die Urteile gewöhnlicher Menschen von dem abwichen, was nach diesem Prinzip gefordert war, um so schlimmer für sie. Mill hat demgegenüber versucht, den Utilitarismus so zu modifizieren, daß er unseren gewöhnlichen moralischen Urteilen möglichst nahe käme. Er meinte, der Utilitarismus sei die klarste und befriedigendste Theorie zur Klärung und Systematisierung unserer gewöhnlichen moralischen Urteile. Henry Sidgwick (1838–1900) führte Mills Gedanken fort und versuchte ebenfalls nachzuweisen, daß der Utilitarismus am ehesten unserem üblichen moralischen Bewußtsein entspreche, doch gestand er auch ausdrücklich ein, daß er sich letztlich zu Sicherung des utilitaristischen Prinzips selbst auf eine moralische Intuition berufen müsse.

B. *Die kontinentale Ethik*

Spinoza: Auch die Philosophen des europäischen Kontinents befaßten sich zu dieser Zeit mehr mit dem Menschen als mit Gott und mehr mit dem gesellschaftlichen Handeln als mit der individuellen Glückseligkeit. Doch im Einklang mit der allgemeinen Tendenz der nicht-britischen europäischen Philosophie wurde stärker die Vernunft als die Erfahrung betont. Auch Benedict Spinoza (1632–1677) war wie Hobbes ein psychologischer und zugleich ethischer Egoist; doch versuchte er von grundsätzlich egoistischen Prämissen her eine verhältnismäßig humane, tolerante und aufgeklärte Ethik zu entwickeln. Er machte sich daran, die Ethik nach der Methode der euklidischen Geometrie zu entfalten, indem er von Axiomen und Definitionen ausging, um von den Prämissen der Selbsterhaltung und Selbstvervollkommnung her zu immer spezifischeren ethischen Urteilen zu gelangen.

Kant: Die anderen großen Philosophen des kontinentalen Rationalismus haben sich zu den Problemen der Ethik nur wenig geäußert, und erst bei Immanuel Kant (1724–1804) treffen wir auf einen bedeutenden kontinentaleuropäischen Beitrag zu einer normativen ethischen Theorie. Kant versuchte seine Theorie aus der Analyse dessen abzuleiten, wie ein Vernunftwesen sein Verhalten lenken müsse. Er betonte mit großem Nachdruck die Wichtigkeit der guten Absicht vor der des Erfolgs und war der Ansicht, das einzige ohne jede Einschränkung in sich Gute sei ein guter Wille, worunter Kant einen Willen verstand, der sich zum Tun der Pflicht *aus* Pflicht und nicht aus Rücksicht auf irgendeinen Vorteil für sich selbst oder für andere entschiede. Kants Antwort auf die Frage: ‚Wie soll ich meine Mitmenschen behandeln?' lautete, wir sollten andere immer auch als Zwecke an sich selbst und nicht nur als Mittel zu unseren eigenen Zwecken behandeln – wir sollten nur aufgrund von Maximen handeln, die wir auch als allgemeine Gesetze wollen könnten.

Andere ethische Theorien: Fast alle anderen Theorien auf dem europäischen Kontinent standen sehr stark unter dem Einfluß Kants. Doch gründete sich eine unabhängige ethische Tradition auf den Gedanken der Selbstverwirklichung. Einige Philosophen, beispielsweise Arthur Schopenhauer (1788–1860) und Friedrich Nietzsche (1844–1900), interpretierten die Selbstverwirklichung im egoistischen Sinn, wohingegen besonders G. W. F. Hegel (1770–1831) und seine Nachfolger die Selbstverwirklichung des einzelnen als einen Teil des die ganze menschliche Rasse umgreifenden Entwicklungsprozesses verstanden.

Viele ethische Theorien sind zwischen dem 16. und dem 19. Jahrhundert entwickelt worden. In dieser Zeit gründete man die Moral nicht mehr auf die Religion und richtete seine Aufmerksamkeit mehr auf die Fragen der normativen Ethik als auf die der Meta-Ethik. Zum großen Teil diskutieren wir auch heute immer noch Theorien, die in dieser Zeit entworfen oder entfaltet worden sind, und auch die moderne Grundfrage lautet eher: ‚Wie sollen wir uns unseren Mitmenschen gegenüber verhalten?' als: ‚Wie kann ich in der rechten Beziehung zu Gott leben?' oder: ‚Wie kann ich ein gutes Leben führen?'

Moderne ethische Theorien

In der ersten Hälfte des 20. Jahrhunderts ging es vornehmlich um Fragen der Meta-Ethik, d. h. um Fragen über die Natur und die Begründung der Moral. Ein scharfer Angriff auf die Objektivität moralischer Urteile wurde von Philosophen geführt, die die Ethik anhand der Begründungsweisen in der Mathematik und den Naturwissenschaften zu beurteilen suchten. Die einflußreichsten Angriffe dieser Art gingen von A. J. Ayer (geboren 1910) in England und Charles Stevenson (geboren 1908) in den Vereinigten Staaten aus. Ein Großteil der nachfolgenden Diskussion in den ersten fünfzig oder sechzig Jahren dieses Jahrhunderts bestand in dem Versuch, dieser Kritik zu begegnen. G. E. Moore (1873–1958) vertrat eine intuitionistische Theorie, nach der Gut und Schlecht einfache Qualitäten darstellen, die unmittelbar in einer moralischen Intuition erfaßt werden, ähnlich wie man etwa die Qualität Gelb mit den Sinnen wahrnimmt. Moores Theorie war der Ausgangspunkt einer weitverzweigten Diskussion in der ersten Hälfte dieses Jahrhunderts.

Ein vielleicht vernichtender Schlag gegen einen einfachen Intuitionismus wie den Moores ist von R. M. Hare (geboren 1919) geführt worden. Er konnte nachweisen, daß es sich bei Gut und Schlecht, Richtig und Falsch nicht um einfache moralische Qualitäten handelt: Zwei Stühle können in jeder Hinsicht einander gleich sein, außer darin, daß der eine gelb und der andere blau ist; doch wenn sich zwei Handlungen in jeder Hinsicht gleichen, dann kann nicht die eine richtig und die andere falsch sein. Daher handelt es sich bei Gut und Schlecht, Richtig und Falsch um ‚hinzukommende' oder ‚nachfolgende', und nicht wie Moore annahm, um einfache Eigenschaften. Hares eigene Theorie stellt einen sehr differenzierten Präskriptivismus dar.

Andere bedeutende Ethiker des 20. Jahrhunderts entwickelten differenziertere Versionen sowohl des Utilitarismus als auch des Intuitionismus.

Auf dem europäischen Kontinent setzte sich nach dem Zweiten Weltkrieg der Existentialismus durch; seine ethischen Theorien stellen im allgemeinen einen ethischen Individualismus dar. ...

Zwei Entwicklungen der ethischen Theorie der letzten Jahre sind noch erwähnenswert. In der ersten geht es um eine neue Theorie, die in gewisser Weise dem ethischen

Egoismus Hobbes' gleicht: um den Versuch, zugunsten einer organisierten Gesellschaft mit korrespondierenden Rechten und Pflichten von grundsätzlich egoistischen Prämissen aus zu argumentieren. Die heutige Diskussion geht fast ausschließlich auf John Rawls (geboren 1921) zurück.

Eine zweite interessante Entwicklung läuft auf den Versuch hinaus, die formalen Methoden der mathematischen Logik auf ethische Fragen anzuwenden. Zwei Skandinavier, George Henryk von Wright (geboren 1916) und Jaakko Hintikka (geboren 1929) haben sich hier besonders hervorgetan. Bisher haben diese Versuche wenig Bedeutsames für eine ethische Theoriebildung ergeben; doch entwickelt sich die ‚Logik der Moral' oder die ‚mathematische Ethik' im Augenblick in einer Weise, daß bald eine fruchtbare Zusammenarbeit zwischen Ethikern und Logikern möglich zu sein scheint.

Schließlich ist noch anzumerken, daß die ausschließliche Konzentration der Ethiker auf die Probleme der Meta-Ethik im Unterschied zur normativen Ethik zu Beginn des letzten Viertels dieses Jahrhunderts zu Ende zu sein scheint. Es werden von Fachphilosophen immer mehr Artikel und Bücher zu solchen ethischen Fragen veröffentlicht wie dem Krieg, der Abtreibung, der Rassendiskriminierung usw., und fast gewinnt man den Eindruck, als würden meta-ethische Fragen dabei vernachlässigt. Heute besteht in vielen Seminaren an den Universitäten die Tendenz, sich beiden Fragebereichen in gleicher Weise zu widmen.

B. DEONTOLOGISCHE POSITIONEN

39. JEAN PAUL SARTRE

Jede Situation ist einmalig, allgemeine moralische Prinzipien sind unanwendbar

Um Ihnen ein Beispiel zu geben, welches erlaubt, die Verlassenheit besser zu verstehen, führe ich den Fall eines meiner Schüler an, der mich unter folgenden Umständen aufgesucht hat: Sein Vater lebte in Zwiespalt mit seiner Mutter und neigte übrigens zur Kollaboration, sein ältester Bruder war bei der deutschen Offensive 1940 getötet worden; und jener junge Mann wünschte in seinem etwas primitiven, aber hochherzigen Gefühl, ihn zu rächen. Seine Mutter lebte allein mit ihm, sehr betrübt durch den halben Verrat seines Vaters und durch den Tod ihres ältesten Sohnes, und fand nur Trost an ihm.

Dieser junge Mann hatte in dem gegebenen Augenblick die Wahl, entweder nach England zu gehen und sich in die Freien Französischen Streitkräfte einzureihen – das heißt, seine Mutter zu verlassen – oder bei seiner Mutter zu bleiben und ihr leben zu helfen. Er gab sich gut Rechenschaft davon, daß diese Frau nur durch ihn lebte und daß sein Verschwinden – und vielleicht sein Tod – sie in die Verzweiflung stürzen würde. Er gab sich auch Rechenschaft, daß im Grunde, konkret gesprochen, jede

Handlung, die er aus Rücksicht auf seine Mutter unternahm, ihre Entsprechung haben werde in dem Sinne, daß er ihr zu leben verhalf, während jede Handlung, die er unternahm, um wegzureisen und zu kämpfen, eine zweideutige Handlung war, die im Sande verlaufen und zu nichts dienen könnte. Zum Beispiel, indem er nach England reiste, konnte er unbestimmte Zeit in einem spanischen Lager verbleiben, wenn er über Spanien fuhr; er konnte in England oder Algier ankommen und in ein Büro versetzt werden, um Schreibarbeiten zu machen. Folglich befand er sich angesichts zweier ganz verschiedener Typen von Handlungen: einer konkreten, unmittelbaren, die sich aber nur an ein Individuum richtete; oder aber einer Handlung, die sich an ein unendlich weiteres Ganzes, eine nationale Gemeinschaft wendete, die aber eben deswegen zweideutig war und unterwegs unterbrochen werden konnte.

Und gleichzeitig zögerte er zwischen zwei Typen von Moralen. Auf der einen Seite eine Moral der Sympathie, der individuellen Hingabe, auf der anderen Seite eine umfassendere Moral, die aber von einer fragwürdigeren Wirksamkeit sein konnte. Es mußte zwischen den beiden gewählt werden. Wer konnte ihm helfen, zu wählen? Die christliche Lehre? Nein. Die christliche Lehre sagt: Seid barmherzig, liebet euren Nächsten, opfert euch für die andern, wählt den rauhen Weg usw. Aber welcher ist der rauheste Weg? Wen soll man lieben wie seinen Bruder: den Kämpfer oder die Mutter? Welches ist die größere Nützlichkeit: jene unbestimmte, in einer Gesamtheit zu kämpfen, oder jene sichere, einem genau bestimmten Menschen leben zu helfen? Wer kann a priori darüber entscheiden? Niemand. Keine aufgezeichnete Moral kann es sagen. Die kantische Moral erklärt: Behandle die anderen nie als Mittel, sondern als Zweck. Sehr gut; bleibe ich bei meiner Mutter, so behandle ich sie als Zweck und nicht als Mittel, aber ich laufe Gefahr, diejenigen als Mittel zu behandeln, die um mich her kämpfen; und umgekehrt, wenn ich mich denen anschließe, die kämpfen, so behandle ich sie als Zweck und laufe dementsprechend Gefahr, meine Mutter als Mittel zu behandeln.

Wenn die Werte unbestimmt sind und immer zu weit gespannt für den bestimmten und konkreten Fall, den wir eben betrachten, so bleibt uns nichts, als uns auf unseren Instinkt zu verlassen. Das hat jener junge Mann versucht zu tun; und als ich ihn damals sah, sagte er: Das, was im Grunde wichtig ist, ist das Gefühl; ich sollte das wählen, was mich wirklich in eine bestimmte Richtung drängt. Fühle ich, daß ich meine Mutter genügend liebe, um ihr alles andere – meinen Wunsch nach Rache, meinen Tatendrang, meinen Trieb nach Abenteuern – zu opfern, so bleibe ich bei ihr. Wenn im Gegenteil ich fühle, daß meine Liebe für meine Mutter nicht genügend ist, so gehe ich. Aber wie den Gradwert eines Gefühls bestimmen? Was macht den Gradwert seiner Liebe zu seiner Mutter aus? Genau die Tatsache, daß er für sie da blieb. Ich kann wohl sagen, ich liebe den und den Freund genügend, um ihm die und die Summe Geldes zu opfern; aber ich kann es nur sagen, wenn ich es tatsächlich getan habe. Ich kann sagen: ich liebe meine Mutter genügend, um bei ihr zu bleiben – wenn ich bei ihr geblieben bin. Den Gradwert dieser Zuneigung kann ich erst bestimmen, wenn ich eine Tat vollbracht habe, die ihn bestätigt und definiert. Da ich aber von diesem Gefühl verlange, meine Handlung zu rechtfertigen, so finde ich mich in einen circulus vitiosus hineingezogen.

Andererseits hat Gide sehr gut gesagt, daß ein Gefühl, welches gespielt, und ein Gefühl, das gelebt wird, zwei fast ununterscheidbare Dinge sind: Entscheiden, daß ich meine Mutter liebe, indem ich bei ihr bleibe, oder eine Komödie aufführen, die bewirkt, daß ich bei meiner Mutter bleibe – ist nahezu dieselbe Sache.
Mit anderen Worten gesagt: das Gefühl baut sich auf aus den Handlungen, die wir vollziehen; demnach kann ich es nicht befragen, um mich von ihm leiten zu lassen. Was wiederum bedeutet, daß ich weder in mir selber den authentischen Zustand suchen, der mich zum Handeln treibt, noch einer Moral die Begriffe entlehnen kann, die mir erlauben, zu handeln.
Wenigstens, werden Sie sagen, hat der junge Mann einen Professor aufgesucht, um ihn um Rat zu fragen. Aber, wenn Sie sich z. B. bei einem Priester Rat holen, so haben sie den Priester selbst gewählt, so wußten Sie im Grunde schon mehr oder minder, was er Ihnen raten würde. Anders gesagt, einen Ratgeber wählen heißt, wieder sich selbst binden. Der Beweis dafür ist, daß, wenn Sie Christ sind, sie sagen werden: Fragen Sie einen Priester um Rat. Nun gibt es aber kollaborationistische Priester, attentistische Priester, Widerstands-Priester.
Welchen wählen? Und wenn der junge Mann einen Widerstands-Priester oder kollaborationistischen Priester wählt, so hat er selbst schon über die Art des Rates entschieden, den er empfangen wird. Somit, indem er zu mir kam, wußte er die Antwort, die ich ihm erteilen würde, und ich hatte ihm nur eine Antwort zu geben: Sie sind frei, wählen Sie, das heißt erfinden Sie. Keine allgemeine Moral kann Ihnen angeben, was Sie zu tun haben. Es gibt keine Zeichen in der Welt …

40. IMMANUEL KANT

Handle aus reiner Achtung vor dem Gesetz

a) Immanuel Kant: Handlungen aus Neigungen haben keinen sittlichen Wert

Wohltätig sein, wo man kann, ist Pflicht, und überdem gibt es manche so teilnehmend gestimmte Seelen, daß sie, auch ohne einen anderen Bewegungsgrund der Eitelkeit oder des Eigennutzes, ein inneres Vergnügen daran finden, Freude um sich zu verbreiten, und die sich an der Zufriedenheit anderer, sofern sie ihr Werk ist, ergötzen können. Aber ich behaupte, daß in solchem Falle dergleichen Handlung, so pflichtmäßig, so liebenswürdig sie auch ist, dennoch keinen wahren sittlichen Wert habe, sondern mit anderen Neigungen zu gleichen Paaren gehe, z. B. der Neigung nach Ehre, die, wenn sie glücklicherweise auf das trifft, was in der Tat gemeinnützig und pflichtmäßig, mithin ehrenwert ist, Lob und Aufmunterung, aber nicht Hochschätzung verdient; denn der Maxime fehlt der sittliche Gehalt, nämlich solche Handlungen nicht aus Neigung, sondern *aus Pflicht* zu tun. Gesetzt also, das Gemüt jenes Menschenfreundes wäre vom eigenen Gram umwölkt, der alle Teilnehmung an anderer Schicksal auslöscht, er hätte immer noch Vermögen, anderen Notleidenden wohlzutun, aber fremde Not rührte ihn nicht, weil er mit seiner eigenen genug beschäftigt ist, und nun, da keine Neigung ihn mehr dazu anreizt, risse er sich doch aus dieser tödlichen Unempfindlichkeit heraus und täte die Handlung ohne alle Neigung, lediglich aus Pflicht, alsdann hat sie allererst ihren echten moralischen Wert. Noch mehr: wenn die Natur diesem oder jenem überhaupt wenig Sympathie ins Herz gelegt hätte, wenn er (übrigens ein ehrlicher Mann) von Temperament kalt und gleichgültig gegen die Leiden anderer wäre, vielleicht weil er, selbst gegen seine eigenen mit der besonderen Gabe der Geduld und aushaltenden Stärke versehen, dergleichen bei jedem anderen auch voraussetzt oder gar fordert; wenn die Natur einen solchen Mann (welcher wahrlich nicht ihr schlechtestes Produkt sein würde) nicht eigentlich zum Menschenfreunde gebildet hätte, würde er denn nicht noch in sich einen Quell finden, sich selbst einen weit höheren Wert zu geben, als der eines gutartigen Temperaments sein mag? Allerdings! gerade da hebt der Wert des Charakters an, der moralisch und ohne alle Vergleichung der höchste ist, nämlich daß er wohltue, nicht aus Neigung, sondern aus Pflicht.

b) Friedrich Schiller: Die Philosophen – Gewissensskrupel

Gerne dien' ich den Freunden, doch tu ich es leider mit Neigung.
Und so wurmt es mir oft, daß ich nicht tugendhaft bin.
Da hilft kein anderer Rat, du mußt suchen, sie zu verachten,
und mit Unmut dann tun, was die Pflicht dir gebeut.

c) Johannes Hessen: Kants formale Ethik

Kants Erkenntnislehre unterscheidet zwei Faktoren im menschlichen Erkennen: Stoff und Form. Dem Empfindungsstoff stehen die apriorischen Formen der Anschauung und des Denkens gegenüber. Mittels ihrer erheben wir den Erkenntnisinhalt aus der Sphäre des Zufälligen in die des Notwendigen und damit des Allgemeingültigen. Die Wahrheit der Erkenntnis beruht demgemäß auf der richtigen Anwendung jener apriorischen Formen, auf der gesetzmäßigen Erzeugung des Erkenntnisgegenstandes. Wahrheit bedeutet mithin nicht Übereinstimmung des Denkens mit seinem Gegenstand, sondern mit seiner Gesetzlichkeit.

Ganz analog ist nun bei Kant die Auffassung des Sittlichen. Wie die Geltung der Erkenntnis auf einem Apriori beruht, so auch die des Sittlichen. Wie dort, so ist auch hier die Form das Entscheidende. Nicht die Übereinstimmung des Wollens mit einem objektiven Wert, sondern seine Übereinstimmung mit sich selbst begründet den sittlichen Wert einer Handlung. Wenn mein Wollen gesetzmäßigen Charakter hat, wenn in ihm ein allgemeines Gesetz zum Ausdruck kommt, ist mein Handeln sittlich gut. Die oberste Norm des Sittlichen lautet deshalb: „Handle so, daß die Maxime deines Wollens jederzeit als Prinzip einer allgemeinen Gesetzgebung gelten könne."[1]

Kants ethischer Formalismus ist demnach zunächst bedingt durch seinen erkenntnistheoretischen Apriorismus. Des weiteren ist er bestimmt durch seine Frontstellung gegen den *Eudämonismus.* Aller Eudämonismus ist Erfolgsethik. Nicht die Handlung als solche, sondern ihre Wirkung, ihr Erfolg ist das Entscheidende. Demgegenüber

[1] Vgl. dazu Text 10.

betont Kant mit vollem Recht, daß gerade darin das Charakteristische des sittlichen Handelns liegt, daß hier vom Erfolg gänzlich abgesehen wird, daß die Handlung um ihrer selbst und nicht um ihres Erfolges willen geschieht. Ein solches Handeln ist aber nach Kant nur möglich, wenn von seinem *Inhalt* abgesehen wird. Sobald sich nämlich der Mensch bestimmte Zwecke und Ziele vor Augen stellt, regen sich in ihm auch die Triebe und Neigungen und geschieht die Handlung nicht mehr um ihrer selbst, sondern um bestimmter Wirkungen willen, die man sich von ihr verspricht. Sittliches Wollen liegt also dort vor, wo der Wille nicht von irgendwelchen Zwecken und Gütern, sondern ausschließlich vom sittlichen Gesetz bestimmt wird. Das Sittliche nimmt somit den Charakter des bloß *formalen, inhaltlosen Gesetzes* an. Sittlich gut ist eine Handlung, die „aus reiner Achtung vor dem Gesetz" geschieht. So führt also auch die Ablehnung des Eudämonismus den Philosophen von Königsberg zum Formalismus in der Ethik.

Auf den dargelegten Grundlagen baut Kant nun seine Ethik auf. Wie auf theoretischem, so gibt es auch auf praktischem Gebiet allerlei Grundsätze und Gesetze. Sind sie nur subjektiv gültig, so heißen sie *Maximen*, d. h. Willensmeinungen des Individuums. Sind sie objektiv gültig, so heißen sie *Imperative*. Von ihnen sind die, die unter gewissen Voraussetzungen gültig sind, *hypothetisch*. (Beispiel: Wenn du den Menschen gefallen willst, mußt du dich der Höflichkeit befleißigen.) Die Imperative, die unbedingt, d. h. unter allen nur möglichen Bedingungen und Umständen gelten, heißen *kategorisch*. Alle Sittengesetze sind kategorische Imperative. Sie lassen sich auf ein oberstes und allgemeinstes zurückführen. Dieses nennt Kant einfach den „kategorischen Imperativ". Da es das Gemeinsame der besonderen Sittengesetze enthält und dies eben darin liegt, daß sie allgemeingültige Gesetze sind, so kann es nur dieses Moment der Gesetzlichkeit zum Ausdruck bringen. Das objektive Sittengesetz, der kategorische Imperativ kann somit (dem Sinne nach) nur lauten: *Handle gesetzmäßig!* Es gilt demnach, sich beim Handeln stets zu fragen: Was würde aus der Menschheit, wenn alle so handelten, wenn mein Handeln zu einem allgemeinen Gesetz gemacht würde? Stehe ich z. B. im Begriff, eine Lüge auszusprechen, so muß ich mich nach Kant fragen: Kann ich wollen, daß alle so handeln, d. h. lügen? Was würde geschehen, wenn alle so handelten, wie ich es vorhabe? Muß ich mir sagen, daß das zu unhaltbaren Zuständen führen würde, so ersehe ich daraus, daß die Handlung, die ich setzen will, sittlich verwerflich ist.

Kants Ethik ist dem Gesagten zufolge *Pflichtethik*. Die Sittlichkeit ist ihrem Wesen nach für ihn nicht Wert und Wertmannigfaltigkeit, sondern ein Sollen, eine Pflicht. Nicht in einem inhaltlichen, sondern in diesem formalen Moment liegt für ihn das Wesen des Sittlichen. Pflichtethik ist darum notwendig *formale* Ethik. Zugleich bedeutet sie Antieudämonismus oder positiv gesagt *Rigorismus*. Handeln aus Pflicht steht im Gegensatz zu allem Handeln aus Neigung, aus irgendwelchem Lust- oder Glücksstreben. Nicht als das Begehrenswerte, das Beglückende und Beseligende, sondern als das schlechthin Seinsollende, das Pflichtmäßige erscheint das sittlich Gute. Dieser Grundzug der Kantischen Ethik kommt treffend zum Ausdruck in der bekannten Apostrophe an die Pflicht: „Pflicht! Du erhabener großer Name, der du nicht Beliebtes, was Einschmeichelung bei sich führt, in dir fassest, sondern Unterwerfung verlangst, doch auch nichts drohest, was natürliche Abneigung im Gemüte erregte und schreckte, um den Willen zu bewegen, sondern bloß ein Gesetz aufstellst, welches von selbst im Gemüte Eingang findet und doch sich selbst wider Willen Verehrung (wenngleich nicht immer Befolgung) erwirbt, vor dem alle Neigungen verstummen, wenn sie gleich insgeheim ihm entgegenwirken: welches ist der deiner würdige Ursprung, und wo findet man die Wurzel deiner edlen Abkunft, welche alle Verwandtschaft mit Neigungen stolz ausschlägt, und von welcher Wurzel abzustammen die unnachläßliche Bedingung desjenigen Wertes ist, den sich Menschen allein geben können?"

C. TELEOLOGISCHE POSITIONEN

41. EPIKUR

Die Lust ist das Gute

Dafür, daß die Lust das Lebensziel ist, liegt der Beweis darin, daß die Lebewesen von Geburt an daran Gefallen finden, dagegen dem Schmerz naturgemäß und ohne Überlegung sich widersetzen. Auf Grund unserer eigenen Erfahrung also fliehen wir den Schmerz.

...

Ich weiß nicht, was ich mir als das Gute vorstellen soll, wenn ich die Lust des Geschmackes, die Lust der Liebe, die Lust des Ohres beiseite lasse, ferner die angenehmen Bewegungen, die durch den Anblick einer Gestalt erzeugt werden, und was sonst noch für Lustempfindungen im gesamten Menschen durch irgendein Sinnesorgan entstehen. So kann man auch nicht sagen, daß ausschließlich die Freude des Geistes das Gute ausmache. Denn die Freude des Geistes erkenne ich in der Hoffnung auf alle jene Dinge, die ich eben genannt habe, und darauf, daß die Natur, wenn sie sie besitzt, von Schmerz frei sein wird.

Ich habe oftmals jene, die man weise zu nennen pflegte, gefragt, was ihnen an Gutem übrig bliebe, wenn sie jenes beiseite ließen, was ich erwähnt habe, und wenn sie sich nicht mit leeren Redensarten begnügen wollten. Ich habe nichts von ihnen erfahren können. Mögen sie auch mit Tugend und Erkenntnis groß tun, sie werden doch keinen andern Weg nennen können als jenen, durch den jene Lustempfindungen erzeugt werden, die ich oben angeführt habe.

Für Menschen, die zu überlegen fähig sind, enthält der wohlgefestigte Zustand des Fleisches und die zuverlässige Hoffnung im Bezug auf ihn die höchste und sicherste Freude.

Man muß das Edle, die Tugenden und dergleichen Dinge schätzen, wenn sie Lust verschaffen; tun sie dies nicht, dann soll man sie fahren lassen.

42. FRAGMENTE DER STOIKER

Die Tugend führt zum Glück

Der Mensch ist ein zur Gemeinschaft und zur gegenseitigen Liebe geschaffenes Lebewesen. Selbst gegenüber den rohesten Wilden bleibt diese Zuneigung bestehen. Dann ist es aber auch eine Forderung der Natur, sich in die Gemeinschaft der Vernunftwesen einzuordnen und sie mit allen Kräften zu fördern. Von Natur werden wir getrieben, möglichst vielen Menschen zu nützen, die Rechte der andren zu achten und uns als Glieder der staatlichen Gemeinschaft zu betätigen. Gerechtigkeit und Sittlichkeit stammen aus der Vernunftnatur des Menschen, gehören zu seinem ‚naturgemäßen' Leben. Die Tugend bedeutet die volle Entfaltung des Vernunftwesens; sie muß darum auch sein bester Zustand sein, der sein höchstes Gut, seine Eudämonie bildet. Sie ist das Endziel, auf das der Mensch sein Leben auszurichten und all sein Denken und Tun zu beziehen hat.

...

Da der Mensch ein vernunftbegabtes, sterbliches, von Natur zum staatlichen Leben veranlagtes Wesen ist, besteht nach der Lehre der Stoiker auch die gesamte menschliche Tugend und Glückseligkeit in einem Leben, das der Natur folgt und mit ihr übereinstimmt.

...

Während also die Peripatetiker und Platoniker drei Klassen von Gütern unterschieden, seelische, leibliche und äußere, erkannten die Stoiker leibliche überhaupt nicht an und beschränkten die äußeren auf das, was an der Tugend teilhat, wie tugendhafte Freunde, Eltern und Kinder und ein gutes Vaterland.

‚Allein das Sittliche ist ein Gut', ist der Kernsatz der Ethik. Daraus ergab sich aber für sie die wichtige Folgerung: Der Besitz der Tugend genügt zur Glückseligkeit, wie Zenon und Chrysipp im ersten Buche ‚Über die Tugenden' und Hekaton im zweiten ‚Über die Güter' erklären. Denn wenn der Hochsinn, der ein Teil der Tugend ist, genügt, um unsren Geist über alles erhaben zu machen, dann genügt auch die Tugend zur Glückseligkeit, da sie das verachtet, was niederzudrücken scheint. „Wer tapfer ist, ist ohne Furcht; wer ohne Furcht ist, ist ohne Schmerz; wer ohne Schmerz ist, ist glückselig." In derselben Weise schützen auch die andren Tugenden vor dem Einfluß der Außendinge.

Als den Inbegriff aller Vollkommenheit hat Kleanthes das Gute in einem Gedichte durch die Aufhäufung einer Fülle von Epitheta[1] gepriesen: „Du fragst mich nach des Guten Wesen; höre denn: Voll Ordnung ist's, gerecht, ist gottesfürchtig, fromm, voll Selbstbeherrschung, wertvoll, schön und pflichtgemäß, streng, nur dem eignen Sinne folgend, vorteilhaft, von Furcht und Schmerz und Trauer frei, von Nutzen stets, zuträglich, wohlgefällig, niemals wankend, lieb, geehrt, geschätzt von andren, mit sich selber eins, ruhmvoll, doch ohne Dünkel, sorgsam, sanft und fest, von Dauer, ohne Makel, ewiger Besitz."

[1] Epitheton (Mehrzahl: Epitheta): griech. „das Hinzugefügte"; ein zur näheren Bestimmung des Substantivs beigefügtes Adjektiv.

43. ARISTOTELES

Höchstes Glück ist das Leben im Geistigen

Wenn das Glück ein Tätig-Sein im Sinne der Trefflichkeit ist, so darf darunter mit gutem Grund die höchste Trefflichkeit verstanden werden: das aber kann nur die der obersten Kraft in uns sein. Mag nun der Geist oder etwas anderes diese Kraft sein, die man sich gewiß als wesenhaft herrschend, führend, auf edle und göttliche Gegenstände gerichtet vorstellt – mag diese Kraft selbst auch göttlich oder von dem, was in uns ist, das göttlichste Element sein – das Wirken dieser Kraft gemäß der ihr eigentümlichen Trefflichkeit ist das vollendete Glück. Daß dieses Wirken aber ein geistiges Schauen ist, haben wir bereits festgestellt.

Das ist in Übereinstimmung, so dürfen wir behaupten, mit den früheren Erkenntnissen und mit der Wahrheit. Denn einmal ist das die oberste Form menschlichen Wirkens: es hat ja auch der Geist von dem, was in uns ist, den obersten Rang, und obersten Rang unter den Erkenntnisobjekten haben die des Geistes. Sodann aber hat dieses Wirken auch die größte Stetigkeit, denn in stetiger geistiger Schau können wir leichter verharren als in irgendeiner Tätigkeit (nach außen).

Wie wir ferner annehmen, muß Glück mit Lust vermischt sein; am lustvollsten aber unter den Formen hochwertiger Tätigkeit ist zugestandenermaßen das lebendige Wirken des philosophischen Geistes. Jedenfalls gilt von der Philosophie, daß sie eine durch ihre Reinheit und Dauer großartige Lust gewährt. Und es ist wohl begründet, daß dem aus seiner Erkenntnis heraus Wirkenden ein lustvolleres Dasein beschieden ist als dem, der den Weg dazu erst sucht.

Auch das, was man „sich selbst genügende Unabhängigkeit“ (Autarkie) nennt, ist vor allem bei der Verwirklichung der geistigen Schau zu finden. Denn was zum Leben notwendig ist, das braucht der Weise so gut wie der Gerechte und die übrigen (hochwertigen Menschen). Sind sie dann aber mit diesen Dingen zur Genüge versehen, so braucht der Gerechte immer noch Menschen, an denen und mit denen er gerecht handeln kann, und dementsprechend der Besonnene und der Tapfere und alle übrigen – der Weise dagegen kann sich der geistigen Schau hingeben, auch wenn er ganz für sich ist, und, je weiser er ist, desto eindringlicher. Vielleicht gelingt es noch besser, wenn er Freunde hat, die mitwirken, aber gleichwohl wäre er der Unabhängigste.

44. THOMAS HOBBES

Das höchste Gut ist die Selbsterhaltung

Die Natur hat die Menschen hinsichtlich ihrer körperlichen und geistigen Fähigkeiten so gleich geschaffen, daß trotz der Tatsache, daß bisweilen der eine einen offensichtlich stärkeren Körper oder gewandteren Geist als der andere besitzt, der Unterschied zwischen den Menschen alles in allem doch nicht so beträchtlich ist, als daß der eine auf Grund dessen einen Vorteil beanspruchen könnte, den ein anderer nicht ebensogut für sich verlangen dürfte. Denn was die Körperstärke betrifft, so ist der Schwächste stark genug, den Stärksten zu töten – entweder durch Hinterlist oder durch ein Bündnis mit anderen, die sich in derselben Gefahr wie er selbst befinden. Und was die geistigen Fähigkeiten betrifft, so finde ich, daß die Gleichheit unter den Menschen noch größer ist als bei der Körperstärke – einmal abgesehen von den auf Wörtern beruhenden Künsten und besonders von der Fertigkeit, nach allgemeinen und unfehlbaren Regeln vorzugehen, was man Wissenschaft nennt. Diese beherrschen nur wenige und nur in wenigen Dingen, da sie weder eine mit uns geborene, angeborene Fähigkeit ist, noch durch Beschäftigung mit irgendeinem anderen Gegenstand erworben wird wie die Klugheit. Denn Klugheit ist nur Erfahrung, die alle Menschen, die sich gleich lang mit den gleichen Dingen beschäftigen, gleichermaßen erwerben. …

Aus dieser Gleichheit der Fähigkeiten entsteht eine Gleichheit der Hoffnung, unsere Absichten erreichen zu können. Und wenn daher zwei Menschen nach demselben Gegenstand streben, den sie jedoch nicht zusammen genießen können, so werden sie Feinde und sind in Verfolgung ihrer Absicht, die grundsätzlich Selbsterhaltung und bisweilen nur Genuß ist, bestrebt, sich gegenseitig zu vernichten oder zu unterwerfen. Daher kommt es auch, daß, wenn jemand ein geeignetes Stück Land anpflanzt, einsät, bebaut oder besitzt und ein Angreifer nur die Macht eines einzelnen zu fürchten hat, mit Wahrscheinlichkeit zu erwarten ist, daß andere mit vereinten Kräften anrücken, um ihn von seinem Besitz zu vertreiben und ihn nicht nur der Früchte seiner Arbeit, sondern auch seines Lebens und seiner Freiheit zu berauben. Und dem Angreifer wiederum droht die gleiche Gefahr von einem anderen.

Und wegen dieses gegenseitigen Mißtrauens gibt es für niemand einen anderen Weg, sich selbst zu sichern, der so vernünftig wäre wie Vorbeugung, das heißt, mit Gewalt oder List nach Kräften jedermann zu unterwerfen, und zwar so lange, bis er keine andere Macht mehr sieht, die groß genug wäre, ihn zu gefährden. Und dies ist nicht mehr, als seine Selbsterhaltung erfordert und ist allgemein erlaubt. Auch weil es einige gibt, denen es Vergnügen bereitet, sich an ihrer Macht zu weiden, indem sie auf Eroberungen ausgehen, die sie über das zu ihrer Sicherheit erforderliche Maß hinaustreiben, könnten andere, die an sich gerne innerhalb bescheidener Grenzen ein behagliches Leben führen würden, sich durch bloße Verteidigung unmöglich lange halten, wenn sie nicht durch Angriff ihre Macht vermehrten. Und da folglich eine solche Vermehrung der Herrschaft über Menschen zur Selbsterhaltung eines Menschen notwendig ist, muß sie ihm erlaubt werden.

Ferner empfinden die Menschen am Zusammenleben kein Vergnügen, sondern im Gegenteil großen Verdruß, wenn es keine Macht gibt, die dazu in der Lage ist, sie alle einzuschüchtern. Denn jedermann sieht darauf, daß ihn sein Nebenmann ebenso schätzt, wie er sich selbst einschätzt, und auf alle Zeichen von Verachtung oder Unterschätzung hin ist er von Natur aus bestrebt, soweit er es sich getraut (was bei weitem genügt, Menschen, über denen keine allgemeine, sie zum Stillhalten zwingende Macht steht, dazu zu bewegen, daß sie sich gegenseitig vernichten), seinen Verächtern durch Schädigung und den anderen Menschen durch das Exempel größere Wertschätzung abzunötigen.

So liegen also in der menschlichen Natur drei hauptsächliche Konfliktursachen: Erstens Konkurrenz, zweitens Mißtrauen, drittens Ruhmsucht.

Die erste führt zu Übergriffen der Menschen des Gewinnes, die zweite der Sicherheit und die dritte des Ansehens wegen. Die ersten wenden Gewalt an, um sich zum Herren über andere Männer und deren Frauen, Kinder und Vieh zu machen, die zweiten, um dies zu verteidigen und die dritten wegen Kleinigkeiten wie ein Wort, ein Lächeln, eine verschiedene Meinung oder jedes andere Zeichen von Geringschätzung, das entweder direkt gegen sie selbst gerichtet ist oder in einem Tadel ihrer Verwandtschaft, ihrer Freunde, ihres Volks, ihres Berufs oder ihres Namens besteht.

Daraus ergibt sich klar, daß die Menschen während der Zeit, in der sie ohne eine allgemeine, sie alle im Zaum haltende Macht leben, sich in einem Zustand befinden, der Krieg genannt wird, und zwar in einem Krieg eines jeden gegen jeden. Denn *Krieg* besteht nicht nur in Schlachten oder Kampfhandlungen, sondern in einem Zeitraum, in dem der Wille zum Kampf genügend bekannt ist. Und deshalb gehört zum Wesen des Krieges der Begriff *Zeit,* wie zum Wesen des Wetters. Denn wie das Wesen des schlechten Wetters nicht in ein oder zwei Regenschauern liegt, sondern in einer Neigung hierzu während mehrerer Tage, so besteht das Wesen des Kriegs nicht in tatsächlichen Kampfhandlungen, sondern in der bekannten Bereitschaft dazu während der ganzen Zeit, in der man sich des Gegenteils nicht sicher sein kann. Jede andere Zeit ist *Frieden.*

Deshalb trifft alles, was Kriegszeiten mit sich bringen, in denen jeder eines jeden Feind ist, auch für die Zeit zu, während der die Menschen keine andere Sicherheit als diejenige haben, die ihnen ihre eigene Stärke und Erfindungskraft bieten. In einer solchen Lage ist für Fleiß kein Raum, da man sich seiner Früchte nicht sicher sein kann; und folglich gibt es keinen Ackerbau, keine Schiffahrt, keine Waren, die auf dem Seeweg eingeführt werden können, keine bequemen Gebäude, keine Geräte, um Dinge, deren Fortbewegung viel Kraft erfordert, hin- und herzubewegen, keine Kenntnis von der Erdoberfläche, keine Zeitrechnung, keine Künste, keine Literatur, keine gesellschaftlichen Beziehungen, und es herrscht, was das Schlimmste von allem ist, beständige Furcht und Gefahr eines gewaltsamen Todes – das menschliche Leben ist einsam, armselig, ekelhaft, tierisch und kurz.

Manchem, der sich diese Dinge nicht gründlich überlegt hat, mag es seltsam vorkommen, daß die Natur die Menschen so sehr entzweien und zu gegenseitigem Angriff und gegenseitiger Vernichtung treiben sollte, und vielleicht wünscht er deshalb, da er dieser Schlußfolgerung aus den Leidenschaften nicht traut, dies durch die Erfahrung bestätigt zu haben. Er möge deshalb bedenken, daß er sich bei Antritt einer Reise bewaffnet und darauf bedacht ist, in guter Begleitung zu reisen, daß er beim Schlafengehen seine Türen und sogar in seinem Hause seine Kästen verschließt – und dies in Kenntnis dessen, daß es Gesetze und bewaffnete Beamten gibt, um alles Unrecht zu verfolgen, das ihm angetan wird. Welche Meinung hat er also von seinen Mit-Untertanen, wenn er bewaffnet reist, welche von seinen Mitbürgern, wenn er seine Türen verschließt und welche von seinen Kindern und Bediensteten, wenn er seine Kästen verschließt? Klagt er da die Menschen durch seine Handlungen nicht ebensosehr an wie ich durch meine Worte? Aber keiner von uns klagt damit die menschliche Natur an. Die Begierden und anderen menschlichen Leidenschaften sind an sich keine Sünde. Die aus diesen Leidenschaften entspringenden Handlungen sind es ebenfalls so lange nicht, bis die Menschen ein Gesetz kennen, das sie verbietet: solange keine Gesetze erlassen werden, können sie dieses Gesetz nicht kennen, und es kann kein Gesetz erlassen werden, solange sie sich nicht auf die Person geeinigt haben, die es erlassen soll.

...

Eine weitere Folge dieses Krieges eines jeden gegen jeden ist, daß nichts ungerecht sein kann. Die Begriffe von Recht und Unrecht, Gerechtigkeit und Ungerechtigkeit haben hier keinen Platz. Wo keine allgemeine Gewalt ist, ist kein Gesetz, und wo kein Gesetz, keine Ungerechtigkeit. Gewalt und Betrug sind im Krieg die beiden Kardinaltugenden. Gerechtigkeit und Ungerechtigkeit gehören weder zu den körperlichen noch zu den geistigen Tugenden. Gehörten sie dazu, so müßten sie in einem Menschen, der sich allein auf der Welt befände, ebenso vorkommen wie seine Sinne und Leidenschaften. Sie sind Eigenschaften, die sich auf den in der Gesellschaft, nicht in der Einsamkeit befindlichen Menschen beziehen. Eine weitere Folge dieses Zustandes ist, daß es weder Eigentum noch Herrschaft, noch ein bestimmtes Mein und Dein gibt, sondern daß jedem nur das gehört, was er erlangen kann, und zwar so lange, wie er es zu behaupten vermag. Und soviel über den elenden Zustand , in den der Mensch durch die reine Natur tatsächlich versetzt wird, wenn auch mit einer Möglichkeit, herauszukommen, die teils in den Leidenschaften, teils in seiner Vernunft liegt.

Die Leidenschaften, die die Menschen friedfertig machen, sind Todesfurcht, das Verlangen nach Dingen, die zu einem angenehmen Leben notwendig sind und die Hoffnung, sie durch Fleiß erlangen zu können. Und die Vernunft legt die geeigneten Grundsätze des Friedens nahe, auf Grund derer die Menschen zur Übereinstimmung gebracht werden können. Diese Gebote sind das, was sonst auch Gesetze der Natur genannt wird....*Ein Gesetz der Natur,* lex naturalis, ist eine von der Vernunft ermittelte Vorschrift oder allgemeine Regel, nach der es einem Menschen verboten ist, das zu tun, was sein Leben vernichten oder ihn der Mittel zu seiner Erhaltung berauben kann, und das zu unterlassen, wodurch es seiner Meinung nach am besten erhalten werden kann. ...

Und weil sich die Menschen, wie im vorhergehenden Kapitel dargelegt, im Zustand des Krieges eines jeden gegen jeden befinden, was bedeutet, daß jedermann von seiner eigenen Vernunft angeleitet wird, und weil es nichts gibt, das er nicht möglicherweise zum Schutze seines Lebens gegen seine Feinde verwenden könnte, so folgt daraus, daß in einem solchen Zustand jedermann ein Recht auf alles hat, selbst auf den Körper eines anderen. Und deshalb kann niemand sicher sein, solange dieses Recht eines jeden auf alles besteht, die Zeit über zu leben, die die Natur dem Menschen gewöhnlich einräumt, wie stark und klug er auch sein mag. Folglich ist dies eine Vorschrift oder allgemeine Regel der Vernunft: *Jedermann hat sich um Frieden zu bemühen, solange dazu Hoffnung besteht. Kann er ihn nicht herstellen, so darf er sich alle Hilfsmittel und Vorteile des Kriegs verschaffen und sie benützen.*

...

Das erste Gut ist für jeden die Selbsterhaltung. Denn die Natur hat es so eingerichtet, daß alle ihr eigenes Wohlergehen wünschen. Um das erlangen zu können, müssen sie Leben und Gesundheit wünschen und für beide, soweit es möglich ist, Gewähr für die Zukunft. Auf der anderen Seite steht unter allen Übeln an erster Stelle der Tod, besonders der Tod unter Qualen; denn die Leiden des Lebens können so groß werden, daß sie, wenn nicht ihr nahes Ende abzusehen ist, uns den Tod als ein Gut erscheinen lassen.

45. JEREMY BENTHAM

Das Prinzip der Nützlichkeit

1. Die Natur hat die Menschheit unter die Herrschaft zweier souveräner Gebieter – *Leid* und *Freude* – gestellt. Es ist an ihnen allein aufzuzeigen, was wir tun sollen, wie auch zu bestimmen, was wir tun werden. Sowohl der Maßstab für Richtig und Falsch als auch die Kette der Ursachen und Wirkungen sind an ihrem Thron festgemacht. Sie beherrschen uns in allem, was wir tun, was wir sagen, was wir denken: jegliche Anstrengung, die wir auf uns nehmen können, um unser Joch von uns zu schütteln, wird lediglich dazu dienen, es zu beweisen und zu bestätigen. Jemand mag zwar mit Worten vorgeben, ihre Herrschaft zu leugnen, aber in Wirklichkeit wird er ihnen ständig unterworfen bleiben. Das *Prinzip der Nützlichkeit* erkennt dieses Joch an und übernimmt es für die Grundlegung jenes Systems, dessen Ziel es ist, das Gebäude der Glückseligkeit durch Vernunft und Recht zu errichten. Systeme, die es in Frage zu stellen versuchen, geben sich mit Lauten anstatt mit Sinn, mit einer Laune anstatt mit der Vernunft, mit Dunkelheit anstatt mit Licht ab.

Doch genug des bildlichen und pathetischen Sprechens: Durch solche Mittel kann die Wissenschaft der Moral nicht verbessert werden.

2. Das Prinzip der Nützlichkeit ist die Grundlage des vorliegenden Werkes; es wird daher zweckmäßig sein, mit einer ausdrücklichen und bestimmten Erklärung dessen zu beginnen, was mit ihm gemeint ist. Unter dem Prinzip der Nützlichkeit ist jenes Prinzip zu verstehen, das schlechthin jede Handlung in dem Maß billigt oder mißbilligt, wie ihr die Tendenz innezuwohnen scheint, das Glück der Gruppe, deren Interesse in Frage steht, zu vermehren oder zu vermindern, oder – das gleiche mit anderen Worten gesagt – dieses Glück zu befördern oder zu verhindern. Ich sagte: schlechthin jede Handlung, also nicht nur jede Handlung einer Privatperson, sondern auch jede Maßnahme der Regierung.

3. Unter Nützlichkeit ist jene Eigenschaft an einem Objekt zu verstehen, durch die es dazu neigt, Gewinn, Vorteil, Freude, Gutes oder Glück hervorzubringen (dies alles läuft im vorliegenden Fall auf das gleiche hinaus) oder (was ebenfalls auf das gleiche hinausläuft) die Gruppe, deren Interesse erwogen wird, vor Unheil, Leid, Bösem oder Unglück zu bewahren; sofern es sich bei dieser Gruppe um die Gemeinschaft im allgemeinen handelt, geht es um das Glück der Gemeinschaft; sofern es sich um ein bestimmtes Individuum handelt, geht es um das Glück des Individuums.

4. „Das Interesse der Gemeinschaft" ist einer der allgemeinsten Ausdrücke, die in den Redeweisen der Moral vorkommen können; kein Wunder, daß sein Sinn oft verloren geht. Wenn er einen Sinn hat, dann diesen: Die Gemeinschaft ist ein fiktiver *Körper,* der sich aus Einzelpersonen zusammensetzt, von denen man annnimmt, daß sie sozusagen seine *Glieder* bilden. Was also ist das Interesse der Gemeinschaft? – Die Summe der Interessen der verschiedenen Glieder, aus denen sie sich zusammensetzt.
5. Es hat keinen Sinn, vom Interesse der Gemeinschaft zu sprechen, ohne zu wissen, was das Interesse des Individuums ist. Man sagt von einer Sache, sie sei dem Interesse förderlich oder *zugunsten* des Interesses eines Individuums, wenn sie dazu neigt, zur Gesamtsumme seiner Freuden beizutragen: oder, was auf das gleiche hinausläuft, die Gesamtsumme seiner Leiden zu vermindern.
6. Man kann also von einer Handlung sagen, sie entspreche dem Prinzip der Nützlichkeit oder – der Kürze halber – der Nützlichkeit (das heißt in bezug auf die Gemeinschaft insgesamt), wenn die ihr innewohnende Tendenz, das Glück der Gemeinschaft zu vermehren, größer ist als irgendeine andere ihr innewohnende Tendenz, es zu vermindern.
7. Von einer Maßnahme der Regierung (die nichts anderes ist als eine von einer einzelnen oder von mehreren Personen ausgeführte einzelne Handlungsweise) kann man sagen, sie entspreche dem Prinzip der Nützlichkeit oder sei von diesem geboten, wenn in analoger Weise die ihr innewohnende Tendenz, das Glück der Gemeinschaft zu vermehren, größer ist als irgendeine andere ihr innewohnende Tendenz, es zu vermindern.
8. Wenn jemand von einer Handlung oder insbesondere von einer Maßnahme der Regierung annimmt, sie entspräche dem Prinzip der Nützlichkeit, dürfte es, was die Ausdrucksweise anbelangt, zweckmäßig sein, sich eine Art Gesetz oder Gebot vorzustellen, das man als ein Gesetz oder Gebot der Nützlichkeit bezeichnet, und von der fraglichen Handlung zu sagen, sie entspreche einem solchen Gesetz oder Gebot.
9. Man kann von jemandem sagen, er sei ein Anhänger des Prinzips der Nützlichkeit, wenn die Billigung oder Mißbilligung, die er mit einer Handlung oder einer Maßnahme verbindet, durch die Tendenz bestimmt ist und der Tendenz entspricht, die ihr nach seiner Ansicht innewohnt, um das Glück der Gemeinschaft zu vermehren oder zu vermindern; oder mit anderen Worten, wenn seine Billigung oder Mißbilligung von der Übereinstimmung oder Nichtübereinstimmung der Handlung mit den Gesetzen oder Geboten der Nützlichkeit abhängt.
10. Von einer Handlung, die mit dem Prinzip der Nützlichkeit übereinstimmt, kann man stets entweder sagen, sie sei eine Handlung, die getan werden soll, oder zum mindesten, sie sei keine Handlung, die nicht getan werden soll. …
11. Ist die Richtigkeit dieses Prinzips jemals förmlich bestritten worden? Anscheinend ja, und zwar von denen, die nicht wußten, was sie meinten. Ist es eines direkten Beweises fähig? Anscheinend nein: denn was dazu dient, um etwas anderes zu beweisen, kann nicht selber bewiesen werden; eine Beweiskette muß irgendwo anfangen. Es ist ebenso unmöglich wie überflüssig, einen solchen Beweis vorzulegen.

46. MAX WEBER

Der Gegensatz zwischen Gesinnungsethik und Verantwortungsethik

Wir müssen uns klarmachen, daß alles ethisch orientierte Handeln unter *zwei* voneinander grundverschiedenen, unaustragbar gegensätzlichen Maximen stehen kann: es kann „gesinnungsethisch“ oder „verantwortungsethisch“ orientiert sein. Nicht daß Gesinnungsethik mit Verantwortungslosigkeit und Verantwortungsethik mit Gesinnungslosigkeit identisch wäre. Davon ist natürlich keine Rede. Aber es ist ein abgrundtiefer Gegensatz, ob man unter der gesinnungsethischen Maxime handelt – religiös geredet: „Der Christ tut recht und stellt den Erfolg Gott anheim“ –, *oder* unter der verantwortungsethischen: daß man für die (voraussehbaren) Folgen seines Handelns aufzukommen hat. Sie mögen einem überzeugten gesinnungsethischen Syndikalisten noch so überzeugend darlegen: daß die Folgen seines Tuns die Steigerung der Chancen der Reaktion, gesteigerte Bedrückung seiner Klasse, Hemmung ihres Aufstiegs sein werden, – und es wird auf ihn gar keinen Eindruck machen. Wenn die Folgen einer aus reiner Gesinnung fließenden Handlung üble sind, so gilt ihm nicht der Handelnde, sondern die Welt dafür verantwortlich, die Dummheit der anderen Menschen oder – der Wille des Gottes, der sie so schuf. Der Verantwortungsethiker dagegen rechnet mit eben jenen durchschnittlichen Defekten der Menschen, – er hat, wie *Fichte* richtig gesagt hat, gar kein Recht, ihre Güte und Vollkommenheit vorauszusetzen, er fühlt sich nicht in der Lage, die Folgen eigenen Tuns, soweit er sie voraussehen konnte, auf andere abzuwälzen. Er wird sagen: diese Folgen werden meinem Tun zugerechnet. „Verantwortlich“ fühlt sich der Gesinnungsethiker nur dafür, daß die Flamme der reinen Gesinnung, die Flamme z. B. des Protestes gegen die Ungerechtigkeit der sozialen Ordnung, nicht erlischt. Sie stets neu anzufachen, ist der Zweck seiner, vom möglichen Erfolg her beurteilt, ganz irrationalen Taten, die nur exemplarischen Wert haben können und sollen.

Aber auch damit ist das Problem noch nicht zu Ende. Keine Ethik der Welt kommt um die Tatsache herum, daß die Erreichung „guter“ Zwecke in zahlreichen Fällen daran gebunden ist, daß man sittlich bedenkliche oder mindestens gefährliche Mittel und die Möglichkeit oder auch die Wahrscheinlichkeit übler Nebenerfolge mit in den Kauf nimmt, und keine Ethik der Welt kann ergeben: wann und in welchem Umfang der ethisch gute Zweck die ethisch gefährlichen Mittel und Nebenerfolge „heiligt“. Für die Politik ist das entscheidende Mittel: die Gewaltsamkeit...

Hier, an diesem Problem der Heiligung der Mittel durch den Zweck, scheint nun auch die Gesinnungsethik überhaupt scheitern zu müssen. Und in der Tat hat sie logischerweise nur die Möglichkeit: *jedes* Handeln, welches sittlich gefährliche Mittel anwendet, zu *verwerfen.* Logischerweise. In der Welt der Realitäten machen wir freilich stets erneut die Erfahrung, daß der Gesinnungsethiker plötzlich umschlägt in den chiliastischen Propheten, daß z. B. diejenigen, die soeben „Liebe gegen Gewalt“, gepredigt haben, im nächsten Augenblick zur Gewalt aufrufen, – zur *letzten* Gewalt, die dann den Zustand der Vernichtung *aller* Gewaltsamkeit bringen würde, – wie unsere Militärs den Soldaten bei jeder Offensive sagten: es sei die letzte, sie werde den Sieg und dann den Frieden bringen. Der Gesinnungsethiker erträgt die ethische Irrationalität der Welt nicht. Er ist kosmisch-ethischer „Rationalist". Sie erinnern sich, jeder von Ihnen, der Dostojewskij kennt, der Szene mit dem Großinquisitor, wo das Problem treffend auseinandergelegt ist. Es ist nicht möglich, Gesinnungsethik und Verantwortungsethik unter einen Hut zu bringen oder ethisch zu dekretieren: welcher Zweck *welches* Mittel heiligen solle, wenn man diesem Prinzip überhaupt irgendwelche Konzessionen macht.

47. HANS ALBERT

Ethik des kritischen Rationalismus

Ebenso wie im Bereich der Wissenschaft wird der kritische Rationalismus auch im moralischen Bereich die prinzipielle Revidierbarkeit der in Frage kommenden Systeme fordern. Nur eine dogmatische Ethik kann unrevidierbar sein, nur sie kann gegen die Erfahrung vollkommen immunisiert werden. Auch ethische Systeme sind prinzipiell überprüfbar, und zwar nicht nur hinsichtlich ihrer logischen Widerspruchslosigkeit, sondern darüber hinaus hinsichtlich der Realisierbarkeit der in ihnen enthaltenen Forderungen und der Konsequenzen, die aus ihnen folgen. Man wird den Vergleich zwischen verschiedenen möglichen ethischen Systemen wohl ebenso auf die Erfahrung gründen müssen wie den zwischen wissenschaftlichen Theorien über denselben Bereich. Auch ethische Systeme können sich mehr oder weniger *bewähren,* wenn auch in anderer Weise als die der Wissenschaft. Das Kriterium für eine solche Bewährung unterliegt ebenso der menschlichen Entscheidung wie das analoge Kriterium für wissenschaftliche Theorien. Für seine Wahl muß die meta-ethische Auffassung über die Funktion der Moral maßgebend sein. Diese Funktion ist nicht etwas, was man durch Analyse der ethischen Sprache feststellen kann, wie Vertreter der analytischen Moralphilosophie manchmal anzunehmen scheinen.

…

Jedenfalls wird man bei der Festsetzung eines Kriteriums für die Bewährung ethischer Systeme die Befriedung menschlicher Bedürfnisse, die Erfüllung menschlicher Wünsche, die Vermeidung unnötigen menschlichen Leidens, die intrasubjektive und intersubjektive Harmonisierung menschlicher Bestrebungen usw. in den Vordergrund stellen müssen, auf alle Fälle Tatbestände, die sich auf Grund menschlicher Erfahrungen kontrollieren lassen. Das heißt nicht etwa, daß man ein solches Kriterium aus irgendwelchen unmittelbaren Gegebenheiten des menschlichen Bewußtseins quasi *induktiv* erschließen könnte, wie das der Utilitarismus vielfach anzunehmen schien. Ein solches Kriterium muß erfunden und festgesetzt werden, wie das auch für die Kriterien des wissenschaftlichen Denkens gilt. Auch die sozialen Spielregeln und Institutionen, gewissermaßen soziale Verkörperungen ethischer Ideen, die mit seiner Hilfe überprüft werden können, beruhen auf menschlicher Erfindung. Es ist zwar nicht zu erwarten, daß ein derartiges Kriterium ohne weiteres akzeptiert wird, aber das ist ja sogar im Bereich der Wissenschaft nicht immer der Fall. Eine rationale Diskussion um ein brauchbares Kriterium ist ohne weiteres möglich.

Daß ein derartiges Kriterium meta-ethischen Charakter hat, heißt vor allem, daß es nicht dazu dient, einzelne Handlungen zu beurteilen, sondern dazu, ethische Systeme zu überprüfen. Da solche Systeme aus Verhaltensnormen, also Regeln zu bestehen pflegen, von denen erwartet wird, daß sie befolgt werden, ohne daß jeweils ein Kalkül über Wirkungen eines derartigen Verhaltens angestellt wird, wird eine der sehr problematischen Konsequenzen eines ethischen Utilitarismus vermieden. Auf der Ebene des ethischen Systems selbst kommt das deontologische Prinzip zu seinem Recht, während das meta-ethische Kriterium das teleologische Prinzip ins Spiel bringt, da Systeme moralischer Regeln nach ihren Konsequenzen für das menschliche Leben beurteilt werden. Sobald man die naturrechtliche These von der intuitiven Einsicht in ein der Natur inhärentes System allgemeiner Regeln aufgibt, eine These, die mit dem kritischen Rationalismus in keiner Weise vereinbar ist, bleibt wohl nur noch die Möglichkeit einer am teleologischen Gesichtspunkt orientierten Meta-Ethik übrig.

Man kann also die normative Funktion ethischer Systeme in bezug auf menschliche Handlungen und die kritische Funktion der Meta-Ethik in bezug auf ethische Systeme und ihre sozialen Objektivierungen in Institutionen aller Art, unter anderem auch im bestehenden positiven Recht, voneinander unterscheiden. Die meta-ethische Kritik eines Moralsystems muß sich, da sie die Auswirkungen zu berücksichtigen hat, weitgehend auf die Ergebnisse der Wissenschaft, vor allem auch der Sozialwissenschaften, stützen. Da das Kriterium, an dem sie orientiert ist, an tatsächlich feststellbare Beschaffenheiten des sozialen Lebens anknüpft, kann sie ohne weiteres in einer informativen Sprache formuliert werden, also ohne daß man Werturteile formuliert, ebenso übrigens, wie das bei der Kritik wissenschaftlicher Theorien geschehen kann. Es ist ein Irrtum, anzunehmen, daß eine an bestimmten angebbaren Kriterien orientierte Kritik sich unbedingt einer wertenden Sprache bedienen muß. Die Möglichkeiten einer rein informativen Sprache pflegen besonders im Bereich der sogenannten Geisteswissenschaften erheblich unterschätzt zu werden.

...

Aus all dem geht hervor, daß vom Standpunkt des kritischen Rationalismus zwischen Wissenschaft und Ethik gewisse Parallelen bestehen, was allerdings keineswegs bedeutet, daß sich die Ethik auf Wissenschaft reduzieren läßt. Diese Parallelen sind methodologischer Natur und gehen aus einer prinzipiell gleichartigen, nämlich kritischen Einstellung gegenüber beiden Arten von Aussagenzusammenhängen hervor. Wissenschaftliche Theorien und ethische Systeme haben gewissermaßen beide *hypothetischen* Charakter, sie werden also nicht als *Dogmen* angesehen und behandelt, sondern als *Vorschläge,* einerseits für die Interpretation des tatsächlichen Geschehens, andererseits für die Regulierung des tatsächlichen Verhaltens. Diese Vorschläge müssen bestimmten Kriterien genügen, wenn sie akzeptabel sein sollen, Kriterien, die in beiden Fällen nicht der Wirklichkeit zu entnehmen sind, sondern festgesetzt werden müssen. Diese Kriterien sind so beschaffen, daß sie eine *Revision* wissenschaftlicher und moralischer Auffassungen im Lichte der Erfahrung ermöglichen. Ein Unterschied besteht vor allem darin, daß es sich im einen Fall um *informative,* im anderen dagegen um *normative* Aussagen und Systeme handelt, so daß die Kriterien im ersten Fall auf den Informationsgehalt, im zweiten aber auf die Konsequenzen für das menschliche Leben bezogen sein müssen. Eine *Bewährung* kann von beiden Arten von Systemen erwartet werden, nur in verschiedener Weise. Eine Aufgabe der Philosophie kann darin gesehen werden, die Probleme zu behandeln, die mit der Festsetzung derartiger Kriterien zusammenhängen, solche Kriterien zu entwickeln und sie einer Kritik der Wissenschaft und der Ethik zugrunde zu legen. Auch solche Kriterien sind rational diskutierbar, auch sie sind als Vorschläge anzusehen, hypothetisch zu akzeptieren und unter Umständen zu revidieren, wenn Gesichtspunkte auftauchen, die eine Revision ratsam erscheinen lassen.

In einem bestimmten Sinne kann man also den kritischen Rationalismus durchaus als eine *normative* Konzeption ansehen, da er sich nicht mit Analyse begnügt, sondern konstruktive Vorschläge macht, die dazu bestimmt sind, normierend auf das Verhalten zu wirken und eine Kritik zu ermöglichen. Die Entscheidung zur Rationalität, die ihm zugrunde liegt, ist letzten Endes eine *moralische* Entscheidung höherer Ordnung, die die Grundlage für Wissenschaft und Ethik bildet.

V. KLEINE TUGENDLEHRE

Einführung

Eine angemessene Beschäftigung mit Fragen der Ethik wäre zu knapp und zu abstrakt, würde sie nur Wesen und Aufgaben der Ethik beschreiben oder die verschiedenen Grundpositionen darstellen. Was die Moralphilosophen meinen, kann man anschaulich an den von ihnen empfohlenen festen sittlichen Grundhaltungen ablesen, die man mit einem etwas verbrauchten Ausdruck „Tugenden" (Haltungen, die etwas „taugen") nennt. Meist ergibt sich die Tugendlehre der Ethiker aus ihrem systematischen Grundansatz oder aus der der Ethik zugrundeliegenden Anthropologie. Für den Unterricht wäre es reizvoll, die folgenden Beispiele daraufhin zu befragen.

Es braucht kaum angemerkt zu werden, daß die Textauswahl leicht ergänzt werden kann. Sie beansprucht weder vollständig zu sein noch auch die für den jeweiligen Autor am meisten typische Tugend herausgefunden zu haben. Das Auswahlprinzip für die angeführten Beispiele war zugleich historisch und sachlich. Einmal sollte die lange Tradition der Tugendlehre von der Antike bis zur Gegenwart sichtbar werden, zum anderen sollten möglichst viele und unterschiedliche Tugendbeschreibungen vorgestellt werden. Sie mögen die Kurse anregen, weitere Charakterisierungen von Tugenden zu versuchen. Die Schüler werden bei diesen phänomenologischen Übungen sehen, wie schwierig charakteristische Beschreibungen sind, weil für eine solche Arbeit sowohl Klarheit über die Grundauffassung notwendig ist als auch ein Blick für die Wesensgestalt der jeweiligen Tugend vorhanden sein muß. Die großen Meister der Tugendbeschreibungen wie Aristoteles (48), Thomas (51), Nietzsche (53) oder Nicolai Hartmann (54) sollten bei eigenen Versuchen helfen.

Es fällt vielleicht auf, daß die „Gerechtigkeit" in unserem Tugendkatalog (außer in 50 und 55) kaum vorkommt, wiewohl doch gerade diese Tugend von Platon und Aristoteles und von der Bibel an bis heute die meiste Aufmerksamkeit gefunden hat. Aber gerade hier war es schwer, kurze charakteristische Auszüge zu finden. Die Alternative wäre gewesen, statt der Vielzahl der hier präsentierten Tugenden den Wandel in der Auffassung von der Gerechtigkeit zu dokumentieren. Es ist daran gedacht, diese lohnende Aufgabe in einem späteren Textheft zur politischen Philosophie anzugehen.

Die Tugend der Großzügigkeit (48) steht als ein Beispiel der überragenden Tugendphänomenologie des Aristoteles, während die vier antiken Kardinaltugenden (grundlegenden Tugenden), die auch von der späteren Philosophie übernommen wurden, im Text 50 nur kurz erwähnt sind. Hilfe zur Entfaltung des Textes bieten u. a. die Texte 51 und 55. Der Hymnus des Paulus über die Liebe (49) stammt zwar nicht unmittelbar aus der philosophischen Tradition, hat aber die ethische Auffassung der späteren Jahrhunderte maßgeblich beeinflußt. Er kann mit Nietzsches Darstellung der „Fernstenliebe" (53) verglichen werden, die einmal als ein Beispiel für die Neuschöpfung einer Tugend steht, alsdann aber auch nach ihrer aktuellen Bedeutung in unserer Zeit befragt werden kann, in der die Auswirkungen des technisch-wissenschaftlich-politischen Handelns immer auch die „Fernsten" betreffen. Über die Liebe denkt auch (außer 49 und 53) Bollnow (55) nach, indem er sie mit der Gerechtigkeit vergleicht. Tapferkeit und Treue gelten heute oftmals als antiquierte Wertvorstellungen. Inwieweit diese Einstellung berechtigt ist oder nicht, mögen die Sentenzen des Thomas von Aquin (51) und Überlegungen von Nicolai Hartmann (54) erweisen. Von besonderem Interesse dürfte auch eine Analyse des Kant-Textes (52) sein, in dem seine strenge Pflichtauffassung am Beispiel der Wahrhaftigkeit vorgeführt wird. Hier kann man besonders deutlich die Konsequenzen aus seinem ethischen Ansatz (vgl. auch die Texte 10, 40 a, 66) studieren und gegebenenfalls versuchen, Gesichtspunkte für eine Kritik dieser Position zu entwickeln. Neuere Tugendlehren kommen in den beiden letzten Texten zu Wort. Dorothee Sölle (56) plädiert auf dem Hintergrund der Kritik an einigen traditionellen

Tugendvorstellungen für schöpferische und phantasievolle Tugenden, während H. Klomps (57) eine stattliche Anzahl von Tugenden des modernen Menschen aufzählt. Man kann deren Fundierung in älteren Tugendvorstellungen suchen und sich zugleich bemühen, einzelne von ihm angeführte Tugenden näher zu beschreiben und zu exemplifizieren.

48. ARISTOTELES

Die Großzügigkeit

Im Anschluß daran wollen wir nun von der Großzügigkeit sprechen. Sie gilt als die Mitte bei unserem Verhalten zu Geld und Geldeswert. Denn der Großzügige erwirbt sich die allgemeine Anerkennung nicht in den Situationen des Krieges und nicht auf demselben Gebiet wie der Besonnene, auch nicht bei Rechtsentscheidungen, sondern in Hinsicht auf das Geben und Nehmen von Geld und Geldeswert, und zwar in höherem Grade beim Geben. Mit dem Begriff „Geldeswert" bezeichnen wir alles, dessen Wert durch Geld gemessen wird.

Es gehören aber auch Verschwendungssucht und kleinliches Knausern zum Thema „Geld": sie stellen hierbei das Übermaß dar und die Unzulänglichkeit. Den Vorwurf des kleinlichen Knauserns erheben wir jeweils gegen Menschen, die mehr als billig an Geld und Geldeswert hängen. Mit dem Begriff der Verschwendungssucht aber verbinden wir manchmal mehrere Inhalte, indem wir als verschwendungssüchtig die Unbeherrschten bezeichnen und solche, die das Geld für ihre Zuchtlosigkeit verschleudern. Daher gelten denn auch diese Leute als besonders gemein, denn sie haben eine Menge schlechter Eigenschaften auf einmal in sich. Nicht im eigentlichen Sinne trifft also der Name bei ihnen zu, denn „verschwendungssüchtig" will besagen, daß jemand den einen schlechten Hang hat, sein Hab und Gut zu ruinieren. Verschwender sein bedeutet ja durch eigene Schuld zugrunde gehen, gilt ja doch das Zugrunderichten von Hab und Gut als eine Form von Selbstzerstörung, denn Besitz sichert das Leben.

So also fassen wir den Begriff der Verschwendungssucht auf. Nun kann man aber von allem, was „brauchbar" ist, einen guten und einen schlechten Gebrauch machen. Der Reichtum ist etwas „Brauchbares" und von jeglichem Ding macht der den besten Gebrauch, welcher die darauf bezügliche Trefflichkeit besitzt. Folglich wird vom Reichtum der den besten Gebrauch machen, dem treffliche Haltung gegenüber Geld und Geldeswert eignet. Und dies ist der Großzügige. Nun bedeutet aber „vom Gelde Gebrauch machen" bekanntlich soviel wie ausgeben oder schenken, während das Nehmen und Sichern mehr dem Besitzen gleichkommt. Daher ist der Großzügige mehr durch ein Schenken an der richtigen Stelle charakterisiert als durch ein Nehmen von der richtigen oder ein Nichtnehmen von der unrichtigen Stelle. Denn Trefflichkeit gibt sich mehr im Erweisen als im Empfangen einer Wohltat kund und mehr in edlem Handeln als im Vermeiden des Unedlen. Und es ist kein Zweifel, daß Geben, Wohltaten erweisen und edles Handeln einerseits – Nehmen, Wohltaten empfangen oder Unedles vermeiden andererseits – zusammengehören. Und unsere Dankbarkeit gilt dem, der gibt, nicht dem, der sich nur darauf beschränkt, nichts zu nehmen, und auch Lob wird ersterem lieber gespendet. Und nichts zu nehmen ist leichter als geben, denn schwerer fällt es dem Menschen, sich vom Eigenen zu trennen, als fremdes Gut nicht anzunehmen. Ferner gilt die Bezeichnung „großzügig“ nur dem, der gibt; wer sich dagegen nur darauf beschränkt, nichts (von anderen) zu empfangen, wird nicht in Hinsicht auf Großzügigkeit gelobt, sondern eher in Hinsicht auf Gerechtigkeit; für den aber, der nur Empfänger ist, gibt es überhaupt kein Lob. Wohl keiner von denen, die wir auf Grund von Trefflichkeit mit dem entsprechenden Prädikat versehen, genießt so hohe Zuneigung wie der Großzügige. Denn er bedeutet anderen eine Hilfe. Das aber beruht auf seiner Bereitschaft zum Geben.

49. PAULUS

Über die Liebe

Wenn ich in den Worten der Menschen redete und sänge in der Sprache der Engel und hätte keine Liebe in mir, ich wäre nur eine tönende Glocke oder eine gellende Schelle. Wenn ich Gottes Gedanken kennte und alle Geheimnisse wüßte, wenn ich alle Weisheit der Welt besäße, wenn mein Glaube die Macht hätte, Berge zu versetzen, und keine Liebe wäre in mir, so wäre ich nichts. Wenn ich mein Gut verteilte und alle Hungrigen der Welt sättigte, wenn ich für Christus ins Feuer ginge und ließe meinen Leib brennen, und es wäre keine Liebe in mir, es nützte mir nichts.

Die Liebe ist langmütig und freundlich, sie kennt keine Eifersucht, sie prahlt nicht und bläht sich nicht auf, sie achtet auf das, was sich schickt, und verletzt es nicht. Sie sucht keinen Vorteil und wird nicht bitter durch dunkle Erfahrung. Sie rechnet niemandem Böses an. Sie trauert über das Unrecht und freut sich über die Wahrheit. Sie trägt alles, sie glaubt und hofft alles. Sie beugt sich den Lasten und bleibt geduldig gebeugt.

Unvergänglich ist die Liebe.

50. HANS SEDLMAYR

Die antiken Kardinaltugenden

Als Minimum morale empfehle ich, sich der antiken Kardinaltugenden zu erinnern: prudentia (Klugheit), fortitudo (Starkmut), temperantia (Maßhalten), justitia (Gerechtigkeit). Tugenden sind kräftiger als „Werte“. Tugenden müssen ausgeübt werden oder es sind keine, bei Werten kann man sich mit dem Bewundern begnügen.
Denken Sie sich ein Leben neben, mit oder unter einem Menschen, der diese Tugenden habituell besitzt und virtuell ausübt, sei es ein Bruder, Freund, Mitarbeiter, Mitgefangener oder auch ein Vater, Lehrer, Vorgesetzter, Richter (weibliche exempla übergehe ich). Denken Sie sich dagegen ein Leben mit einem, dem diese Tugenden abgehen. Wo man die Freiheit der Wahl hat, könnte man sich jedenfalls nur für ein

Leben erster Art entscheiden. Sich ein Leben mit einem Dummen, Feigen, Maßlosen, Ungerechten zu wünschen wäre Verrücktheit.

51. THOMAS VON AQUIN

Sentenzen über die Tapferkeit

Das Lob der Tapferkeit hängt in bestimmtem Sinn von der Gerechtigkeit ab. Daher sagt Ambrosius: „Tapferkeit ohne Gerechtigkeit ist ein Hebel des Bösen."

Den Tod auf sich zu nehmen, ist nicht um seiner selbst willen zu loben, sondern einzig kraft der Hinordnung auf ein Gutes.

Nicht in Wahrheit tapfer sind jene, die um der Ehre willen Tapferes vollbringen.

Es kann geschehen, daß einer den Tod weniger fürchtet, als er ihn fürchten sollte.

Es hat den Anschein, die Tapferkeit rage hervor unter allen Tugenden. Denn Tugend ist bezogen auf das Schwere und auf das Gute. In der Tapferkeit aber geht es um das Schwerste. Also ist sie die größte unter den Tugenden. – Darauf ist zu sagen: Das Wesen der Tugend liegt mehr im Guten als im Schweren. Die Größe einer Tugend ist daher mehr zu bemessen nach dem Begriff des Guten als nach dem des Schweren.

Die Kühnsten sind jene, die in der rechten Weise auf das Göttliche bezogen sind.

Die Werke der Tapferkeit, die im Bereich des Kriegerischen liegen, sind hingeordnet auf den Sieg und auf den Frieden. Töricht nämlich wäre es, Krieg um seiner selbst willen zu führen.

Tapferkeit wirkt auf zweifache Weise: im Angriff und im Standhalten.

Das vornehmlichere Werk der Tapferkeit, vornehmlicher denn Angreifen, ist Standhalten, das ist: unbeweglich feststehen in der Gefahr.

Standhalten schließt zwar eine erleidende Haltung des Körpers in sich, aber auch die Tat der Seele, die mit aller Kraft im Guten beharrt, woraus entspringt, daß sie dem körperlichen Leiden, das schon über sie hereinbricht, nicht nachgibt.

Standhalten ist schwerer als Angreifen. Und das aus dreifachem Grunde: Erstens: wer standhält, der steht, so scheint es, gegen einen überlegenen Angreifer; wer aber angreift, der geht selber vor auf die Weise des Stärkeren: es ist aber schwerer, gegen einen Stärkeren zu kämpfen als gegen einen Schwächeren. Zweitens: wer standhält, der spürt die Gefahr schon als gegenwärtig, wer aber angreift, für den ist sie noch in der Zukunft; es ist jedoch schwerer, vom Gegenwärtigen nicht erschüttert zu werden als vom Künftigen. Drittens: Standhalten schließt zeitliche Dauer ein, angreifen indes kann einer aus plötzlichem Antrieb; es ist aber schwerer, lange unerschüttert zu verharren als in plötzlicher Bewegung auf ein steiles Ziel loszugehen.

Wer tapfer ist, der ist auch geduldig.

Geduld ist in der Tapferkeit eingeschlossen. Denn was dem Geduldigen eigen ist: nicht verwirrt zu werden durch drohende Übel, das besitzt auch der Tapfere. Er aber fügt noch ein Weiteres hinzu, daß er nämlich, wenn es sein muß, dem drohenden Übel zu Leibe geht.

Geduldig heißt einer nicht schon deswegen, weil er das Übel nicht flieht, sondern deswegen, weil er sich im Ertragen eines gegenwärtigen Übels ehrenvoll hält, das heißt, daß er sich um deswillen nicht wider die Ordnung betrübe.

52. IMMANUEL KANT

Unbedingte Pflicht zur Wahrhaftigkeit

In der Schrift: Frankreich, im Jahr 1797, Sechstes Stück, Nr. I: Von den politischen Gegenwirkungen, von Benjamin Constant, ist folgendes S. 123 enthalten: „Der sittliche Grundsatz, es sei eine Pflicht, die Wahrheit zu sagen, würde, wenn man ihn unbedingt und vereinzelt nähme, jede Gesellschaft zur Unmöglichkeit machen. Den Beweis davon haben wir in den sehr unmittelbaren Folgerungen, die ein deutscher Philosoph aus diesem Grundsatz gezogen hat, der so weit geht zu behaupten: daß die Lüge gegen einen Mörder, der uns fragte, ob unser von ihm verfolgter Freund sich nicht in unser Haus geflüchtet, ein Verbrechen sein würde."
Der französische Philosoph widerlegt S. 124 diesen Grundsatz auf folgende Art: „Es ist eine Pflicht, die Wahrheit zu sagen, aber nur gegen denjenigen, welcher ein Recht auf die Wahrheit hat. Kein Mensch aber hat Recht auf eine Wahrheit, die anderen schadet."

...

Die Lüge, bloß als vorsätzlich unwahre Deklaration gegen einen anderen Menschen definiert, bedarf nicht des Zusatzes, daß sie einem anderen schaden müsse. ... Denn sie schadet jederzeit einem anderen, wenngleich nicht einem anderen Menschen, doch der Menschheit überhaupt, indem sie die Rechtsquelle unbrauchbar macht.

...

Hast du nämlich einen eben jetzt mit Mordsucht Umgehenden durch eine Lüge an der Tat verhindert, so bist du für alle Folgen, die daraus entspringen möchten, auf rechtliche Art verantwortlich. Bist du aber strenge bei der Wahrheit geblieben, so kann dir die öffentliche Gerechtigkeit nichts anhaben; die unvorhergesehene Folge mag sein, welche sie wolle. Es ist doch möglich, daß, nach dem du dem Mörder auf die Frage, ob der von ihm Angefeindete zu Hause sei, ehrlicherweise mit Ja geantwortet hast, dieser doch unbemerkt ausgegangen ist und so dem Mörder nicht in den Wurf gekommen, die Tat also nicht geschehen wäre; hast du aber gelogen und gesagt, er sei nicht zu Hause, und er ist auch wirklich, (obzwar dir unbewußt), ausgegangen, wo denn der Mörder ihm im Weggehen begegnete und seine Tat an ihm verübte: so kannst du mit Recht als der Urheber des Todes desselben angeklagt werden. Denn hättest du die Wahrheit, so gut du sie wußtest, gesagt: so wäre vielleicht der Mörder über dem Nachsuchen seines Feindes im Hause von herbeigelaufenen Nachbarn ergriffen und die Tat verhindert worden. Wer also lügt, so gutmütig er dabei auch gesinnt sein mag, muß die Folgen davon, selbst vor dem bürgerlichen Gerichtshof, verantworten und dafür büßen, so unvorhergesehen sie auch immer sein mögen: weil Wahrhaftigkeit eine Pflicht ist, die als Basis aller auf Vertrag zu gründenden Pflichten angesehen werden muß, deren Gesetz, wenn man ihr auch nur die geringste Ausnahme einräumt, schwankend und unnütz gemacht wird.

Es ist also ein heiliges, unbedingt gebietendes, durch keine Konvenienzen einzuschränkendes Vernunftgebot: in allen Erklärungen wahrhaft (ehrlich) zu sein.

...

Aus seinem Rechte, von einem anderen zu fordern, daß er ihm zum Vorteile lügen solle, würde ein aller Gesetzmäßigkeit widerstreitender Anspruch folgen. Jeder Mensch aber hat nicht allein ein Recht, sondern sogar die strengste Pflicht zur Wahrhaftigkeit in Aussagen, die er nicht umgehen kann: sie mag ihm nun selbst oder anderen schaden. Er selbst tut also hiemit dem, der dadurch leidet, eigentlich nicht Schaden, sondern dies verursacht der Zufall. Denn jener ist hierin gar nicht frei, um zu wählen: weil die Wahrhaftigkeit (wenn er einmal sprechen muß) unbedingte Pflicht ist.

53. FRIEDRICH NIETZSCHE

Von der Fernstenliebe

Ihr drängt euch um den Nächsten und habt schöne Worte dafür. Aber ich sage euch: eure Nächstenliebe ist eure schlechte Liebe zu euch selber.

Ihr flüchtet zum Nächsten vor euch selber und möchtet euch daraus eine Tugend machen: aber ich durchschaue euer „Selbstloses".

Das Du ist älter als das Ich: das Du ist heiliggesprochen, aber noch nicht das Ich: so drängt sich der Mensch hin zum Nächsten.

Rate ich euch zur Nächstenliebe? Lieber noch rate ich euch zur Nächsten-Flucht und zur Fernsten-Liebe!

Höher als die Liebe zum Nächsten steht die Liebe zum Fernsten und Künftigen:

Die Ferneren sind es, welche eure Liebe zum Nächsten bezahlen; und schon wenn ihr zu fünfen miteinander seid, muß immer ein sechster sterben.

Ich liebe auch eure Feste nicht: zu viel Schauspieler fand ich dabei, und auch die Zuschauer gebärdeten sich oft gleich Schauspielern.

Nicht den Nächsten lehre ich euch, sondern den Freund. Der Freund sei euch das Fest der Erde und ein Vorgefühl des Übermenschen.

Ich lehre euch den Freund und sein übervolles Herz. Aber man muß verstehn, ein Schwamm zu sein, wenn man von übervollen Herzen geliebt sein will.

Ich lehre euch den Freund, in dem die Welt fertig dasteht, eine Schale des Guten, – den schaffenden Freund, der immer eine fertige Welt zu verschenken hat.

Und wie ihm die Welt auseinanderrollte, so rollt sie ihm wieder in Ringen zusammen, als das Werden des Guten durch das Böse, als das Werden der Zwecke aus dem Zufalle.

Die Zukunft und das Fernste sei dir die Ursache deines Heute: in deinem Freunde sollst du den Übermenschen als deine Ursache lieben.

Meine Brüder, zur Nächstenliebe rate ich euch nicht: ich rate euch zur Fernsten-Liebe.

–

Also sprach Zarathustra.

54. NICOLAI HARTMANN

Das Ethos der Treue

Die Treue ist nicht beschränkt auf das Halten von Versprechen und Vertrag. Ihr Feld ist ein weiteres. Es gibt Verpflichtung, die ohne gegebenes Wort besteht; die wenigsten festen menschlichen Beziehungen, im Verlaß auf die der Einzelne lebt, beruhen auf ausdrücklich geschlossenem Vertrage. Stillschweigend erkennt ein jeder eine Menge von Ansprüchen fremder Personen an, soweit wenigstens auch er sie an Andere stellt.

Aber darüber hinaus erstreckt sich die Treue auf die Gesinnung selbst. Der Wechsel der Gesinnung selbst ist Untreue. Im Grunde nämlich ist es so, daß jede bekundete Gesinnung – z. B. jedes bezeigte Wohlwollen, jede erwiesene Liebe – die Anwartschaft der Dauer in sich trägt, sowohl objektiv in ihrem Sinn und Wesen, als auch subjektiv im Empfinden dessen, dem sie erzeigt wird. Sympathie, Freundschaft, Liebe, die nur Augenblicksstimmung ist, trägt den Stempel der Unechtheit und ist des Namens nicht wert. Unechte, flatterhafte Gesinnung täuscht die Person, der sie gilt, genau in derselben Weise wie ein leichtfertig gegebenes, schnell vergessenes Versprechen. Schon die äußeren Symbole und Zeichen der Liebe haben etwas Bindendes, Heiliges, Unverbrüchlichkeit Heischendes. Es ist sinnwidrig, einem seine Freundschaft oder Liebe zu schenken, um das Geschenk bei nächster Gelegenheit wieder zurückzunehmen. Alle empfundene und erwiesene Liebe hat schon in Wahrheit den Charakter eines Versprechens: sie ist ihrem Wesen nach voller Verheißung, und so erweckt sie berechtigte Hoffnung. Darum ist Treue das Kriterium echter Gesinnung. Der Ungetreue mißachtet das mit der Tat gegebene Versprechen. Der Getreue ist der, der die sittliche Identität seiner Person in der Konstanz seiner Gesinnung bewährt. Solche Bewährung erstreckt sich als moralische Forderung auf alle menschlichen Beziehungen, von den äußerlichsten und vitalsten bis zu den innerlichsten und unwägbarsten. Das Ethos der Treue ist das der Beharrung aller Gesinnung überhaupt. Auf seinem Wert beruht die Heiligkeit der vielbesungenen altgermanischen Mannestreue, nicht anders als die des persönlich-intimen Vertrauensverhältnisses; gegen diesen Wert verstößt der äußere Abfall oder Verrat wie der verborgene Vertrauensbruch. Die Treue erstreckt sich auf alles, wofür menschliche Willensintention sich einsetzen kann. Man kann auch einem Ziel, einer „Sache“ treu oder untreu sein. Und auch der „Sache“ gegenüber ist Untreue moralische Minderwertigkeit, Gesinnungskonstanz aber ein Zeichen sittlicher Vollwertigkeit und Festigung, und zwar (wie die Tapferkeit) unabhängig vom Wert der Sache. An der Person aber, die sich auf bekundete Gesinnung verläßt, ist Untreue sittliches Verbrechen. Hier hat sie immer etwas vom Charakter des Vertrauensbruchs.

Das Ethos der Treue ist im Grunde die Beharrungskraft der Person.

...

Alle Treue ist, weil sie als Kontinuität der Gesinnung zugleich Beharrung der Person ist, letzten Endes Treue gegen sich selbst, alle Untreue – Untreue gegen sich selbst.

55. OTTO FRIEDRICH BOLLNOW

Gerechtigkeit und Liebe

Bei *Platon* ist die Gerechtigkeit bekanntlich die oberste unter seinen schon mehrfach in den Blick gekommenen vier Kardinaltugenden und damit die oberste Tugend überhaupt. Über die mittelalterliche Tradition, insbesondere über die Aufnahme bei Thomas von Aquino, hat sie auch in der christlichen Überlieferung ihre Vorrangstellung gewahrt, hier natürlich eingeschränkt auf den Bereich der sogenannten natürlichen Tugenden. So pflegt man es auch heute noch fraglos hinzunehmen, wenn von der Gerechtigkeit als der obersten Tugend gesprochen wird.

...

Die Gerechtigkeit bezieht sich immer auf das Verhältnis zweier miteinander streitender oder miteinander rivalisierender Parteien, zu denen sich der Gerechte in einer bestimmten Weise verhält. Das aber bedeutet zugleich: Es gibt eine bestimmte gesellschaftliche Funktion und einen bestimmten, durch diese Funktion gekennzeichneten Stand, nämlich den Richterstand, dem die Ausübung der Gerechtigkeit in besonderer Weise zugeordnet ist. Die Gerechtigkeit ist also die besondere Standestugend des Richters. Der Richter ist gerecht, insofern er im Prozeß die Rechte der beiden streitenden Parteien in richtiger Weise gegeneinander abzuwägen versteht. (Von der „strafenden Gerechtigkeit" sehen wir im Augenblick ab, obgleich auch sie hier einzufügen keine besonderen Schwierigkeiten machen würde). Dabei ist der Richter in einer andern Weise gerecht, als er etwa besonnen oder tapfer ist; denn die „Tugend" der Gerechtigkeit betrifft ihn nicht wie diese andern allgemein als Menschen, sondern in seiner besonderen Amtsfunktion als Richter.
Zwar können auch andre Menschen gerecht sein, aber das ist jedesmal nur möglich, insofern sie sich in einer der richterlichen analogen Situation befinden. So ist der Vorgesetzte gerecht, insofern er keinen seiner Untergebenen dem andern gegenüber vorzieht oder zurückstellt. In einem ähnlichen Sinn kann der Lehrer gegenüber seinen Schülern, der Vater gegenüber seinen Kindern gerecht oder ungerecht sein. Vom gerechten Richter oder Lehrer usw. wird verlangt, daß er sich von keiner persönlichen Zu- oder Abneigung beeinflussen läßt, sondern alle mit gleicher Sorgfalt behandelt. Die Unparteilichkeit ist die unentbehrliche Voraussetzung für die Gerechtigkeit. Auch in den zahlreichen mittelalterlichen Standbildern, die als Ausdruck der städtischen Gerichtshoheit auf den Marktplätzen aufgestellt wurden, trägt die allegorische Figur der justitia neben der Waage als dem Zeichen des sorgfältigen Abwägens und dem Schwert als dem der strafenden Macht die Binde vor den Augen, als Zeichen dessen, daß die reine Gerechtigkeit ihren Spruch „ohne Ansehen der Person" fällt.
Der Richtende muß dabei selber außerhalb des unmittelbaren Lebens mit seinen Interessenverflechtungen und seinen gefühlsmäßigen Bindungen stehen. Daher gibt es die Möglichkeit, das Richteramt wegen „Befangenheit" abzulehnen, wo der Richtende zugleich mit persönlichen Bindungen in den Streitfall verflochten ist. Der Richtende steht selber außerhalb des Lebens. Um das zu ermöglichen, ist die Unabhängigkeit des Richterstandes so ungeheuer wichtig. Aber in dieser Ferne zum

Leben liegt zugleich die Kühle. Der Richtende darf sich durch kein warmes Gefühl, kein Mitleid beispielsweise, in seinem Amt beeinflussen lassen. Darin liegt zugleich die eigentümliche Gefahr der Gerechtigkeit.

...

Die Gerechtigkeit ist kalt, aber die Liebe ist warm. Die Gerechtigkeit gibt dem Menschen nur das, worauf er ein „Recht" hat und was er fordern kann, aber die Liebe geht darüber hinaus. Sie fragt nicht, was der andre „verdient" hat, sondern sie geht in sich verschwendender Weise darüber hinaus. Sie ist „schenkende Tugend". Darum ist auch die Liebe die sehr viel tiefer greifende Beziehung, die den Menschen in seinem innersten Kern ergreift. Die Gerechtigkeit dagegen ist unpersönlich. Sie beansprucht den Menschen nur in einer bestimmten Funktion, ja ihr Wesen beruht darauf, daß sie ihn nur in dieser Funktion beanspruchen darf. Die Gerechtigkeit kann von daher gradezu etwas Unnatürliches und Unmenschliches bekommen. Wir bewundern in der römischen Sage den Vater, der die ganze Strenge des Gesetzes gegen den eignen Sohn anwendet, aber wir erschaudern zugleich vor dieser Unmenschlichkeit. Uns ist nicht ganz wohl bei dieser so weit getriebenen Gerechtigkeit.

Überhaupt kann die Gerechtigkeit leicht etwas eigentümlich Abstraktes und Lebensfernes annehmen. Das *fiat justitia, pereat mundus* zeigt die Gefahr des reinen Verstandesprinzips, das sich in verstiegener Anwendung sogar gegen das Leben selber richten kann.

56. DOROTHEE SÖLLE

Tugenden der Phantasie

In der Geschichte der Philosophie gibt es einen alten Streit zwischen denen, die von Tugenden und Pflichten, und denen, die vom Glück der Menschen ausgehen.[1] Der Streit ist, wie es sich für philosophische Probleme gehört, nie beigelegt worden, erst die Praxis, die in einer sich selbst bestimmenden Gesellschaft möglich werden kann, könnte ihn entscheiden. Zumindest kann man sich eine Gesellschaft vorstellen, in der diese Frage nicht von einigen für die meisten vorweg entschieden wird, sondern in der der einzelne selber darüber bestimmt, wie er Tugend übt. Dann wird sich herausstellen, wie problematisch und zerstörerisch es ist, einer vorbestimmten Gruppe von Menschen Gehorsam abzuverlangen, der zuvor durch fixierte Konstellationen nötig gemacht worden ist. Das Schema, in dem da gedacht wird, schreibt den Kindern den Gehorsam, den Jugendlichen die Enthaltsamkeit, den Frauen die Selbstlosigkeit und den Männern den angestrengten Leistungswillen vor. Aber der Mensch muß die Art seiner Tugend aus seiner eigenen Situation selber finden können, und er muß Einfluß auf die Situationen haben, er muß sie mitbestimmen können. Spontaneität, Mitbestimmung, Freiheit sind Bedingung jeder Tugend, die überhaupt das Reich des Tieres, nämlich der Notwendigkeit und der Dressur, verlassen hat.

[1] Vgl. zu dieser Überlegung die Texte von Kap. IV.

Die psychische Grundlage der neueren Tugenden ist dann nicht mehr der Gehorsam, der sich an Normen mißt, der die Schwierigkeiten einer Situation auf sich nimmt, die Ordnung hält und erträgt, was zu ertragen ist, sondern die Phantasie. Sie ist die Mutter der Tugenden von morgen. Jahrhundertelang ist es in der Familie der Tugenden so ähnlich zugegangen wie in den besten Ehen, die das bisherige System der Gesellschaft hervorgebracht hat; damit das Leben erträglich wurde, mußten die Frauen ihre Männer immer wieder überlisten. So hat auch die Phantasie den Vater Gehorsam immer wieder überlistet, um wenigstens für Augenblicke menschliche Verhältnisse herzustellen. Heute, da der Gehorsam mit der Herrschaft der Väter abdankt, kann die Phantasie mit ihren Kindern ein besseres Reich begründen, weil ihre Energien sich nicht mehr mit der Überlistung aufhalten müssen. Freigeworden, stürzen sie sich in das Abenteuer der Tugend von morgen: die Erfindung von neuem, anderem Glück. Phantasie ist ins Gelingen verliebt, sie läßt sich etwas einfallen. Sie sprengt den Zwangsmechanismus von Leuten, die sich opfern, und Leuten, die Opfer annehmen müssen. Sie infiziert ihre Umgebung mit Glück.

Es ist ein ethisches System denkbar, in dem alle Tugenden, die unsere Phantasie nicht brauchen, überflüssig werden. Der Gehorsam wird abgelöst. Ordnung, Pünktlichkeit, Sauberkeit, Sparsamkeit und Fleiß – um nur einige Gehorsamstugenden zu nennen – werden nur noch dort Sinn haben, wo sie im Dienst der Einfühlung in den anderen Menschen stehen. Pünktlichkeit gilt nicht als solche für gut, aber die Phantasie weiß, wie Unpünktlichkeit in bestimmten Situationen verletzen kann. Unordnung ist kein Unglück, aber sie kann unsere Spannkraft und Wachheit störend aufhalten. Sie kann Zeit fortnehmen, ja sie kann das Strahlende, das ein Mensch haben kann, verdunkeln.

Es ist ein ethisches System denkbar, in dem sich alle Tugenden auf Phantasie gründen. Ich nenne einige dieser neuen Tugenden, die gerade für das nahe Zusammenleben der Menschen im privaten Bereich wichtig werden: die Toleranz und der Humor, der gerechte Zorn und die Einfühlung, die Initiative und die Beharrlichkeit einer produktiven Vorstellungskraft....

Die Phantasie ist das „know how", das „gewußt wie" der Liebe, sie geht nicht schlafen, bevor ihr nicht etwas eingefallen ist, sie ist unerschöpflich im Erfinden besserer Wege. Sie ist produktive Unendlichkeit für andere.

57. HEINRICH KLOMPS

Tugenden der modernen Menschen

Kürzlich hat Professor Heinrich Klomps von der Universität Köln einen Katalog derjenigen Eigenschaften zusammengestellt, die anzustreben sind, weil sie sittliche Tüchtigkeit, sittlich-soziale Tauglichkeit kennzeichnen. Er nennt sie „moderne Tugenden", da das Wort „Tugend" – ehe es rührselig-pathetisch verfärbt wurde – „Tauglichkeit" meinte. Diese Liste von zwanzig Eigenschaften sei hier als positive Ausdeutung der Zehn Gebote angeführt:

1. Verantwortungsbewußtsein; gekoppelt mit der Bereitschaft, Verantwortung zu übernehmen

2. Toleranz (das ist Wahrheitsliebe und Wahrung der Nächstenliebe)
3. Friedensliebe, Bereitschaft zum Kompromiß und – dann notwendigerweise – auch zum Verzicht
4. Sachlichkeit (rechter Umgang mit Sachen und Sachverhalten als moderne Form der Frömmigkeit)
5. Aufgeschlossenheit (das ist Streben nach geistigem Jungbleiben)
6. Vorurteilslosigkeit
7. Ehrfurcht
8. Tapferkeit; d. h. Eintreten für die eigene Überzeugung oder für den Schwächeren, dem Unrecht geschieht, ohne sich von Mächtigeren einschüchtern zu lassen
9. Kollegialität (gute Zusammenarbeit unter Zurückstellung persönlicher Ambitionen und gleichberechtigtes Verantwortlichsein gegenüber einer gemeinsam zu leistenden Aufgabe im Beruf)
10. Geselligkeit (Kultivierung von Freizeit und Kurzweil statt Zeitvertreib, Griesgrämigkeit oder Possenreißertum)
11. Diskretion (kluge Zurückhaltung im Reden und vor der Privatsphäre jedes anderen)
12. Wiedergutmachung (Mitwirken an der Beseitigung von Schuldfolgen)
13. Mitfreude als notwendige Ergänzung des Mitleids
14. Freundlichkeit (= Ansprechbarkeit)
15. Gelassenheit (verstanden als temperamentvolle innere Freiheit gegenüber dem Sog der Realität)
16. Dankbarkeit (als freiwillige personale Antwort auf verpflichtungsfreies Helfen und Geben, wozu auch freies Bitten gehört)
17. Zuverlässigkeit (versachlichte Treue)
18. Selbstbeherrschung
19. Geduld (nach innen verlegte Tapferkeit)
20. Demut (verstanden als wache Dienstbereitschaft).

VI. ANALYSE ETHISCHER BEGRIFFE, URTEILE UND ARGUMENTE

Einführung

Nachdem in den voraufgegangenen Kapiteln III bis V neben Wesens- und Aufgabenbestimmungen der Ethik verschiedene ethische Positionen und Forderungen sowie verschiedene Analysen und Begründungen ethischer Verhaltensweisen zur Sprache gekommen sind, sollen in diesem Kapitel Begriffe, Aussagen und Argumentationsweisen der Ethik zum Gegenstand der Reflexion werden. Zugrunde liegen demnach Fragen wie: Was ist eigentlich gut? Wie verwenden wir das Wort „gut"? Was ist charakteristisch für ethische Urteile? Wodurch unterscheiden sie sich von anderen Urteilen oder anderen normativen Aussagen? Wie werden ethische Forderungen begründet? Welche logisch richtigen Folgerungen kann man aus ethischen Urteilen ziehen? etc.
Soweit solche Fragen die sprachliche und logische Form ethischer Aussagen betreffen, gehören sie zur sogenannten Meta-Ethik, die nicht selbst ethische Behauptungen und Forderungen aufstellen will, sondern stattdessen über die Logik und Sprache der Ethik reflektiert und so die ethischen Theorien auf einer nicht-moralischen Ebene zu hinterfragen sucht (meta (griechisch) = hinter, über; analoge Wortbildung: Sprache – Metasprache (= Sprache über die Sprache)). Die Meta-Ethik ist im 20. Jahrhundert vor allem im anglo-amerikanischen Sprachraum entwickelt worden und steht unter dem Einfluß bzw. ist ein Teilgebiet der sprachanalytischen Philosophie, welche im wesentlichen dadurch charakterisiert ist, daß sie die philosophischen Probleme durch Analyse der Sprache, in der diese Probleme formuliert sind, zu lösen, besser gesagt: aufzulösen versucht (vgl. auch T. 36). Es scheint jedoch vielen Philosophen zweifelhaft, ob eine solche wertfreie Analyse ethischer Aussagen möglich ist; sie vertreten vielmehr die Meinung, daß auch bei rein sprachlichen und logischen Analysen ethische Vorentscheidungen einfließen, besonders bei der Abgrenzung ethischer Normen von anderen Normen (s. u. Erläuterung zu T. 70).
Einige der folgenden Texte (62, 69, 71, 72, 73, 76, 77) stellen in diesem Sinne logische und sprachliche Analysen ethischer Sachverhalte dar, und ihre Autoren werden zum Teil (Ayer, Hare, Moore) ausdrücklich als Vertreter der Meta-Ethik angesehen, wobei der Meta-Ethik, auch Analytische Ethik genannt, innerhalb der ethischen Positionen eine eigene Position zugewiesen wird. Man kann dieses Kapitel daher auch teilweise als zu Kapitel IV (Positionen der Ethik) gehörig betrachten, doch finden sich in den ethischen Schriften aller Zeiten Reflexionen über Natur und Struktur ethischer Begriffe, Urteile und Argumentationen, auch aus logisch-sprachlicher Sicht, so daß bei Hinzunahme solcher Texte ein eigenes Kapitel außerhalb der Aufzählung der Positionen gerechtfertigt erscheint.
Im ersten Text (58) wird noch einmal die Unterscheidung zwischen Ethik und Metaethik deutlich gemacht und an einem Beispiel dargelegt: Gegenstand der Ethik sind Handlungen (vgl. T. 31–33), Gegenstand der Metaethik sind die Urteile über Handlungen und deren Begründungen. Der darauffolgende Abschnitt (59–69) betrifft den Begriff bzw. das Wort „gut" als Beispiel eines fundamentalen ethischen Begriffs. Verschiedene Wortanalysen bzw. Begriffs- und Wesensbestimmungen werden vorgestellt. In Text 59 werden einige Meinungen hierzu locker aneinandergereiht; sie haben motivierende Funktion und können beispielsweise als Ausgangspunkt für die folgenden systematischeren Texte zu diesem Problemkreis dienen. Text 60 zeigt an einer Reihe von Beispielen, die beliebig erweitert werden könnte, wie vielfältig das Wort „gut" verwendet wird; eine reizvolle Aufgabe scheint hier zu sein, die jeweilige Bedeutung des Wortes zu bestimmen. Die Vielfalt der Bedeutungen von „gut" zeigt auch, daß dieses Prädikat in fast allen Lebensbereichen verwendet wird, so daß man sich an Platons These erinnert fühlt, die Idee des Guten sei die höchste Spitze der Begriffspyramide, des Ideenreichs und durchwirke somit die

ganze Welt der Erfahrung. – Es folgen (61) ein paar Bemerkungen zur Etymologie von „gut". Text 62 des Sprachanalytikers Hare zerlegt die Bedeutung des Wortes „gut" in zwei logisch verschiedene Komponenten, nämlich in einen beschreibenden Anteil, der den Sachgehalt von „gut" betrifft, und in einen auszeichnenden Anteil, der den Wertcharakter der Eigenschaft gut ausmacht; bezeichnet man nun jemanden als gut, so handelt es sich dabei um mehr als nur um eine sachliche Beschreibung, nämlich um ein Werturteil, eine moralische Aussage und damit um etwas logisch ganz anderes. – Nietzsche (63) bestimmt „gut" als „vornehm" und „edel" im Gegensatz zu „pöbelhaft" und „gemein" – eine Bestimmung, die auch in Text 61 erwähnt wird; diese Bestimmung von „gut" ist wesentlich für Nietzsches Moralauffassung (vgl. T. 30). Eine Relativierung dessen, was gut ist, bringen die nächsten beiden Texte, jedoch einmal bezüglich des Individuums (64), einmal bezüglich der Gesellschaft (65). Drei berühmte Wesensbestimmungen von gut finden sich in den folgenden Texten: gut als Eigenschaft allein des Willens, nicht des Charakters, der Talente o. ä. (66; vgl. T. 40); gut als eine Seinsbeschaffenheit, als eine besondere Qualität bestimmter Gegenstände – entsprechend schlecht als Seinsmangel (67, vgl. T. 59); und schließlich die Bestimmung von gut (und allgemein jeden Wertes) als einer unabhängig von den Dingen bestehenden Gegebenheit (68; vgl. T. 74). – Die Sammlung dieser Wort- bzw. Wesensbestimmungen von „gut" kann natürlich beliebig erweitert werden. Viele der hier wiedergegebenen Bestimmungen resultieren aus bestimmten ethischen Positionen, wie denn auch einige Texte aus Kapitel IV (Positionen der Ethik) Bestimmungen von „gut" geben (z.B. 41, 42, 44). Den Beschluß bildet Moores These, daß „gut" ein Grundbegriff ist und ebensowenig definiert werden kann wie beispielsweise der Begriff „gelb" (69).
In der nächsten Textgruppe (70–75) werden einige wichtige Charakteristika ethischer Urteile und Normen genannt. Hoerster versucht in Text 70 eine Abgrenzung der ethischen Normen von anderen Normen. Es sei aber erwähnt, daß ein solcher Abgrenzungsversuch nicht unumstritten ist und daß er von einigen Philosophen als unmöglich angesehen wird, weil in die Abgrenzung Vorentscheidungen über das, was moralisch gut und böse ist, einfließen. – Die folgenden fünf Texte versuchen, solche moralischen Urteile zu charakterisieren, in denen gewisse Handlungen gebilligt bzw. Handlungen wie Geldstehlen, Morden, Betrügen, jemandes Vertrauen brechen mißbilligt werden. Diese Charakterisierung ist sehr unterschiedlich: Ayer sieht darin bloß den Ausdruck eines individuellen Gefühls wie Abscheu oder Entsetzen (71); Geiger interpretiert solche Urteile als Ausdruck gesellschaftlicher Billigung / Mißbilligung (72); Kraft betont, daß es sich dabei nicht bloß um ein wahres oder falsches Tatsachenurteil handelt, sondern um eine allgemein gültige oder nicht gültige Anweisung oder Aufforderung zu einer Stellungnahme zu einem Tatbestand oder einer Handlung (73; vgl. T. 62); Scheler (74) und dann auch Hartmann (75) vertreten demgegenüber den Standpunkt, daß solche Urteile Werte und Wertbeziehungen erfassen, die in den Handlungen und Gegenständen liegen und objektiv (unabhängig vom urteilenden Subjekt) gegeben sind; solche Urteile sind insofern vergleichbar mathematischen Gesetzen, die ebenfalls objektiv nachprüfbare und für sich bestehende Sachverhalte behaupten (vgl. T. 34 und T. 68).
Der letzte Teil dieses Kapitels beschäftigt sich mit den Argumentationsweisen bei der ethischen Begründung und Rechtfertigung von Handlungen. Text 76 diskutiert das berühmte Argument, ein bestimmtes Tun sei deshalb schlecht, weil die Folgen verheerend wären, falls das jeder täte. Dieses „Argument der Verallgemeinerung" liegt in gewisser Weise auch Kants „kategorischem Imperativ" zugrunde (10, 40 c; vgl. T. 52). Hare in Text 77 behauptet, daß zwei Merkmale moralischer Urteile beim moralischen Begründen eine wesentliche Rolle spielen: Universalisierbarkeit und Präskriptivität (Allgemeinheitscharakter und Vorschriftscharakter (vgl. Fußnoten 1 und 2 zu T. 62); hinzukommen Tatsachenfeststellungen und Neigungen. – Durch keinen Text belegt, aber dennoch hinzugefügt werden soll hier die bekannte Grundregel logischen Schliessens bei Sollenssätzen (Normen): einen Sollenssatz kann man nur aus einer solchen Menge von Sätzen herleiten (deduzieren), die selbst wieder wenigstens einen Sollenssatz enthält; anders ausgedrückt: aus bloßen Tatsachenfeststellungen kann man keine Entscheidungen und Normen folgern, Tatsachen an sich sagen noch nicht, was man tun soll (vgl. T. 36).

A. DIE UNTERSCHEIDUNG ZWISCHEN ETHIK UND METAETHIK

58. NORBERT HOERSTER

Gegenstand der Metaethik sind Urteile über Handlungen

Das Problem der Begründung oder Rechtfertigung von Moral – von moralischen Verhaltensweisen, Einstellungen, Urteilen – wurde nicht von Philosophen erfunden: Es ist ein Problem, mit dem wir alle fast täglich im Alltag konfrontiert werden. Bin ich in einer bestimmten Situation berechtigt zu lügen? Ist Ehebruch ausnahmslos moralisch verboten? Nach welchen Gesichtspunkten sollen wir unsere Kinder erziehen? War das Eingreifen der Amerikaner in Südostasien moralisch vertretbar oder gar moralisch geboten? Ist es gerechtfertigt, Menschen unter bestimmten Voraussetzungen zu bestrafen; oder verdienen Kriminelle vielmehr – wie Kranke – eine Heilbehandlung? Ist es jemals richtig, daß der Zweck die Mittel heiligt? – Solche und ähnliche Fragen lassen sich mit einem einfachen Ja oder Nein oder mit einem lapidaren Satz nicht zufriedenstellend beantworten. Zufriedenstellend ist eine Antwort auf sie nur dann, wenn wir diese Antwort als stichhaltig, begründet, gerechtfertigt betrachten können.

Die Antworten, die wir in unseren moralischen Alltagsüberlegungen und -argumentationen geben, werden diesem Erfordernis lediglich mehr oder weniger gerecht und können insofern auch nur bis zu einem gewissen Grade zufriedenstellen. Gewöhnlich haben wir weder genug Zeit noch die Ausbildung und das Wissen, um bis zur letztmöglichen Begründung unserer Auffassungen vorzudringen. Das zu tun, ist die Aufgabe der Ethik; sie versucht, die letzten Begründungsprinzipien des moralisch Richtigen und Guten zu ermitteln. Außerdem analysiert und korrigiert sie die *Methoden*, die unser Begründungs- und Problemlösungsverhalten im Bereich moralischer Reflexion und Argumentation kennzeichnen. Wir werden sogleich sehen, daß diese beiden Funktionen der Moralphilosophie im Rahmen des Problems der Begründung moralischer Urteile zwar nicht beziehungslos nebeneinanderstehen, aber doch verschiedenen Ebenen angehören.

Die Funktion, die obersten Prinzipien des moralisch (sittlich) Richtigen und Guten zu ermitteln, macht den Bereich der *normativen Ethik* aus. Wir möchten wissen, was letztlich richtig oder unrichtig, gut oder schlecht ist, das heißt was uns als letztes Kriterium unseres Verhaltens im moralischen Bereich dienen kann: Wir suchen nach den grundlegenden Normen menschlichen Verhaltens. Die normative Ethik ist somit eine Theorie, die *Normen* aufstellt und deren Gegenstand *Handlungen* sind. Anders verhält es sich mit jener weiteren Funktion der Ethik, die Begründungs- und Rechtfertigungsmethoden moralischer Urteile zu diskutieren. Sie fällt in den Bereich der *Metaethik*, die gegenüber der normativen Ethik auf einer logisch höheren Ebene (einer Metaebene) liegt. Gegenstand der Metaethik sind nicht Handlungen, sondern *Urteile über* Handlungen – und zwar jene normativen Urteile moralischen Inhalts, die wir im Alltag oder in der normativen Ethik abgeben. Die Metaethik untersucht die Frage, welche Bedingungen erfüllt sein müssen, damit ein normativ-moralisches Urteil (mehr oder weniger grundlegender Natur) als gerechtfertigt gelten kann.

Machen wir uns den Unterschied zwischen normativer Ethik und Metaethik an einem Beispiel klar. Angenommen, A möchte sich von seiner Frau scheiden lassen, um seine Sekretärin zu heiraten. B, ein Freund des A, macht ihm deshalb Vorhaltungen; er hält A's Schritt für moralisch falsch. B macht sich also das moralische Urteil zu eigen: „A sollte sich nicht scheiden lassen". Im Zuge der von A geforderten Begründung dieses Urteils könnte B früher oder später (je nach seiner moralischen Grundüberzeugung) etwa die folgenden Sätze ins Treffen führen:

(1) „Wenn du dich scheiden läßt, versündigst du dich; nach dem Willen Gottes darf eine gültig geschlossene Ehe zu Lebzeiten der Ehegatten nicht aufgelöst werden"; oder

(2) „Du hast deiner Frau durch die Eheschließung in bindender und feierlicher Form versprochen, zeitlich unbegrenzt eine enge Lebensgemeinschaft mit ihr zu führen. Ein solches Versprechen darf man nicht brechen, nur weil man jemanden kennengelernt hat, den man momentan attraktiver findet"; oder

(3) „Das Unglück, das du durch eine Scheidung über deine Frau und deine Kinder brächtest, würde das Glück, das du in deinem Alter noch für dich und deine neue Frau erwarten könntest, weit überwiegen. Man darf sein eigenes Glück nicht auf Kosten anderer verfolgen"; oder

(4) „Auf die Dauer gesehen, würdest du dir in deiner Situation mit einer Scheidung und einer Wiederheirat nur schaden. Man sollte nie etwas tun, wodurch man auf lange Sicht die eigenen Interessen verletzt".

Mit diesen alternativen Begründungsversuchen des B für sein moralisches Ausgangsurteil befinden wir uns durchaus noch im Rahmen einer denkbaren moralischen Alltagsdiskussion – wenngleich die Argumente bereits eine Stufe der Allgemeinheit erreicht haben, auf die sicher nicht jede derartige Diskussion führt. Man beachte, daß in jedem der vier Argumente mindestens zwei verschiedene Behauptungen enthalten sind: Zum einen vertritt B jeweils ein bestimmtes moralisches Prinzip („Wer Gottes Willen zuwiderhandelt, ... Wer ein Versprechen bricht, ... Wer andere unglücklich macht, ... Wer sich selber schadet, der handelt moralisch falsch"). Und zum anderen behauptet B, daß A in seiner konkreten Situation unter dieses moralische Prinzip fällt und daher, wenn er sich scheiden läßt, moralisch falsch handelt. Dementsprechend bieten sich für A zwei grundsätzlich verschiedene Möglichkeiten der Erwiderung auf B's Argumente: Er kann bestreiten, daß er tatsächlich unter das entsprechende Prinzip fällt (etwa daß eine Ehescheidung oder zumindest eine Ehescheidung in seiner Situation tatsächlich dem Willen Gottes zuwiderläuft); oder er kann das von B geltend gemachte moralische Prinzip selbst attackieren (etwa indem er behauptet, der Wille Gottes sei für die Bestimmung des moralisch Richtigen nicht der entscheidende Gesichtspunkt). Wenn A den letzteren Weg wählt und wenn B sodann versucht, das von ihm geltend gemachte Moralprinzip A gegenüber mit Argumenten zu verteidigen, dann – so wird man annehmen dürfen – hat der Disput zwischen beiden eine derartig fundamentale Ebene erreicht, daß er als moralphilosophisch oder ethisch bezeichnet werden kann. Und zwar handelt es sich um einen Disput im Bereich der *normativen Ethik:* Es geht um die oberste Norm – oder doch eine der obersten Normen – sittlich richtigen Handelns. Dabei repräsentieren die vier alternativen Argumente des B die vier wichtigsten normativ-ethischen Positionen innerhalb der Moralphilosophie: die Positionen einer religiösen, einer deontologischen, einer utilitaristischen und einer egoistischen Ethik.

...

Der Streit über das moralische Problem, ob es für A richtig sei, sich scheiden zu lassen, führte A und B in unserem fingierten Beispiel dazu, sich mit normativer Ethik zu beschäftigen. *Wir* dagegen haben, indem wir in den letzten beiden Abschnitten den möglichen Verlauf dieses Streites analysiert haben, *Metaethik* getrieben: A und B ging es um das richtige Verhalten des A (und in diesem Zusammenhang um die obersten Prinzipien jedes richtigen Verhaltens); uns ging es darum, in welcher Form und mit welchen Methoden A und B ihr Problem in Angriff nahmen. Gegenstand unserer Überlegungen war also die *Sprache der Moral* (die Sprache, in der über moralisch richtiges Verhalten geredet wird), die Art der Argumentation, mit deren Hilfe moralische Probleme gelöst werden können. Während die normative Ethik fragt „Was ist letzlich moralisch richtig?“, fragt die Metaethik „In welcher Weise lassen sich Urteile über das moralisch Richtige rechtfertigen?“

B. WAS IST GUT? – VERSCHIEDENE BEGRIFFSBESTIMMUNGEN

59. *Thesen und Sentenzen*

Jede Kunst und jede Lehre, ebenso jede Handlung und jeder Entschluß scheint irgendein Gut zu erstreben. Darum hat man mit Recht das Gute als dasjenige bezeichnet, wonach alles strebt. (Aristoteles, Nikomachische Ethik)

Omne ens, inquantum est ens, est bonum – Alles Sein, insoweit es Seiendes ist, ist ein Gut. (Thomas von Aquin)

Bonum et ens convertuntur – Das Gute und das Seiende sind austauschbar. (Albertus Magnus)

Quaecumque sunt, bona sunt – Alles, was ist, ist gut. (Augustinus, Confessiones)

Niemand ist gut, denn der einige Gott. (Matth. 19, 17)

Das Gute ist allemal die Richtung auf den höheren Wert, das Böse aber die Richtung auf den niederen. (Nicolai Hartmann, Ethik)

Kalle: Das Wort „gut“ hat einen häßlichen Beigeschmack. Ziffel: Die Amerikaner haben ein Wort für einen guten Menschen, das heißt „sucker“, ausgesprochen sagger, am besten ausgespuckt aus einem Mundwinkel. Es bedeutet ein auf den Leim Gegangener, Hereinfaller, das was ein Bauernfänger sucht, wenn er Hunger hat. (Berthold Brecht, Flüchtlingsgespräche)

Gut ist, was dem deutschen Volke nützt. (NS-Moral)

Stets und überall ... werden Handlungen gut oder böse genannt, je nachdem sie ihren Zwecken gut oder schlecht angepaßt sind. (Herbert Spencer, Prinzipien der Ethik)

Die Guten sind diejenigen, welche sich begnügen, von dem zu träumen, was die anderen, die Bösen, wirklich tun. (Sigmund Freud, Vorlesungen)

Es ist etwas Edles, gut zu sein, aber es ist noch edler, andere zu lehren, wie man gut ist … und es ist leichter. (Mark Twain)

Es gibt nichts Gutes, außer man tut es. (Erich Kästner)

‚Du bist gut', sagte er und schüttelte den Kopf zum Zeichen, daß er nicht ‚gut' meinte, sondern mehreres andere, wie ‚einfältig', ‚frech' und ‚sonderbar'. (Th. Mann, Joseph und seine Brüder)

Als ich zu den Menschen kam, da fand ich sie sitzen auf einem alten Dünkel: alle dünkten sich lange schon zu wissen, was dem Menschen gut und böse sei.
Eine alte müde Sache dünkte ihnen alles Reden von Tugend: und wer gut schlafen wollte, der sprach vor Schlafengehen noch von „Gut" und „Böse".
Diese Schläferei störte ich auf, als ich lehrte: was gut und böse ist, das weiß noch niemand: – es sei denn der Schaffende! (Friedrich Nietzsche, Also sprach Zarathustra)

60. *Die Vielfalt der Verwendungsweisen des Wortes „gut"*

Eine gute Tat
Ein gutes Auto
Edel sei der Mensch, hilfreich und gut!
Ein gutes Stück vorankommen
Eine gute Idee!
Graacher Himmelreich – ein guter Tropfen
Renate hat rote Haare und eine gute Figur
Ulrike und Rolf verstehen sich gut
Baron v. Münchhausen war ein guter Lügner
Herr Meyer verdient gut
Stephan ist ein guter Schüler
Du hast gut reden!
Da ist guter Rat teuer!
Gut gesagt!
Ein gutes Buch
Ende gut – alles gut
Laß gut sein!
Gut Ding will Weile haben
Tobias hat einen guten Appetit
Na dann, gute Nacht!
Frau Müller bittet die Gäste in die gute Stube
Mir geht es gut

61. *Zur Bedeutungsgeschichte des Wortes „gut“*

gut Adj. ist ein gemeingerm. Wort. Etymologisch gehört das Wort ablautend zu *Gatte,* und die Grundbedeutung ist ‚passend‘. Schon in vorgeschichtlicher Zeit hat es sich offenbar auf den Sinn eingeengt: ‚was für den Freien oder Edeling passend ist‘, so daß es Ausdruck des Standesbewußtseins wurde. Ganz ähnlich stand es mit gr. ἀγαθός[1] ‚gut‘, dessen Superlativ ἄριστος[2] noch jetzt in dem Fremdwort *Aristokratie,* eigentlich ‚Herrschaft der Besten‘, an jene Standesauffassung erinnert. In christlicher Zeit tritt *gut* dann aber stark unter den kirchlichen Einfluß von lat. *bonus.* Mit gr. ἀγαθός[1] und lat. *bonus* teilt *gut* übrigens die Eigentümlichkeit, daß es die Steigerungsformen von einem anderen Stamme entlehnt: *besser, am besten.* Bei dem germ. Wort war der Grund wohl, daß der Sinn ‚passend‘ eigentlich gar keine Steigerung zuließ. Bildungen wie gůter, gůtest finden sich aber seit mhd. Zeit ab und zu, vor allem mundartlich. Ebenso bildete *gut* ursprünglich kein Adverbium. Dafür verwendete man wohl z. T. übrigens noch jetzt, vgl. *wohltun.* Das Adverb *gut* ist mhd. noch selten und wird erst frühnhd. häufiger. Noch um 1880 sagte man: „Das schmeckt nicht wohl“ (vgl. *wohlschmeckend, wohlriechend).*

62. RICHARD MERVYN HARE

Das Wort „gut“ hat eine deskriptive und eine präskriptive Bedeutung

... gehen wir doch einmal von der Annahme aus, wir hätten ein Wort, das zwar die deskriptive Bedeutung eines bestimmten wertenden Ausdrucks hat, dessen präskriptive Bedeutung ihm aber fehlen soll[3]. Ein solches Wort hätte genau die gleichen logischen Eigenschaften wie ein gewöhnliches deskriptives Wort. Um seinen Gebrauch zu kennen, müßten wir nur wissen, worauf es korrekt angewendet werden kann – nichts weiter. Nehmen wir des weiteren an, wir versuchten, zu einem solchen Wort die präskriptive Bedeutung *hinzuzufügen,* um dadurch, entsprechend meiner Theorie, wieder den ursprünglichen Wertausdruck zu erhalten. Wir prägen also ... das Wort ‚tug‘, das die deskriptive Bedeutung des Wortes ‚gut‘ haben soll, wie es etwa in dem Satz ‚Er ist ein guter Mann‘ vorkommt; nur dessen präskriptive Bedeutung soll es eben nicht haben. Wir stellen dann fest, daß auch die neue Behauptung ‚Er ist ein tuger Mann‘ universalisierbar[4] ist. Wer behauptet ‚Er ist ein tuger Mann‘, ist darauf festgelegt, auch einen anderen Mann, der dem X genau gleicht oder ihm in den relevanten Punkten ähnlich ist, für einen tugen Mann zu halten. Relevant sind dabei einfach diejenigen Gesichtspunkte, die von der deskriptiven Bedeutungsregel des Wortes ‚tug‘ genauer bestimmt werden.

1 lies: agatós
2 lies: áristos
3 *deskriptiv:* beschreibend; *präskriptiv:* vorschreibend (hier: wie man sich zu verhalten hat, welche Einstellung man haben soll). Vgl. auch den Kommentar zu diesem Text in der Einführung.
4 *universalisierbar:* verallgemeinerungsfähig.

Was passiert also, wenn zu einem solchen Wort eine präskriptive Bedeutung hinzuzufügen versucht? Die unausweichliche Folge davon ist, daß aus der deskriptiven Bedeutungsregel mehr als eine bloße Bedeutungsregel wird. Da unser Wertausdruck ‚gut' mit derselben deskriptiven Bedeutung wie ‚tug' zu verwenden ist, wird der *Inhalt* der Regel gleichbleiben; deren logischer Status wird sich jedoch ändern. So wird die Regel zwar weiterhin sagen, daß es korrekt ist, das Wort ‚gut' auf gewisse Leute anzuwenden; damit (d. h. mit der Formulierung der Regel) behaupten wir aber mehr, als daß nur die Bedeutung des Wortes bestimmt wird. Wenn wir sagen, daß es korrekt ist, eine bestimmte Klasse von Männern gut zu nennen (z. B. solche, die ihre Kinder ernähren, ihre Frauen nicht schlagen usw.), dann handelt es sich dabei eben um keine bloße Worterklärung mehr; wir geben damit mehr als eine bloße Unterweisung im Sprachgebrauch: wir geben eine *moralische* Unterweisung. Wenn wir einem unserer Zuhörer beibringen, daß von allen Klassen von Männern eben nur *diese* gut genannt werden kann, dann lernt er damit etwas Synthetisches: einen moralischen Grundsatz. Etwas Synthetisches ist es deshalb, weil das Wort ‚gut' auch noch eine präskriptive Bedeutung hat. Er lernt also nicht nur, ein Wort auf eine bestimmte Art und Weise zu verwenden; man bringt ihm auch bei, eine bestimmte Klasse von Männern zu empfehlen, bzw. sie als Vorbilder hinzustellen. Wer eine solche Regel mit voller Überzeugung annimmt, der dürfte sich wahrscheinlich auch anders *verhalten* und nicht nur anders *reden* als einer, der sie nicht annimmt. Und damit wurde aus unserer deskriptiven Bedeutungsregel ein synthetisches Moralprinzip.

63. FRIEDRICH NIETZSCHE

gut bedeutet vornehm, edel

… das Urteil „gut" rührt *nicht* von denen her, welchen „Güte" erwiesen wird! Vielmehr sind es „die Guten" selber gewesen, das heißt die Vornehmen, Mächtigen, Höhergestellten und Hochgesinnten, welche sich selbst und ihr Tun als gut, nämlich als ersten Ranges empfanden und ansetzten, im Gegensatz zu allem Niedrigen, Niedrig-gesinnten, Gemeinen und Pöbelhaften. Aus diesem *Pathos der Distanz* heraus haben sie sich das Recht, Werte zu schaffen, Namen der Werte auszuprägen, erst genommen …

Das Pathos der Vornehmheit und Distanz, das dauernde und dominierende Gesamt- und Grundgefühl einer höheren herrschenden Art im Verhältnis zu einer niederen Art, zu einem „Unten" – *das* ist der Ursprung des Gegensatzes „gut" und „schlecht"….

Den Fingerzeig zum *rechten* Wege gab mir die Frage, was eigentlich die von den verschiedenen Sprachen ausgeprägten Bezeichnungen des „Guten" in etymologischer Hinsicht zu bedeuten haben: da fand ich, daß sie allesamt auf die *gleiche Begriffs-Verwandlung* zurückleiten – daß überall „vornehm", „edel" im ständischen Sinne der Grundbegriff ist, aus dem sich „gut" im Sinne von „seelisch-vornehm", „edel", von „seelisch-hochgeartet", „seelisch-privilegiert" mit Notwendigkeit herausentwickelt:

eine Entwicklung, die immer parallel mit jener anderen läuft, welche „gemein", „pöbelhaft", „niedrig" schließlich in den Begriff „schlecht" übergehen macht. Das beredteste Beispiel für das letztere ist das deutsche Wort „schlecht" selber: als welches mit „schlicht" identisch ist – vergleiche „schlechtweg", „schlechterdings" – und ursprünglich den schlichten, den gemeinen Mann, noch ohne einen verdächtigenden Seitenblick, einfach im Gegensatz zum Vornehmen bezeichnete. Um die Zeit des Dreißigjährigen Kriegs ungefähr, also spät genug, verschiebt sich dieser Sinn in den jetzt gebräuchlichen.

64. THOMAS HOBBES

Für verschiedene Menschen sind verschiedene Dinge gut

Alle Dinge, die erstrebt werden, bezeichnet man, sofern sie erstrebt werden, mit einem gemeinsamen Namen als „Güter", alle, die wir vermeiden, als „Übel". Daher hat Aristoteles richtig definiert, ein Gut sei, was alle erstreben. Da aber die verschiedenen Menschen verschiedene Dinge erstreben und vermeiden, so muß es viele Dinge geben, die für einige Güter, für andere Übel sind, wie für unsere Feinde das ein Übel ist, was für uns ein Gut ist. Gut und Übel sind also relativ je nach den Erstrebenden und Vermeidenden. Ein Gut kann allgemein sein und man kann zutreffend von etwas sagen, es sei gemeinhin ein Gut, d. h. für viele von Nutzen, oder für den Staat ein Gut. Man kann auch bisweilen sagen „für alle ein Gut", z.B. von der Gesundheit. Aber auch diese Ausdrücke sind relativ, daher darf man nicht von einem Gut schlechthin reden. Denn jedes Gut ist gut für irgendwelche oder irgendeinen Menschen.

65. WOLFGANG PETER EICHHORN

Die Bedeutung von „gut" wandelt sich mit den gesellschaftlichen Interessen

Der Geltungsanspruch moralischer Normen, der durch „gut" oder „das Gute" ideologisch sanktioniert wird, ist letztlich nichts anderes als der ideologisch formulierte geschichtliche Anspruch jeweiliger gesellschaftlicher Kräfte (insbesondere Klassenkräfte), ihre spezifischen Interessen durchzusetzen. Das moralisch Gute ist eine besondere ideologische Art und Weise, bestimmte Klasseninteressen anderen Klasseninteressen gegenüber (oder auch bestimmte gesellschaftliche Interessen den Interessen einzelner oder Gruppeninteressen gegenüber) auszusprechen, geltend zu machen und durchzusetzen. Das moralisch Gute muß also in seinem Inhalt und in seiner Wirksamkeit stets als untergeordneter Aspekt der realen gesellschaftlichen Entwicklung und des Ringens um die Durchsetzung gesellschaftlich determinierter Interessen verschiedener sozialer Gruppen aufgefaßt werden. Das moralisch Gute hat daher einen je konkreten geschichtlichen, klassenmäßig bestimmten Inhalt; es gibt kein Gutes an sich, das eine übergeschichtlich-absolute Bedeutung besäße.

66. IMMANUEL KANT

Einschränkungslos gut ist allein ein guter Wille

Es ist überall nichts in der Welt, ja überhaupt auch außer derselben zu denken möglich, was ohne Einschränkung für gut könnte gehalten werden, als allein ein *guter Wille*. Verstand, Witz, Urteilskraft und wie die *Talente* des Geistes sonst heißen mögen, oder Mut, Entschlossenheit, Beharrlichkeit im Vorsatze, als Eigenschaften des *Temperaments*, sind ohne Zweifel in mancher Absicht gut und wünschenswert; aber sie können auch äußerst böse und schädlich werden, wenn der Wille, der von diesen Naturgaben Gebrauch machen soll und dessen eigentümliche Beschaffenheit darum *Charakter* heißt, nicht gut ist. Mit den *Glücksgaben* ist es ebenso bewandt. Macht, Reichtum, Ehre, selbst Gesundheit und das ganze Wohlbefinden und Zufriedenheit mit seinem Zustande, unter dem Namen der *Glückseligkeit*, machen Mut und hierdurch öfters auch Übermut, wo nicht ein guter Wille da ist, der den Einfluß derselben aufs Gemüt und hiermit auch das ganze Prinzip zu handeln berichtige und allgemein-zweckmäßig mache; ohne zu erwähnen, daß ein vernünftiger und unparteiischer Zuschauer sogar am Anblicke eines ununterbrochenen Wohlergehens eines Wesens, das kein Zug eines reinen und guten Willens ziert, nimmermehr ein Wohlgefallen haben kann, und so der gute Wille die unerläßliche Bedingung selbst der Würdigkeit, glücklich zu sein, auszumachen scheint. ...

Der gute Wille ist nicht durch das, was er bewirkt oder ausrichtet, nicht durch seine Tauglichkeit zur Erreichung irgendeines vorgesetzten Zweckes, sondern allein durch das Wollen, d. i. an sich gut und, für sich selbst betrachtet, ohne Vergleich weit höher zu schätzen als alles, was durch ihn zu Gunsten irgendeiner Neigung, ja wenn man will der Summe aller Neigungen, nur immer zustande gebracht werden könnte. Wenngleich durch eine besondere Ungunst des Schicksals, oder durch kärgliche Ausstattung einer stiefmütterlichen Natur des diesem Willen gänzlich an Vermögen fehlte, seine Absicht durchzusetzen; wenn bei seiner größten Bestrebung dennoch nichts von ihm ausgerichtet würde, und nur der gute Wille (freilich nicht etwa als ein bloßer Wunsch, sondern als die Aufbietung aller Mittel, so weit sie in unserer Gewalt sind) übrig bliebe: so würde er wie ein Juwel doch für sich selbst glänzen als etwas, das seinen vollen Wert in sich selbst hat. Die Nützlichkeit oder Fruchtlosigkeit kann diesem Werte weder etwas zusetzen noch abnehmen. Sie würde gleichsam nur die Einfassung sein, um ihn im gemeinen Verkehr besser handhaben zu können, oder die Aufmerksamkeit derer, die noch nicht genug Kenner sind, auf sich zu ziehen, nicht aber um ihn Kennern zu empfehlen und seinen Wert zu bestimmen.

67. THOMAS VON AQUIN

Gut ist eine Seinsbestimmung

Gut und schlecht sind nicht erst sittliche Bestimmungen, sondern schon *Seins*bestimmungen. Man wird der thomistischen Intention[1] am besten gerecht, wenn man vom

[1] *thomistische Intention:* die Intention des Thomas von Aquin.

Guten und Schlechten des Seienden ausgeht. Das ontologische Prinzip „ens et bonum convertuntur“[2] wirkt sich in der Ethik aus und muß seiner Sinnbedeutung nach klargelegt werden. ...

Unter Berufung auf Aristoteles behauptet Thomas, daß der Begriff des Guten ähnlich wie der Begriff des Wahren zum Sein nur eine Relation hinzufügt, daß etwas gut ist, sofern es ein Ziel des Strebens abgibt. Die Güte eines Dinges besteht also in seiner Begehrbarkeit und Zielfähigkeit. Mit Aristoteles nennt Thomas den Wertbegriff im Ordnungszusammenhang unserer praktischen Begriffe den ersten Begriff, den wir bilden, bezeichnet den Wert als ein Ursprüngliches, das nicht weiter auf Früheres zurückgeführt, sondern nur in Beziehung auf Späteres verdeutlicht werden kann, und will damit zum Ausdruck bringen, daß auf *praktischem* Gebiete der Wert ein Letztes sui generis[3] darstellt, dessen Bedeutung in seiner Beziehung zum strebenden und handelnden Menschen aufleuchtet. Mit dem Werte des Seienden erscheint also eine Subjektbezogenheit verbunden; etwas ist wertvoll für einen Begehrenden. Und doch ist der Wertbegriff bei Aristoteles und Thomas nicht versubjektiert.

Das Gute erscheint hier vom Streben aus begriffen. Die *ontische* Verankerung[4] des Werthaften ist dadurch nicht ausgeschlossen. Mit der Zielfähigkeit eines Dinges ist der innere Grund seiner Güte nicht getroffen. Vom Sein eines Dinges her muß seine Güte verstanden werden. Etwas wird erstrebt und kann nur Vollkommenheit verleihen (est perfectivum), weil es selber Vollkommenheit besitzt. Ein jedes ist gut und werthaft, weil es selber Vollkommenheit besitzt. Ein jedes ist gut und werthaft, sofern es *vollkommen* ist. Thomas bekennt sich zu der bei Aristoteles grundgelegten wie für die platonisch-augustinische Seinsbetrachtung charakteristischen Auffassung, daß das Seiende auf Grund seiner *inneren* Struktur ein Werthaftes bedeutet.

...

Die Bewegung zu einem Werthaften, der finale Drang gehört also zur innersten Struktur des Seienden und jedes Seiende und jede Substanz können als gut bezeichnet werden, sofern sie Dasein haben. Der Satz „omne ens est bonum“[5] spricht weniger die teleologische Hinordnung des Subjektes auf sein Wertziel als vielmehr die in der Aktualität *verwirklichte* Vollendung aus.

(Hans Meyer)

68. MAX SCHELER

Güter und Werte bilden einen selbständigen Gegenstandsbereich

Wo wir einen Wert mit Recht aussagen, da genügt es nie, ihn aus Merkmalen und Eigenschaften, die nicht selbst der Sphäre der Werterscheinungen angehören, erst erschließen zu wollen; er muß immer selbst anschaulich gegeben sein oder auf eine solche Art der Gegebenheit zurückgehen. So sinnlos es ist, nach den gemeinsamen

[2] *ens et bonum convertuntur:* das Seiende und das Gute sind austauschbar.
[3] *sui generis:* von eigener Art.
[4] *ontische Verankerung:* Verankerung im Seienden.
[5] *omne ens est bonum:* Alles Seiende ist gut.

Eigenschaften aller blauen oder roten Dinge zu fragen, da ja nur die einzige Antwort möglich wäre: sie besteht darin, daß sie eben blau und rot sind, so sinnlos ist es auch, nach den gemeinsamen Eigenschaften guter oder böser Handlungen, Gesinnungen, Menschen usw. zu fragen.

Aus dem Gesagten geht hervor, daß es *echte* und *wahre* Wertqualitäten gibt, die ein eigenes Buch von *Gegenständen* darstellen, die ihre *besonderen* Verhältnisse und Zusammenhänge haben und schon als Wert*qualitäten* z. B. höher und niedriger usw. sein können. Ist aber dies der Fall, so kann zwischen ihnen auch eine *Ordnung* und eine *Rangordnung* obwalten, die vom Dasein einer *Güterwelt*, in der sie zur Erscheinung kommen, desgleichen von der Bewegung und Veränderung dieser Güterwelt in der Geschichte ganz unabhängig und für deren Erfahrung „a priori“ ist. ...

Werte sind *klare fühlbare Phänomene*, nicht dunkle Xe ...

Alle Werte (auch die Werte „gut“ und „böse“) sind materiale Qualitäten, die eine bestimmte Ordnung nach „hoch“ und „nieder“ zu einander haben; und dies unabhängig von der Seinsform, in die sie eingehen, ob sie z. B. als pure gegenständliche Qualitäten oder als Glieder von Wertverhalten (z. B. Angenehm- oder Schönsein von etwas) oder als Teilmomente in Gütern oder als Wert, den „ein Ding hat“, vor uns stehen.

Die damit statuierte Unabhängigkeit des Seins der Werte von Dingen, Gütern, Sachverhalten kommt in einer Reihe von Tatsachen scharf zur Erscheinung. Wir kennen ein Stadium der Werterfassung, wo uns der Wert einer Sache bereits sehr klar und evident gegeben ist, *ohne* daß uns die *Träger* dieses Wertes gegeben sind. So ist uns z. B. ein Mensch peinlich und abstoßend oder angenehm und sympathisch, ohne daß wir noch anzugeben vermögen, *woran* dies liegt; so erfassen wir ein Gedicht oder ein anderes Kunstwerk längst als „schön“, als „häßlich“, als „vornehm“ oder „gemein“, ohne im entferntesten zu wissen, an welchen Eigenschaften des betreffenden Bildinhaltes dies liegt; so ist auch eine Gegend, ein Zimmer „freundlich“ und „peinlich“, desgl. der Aufenthalt in einem Raume, ohne daß uns die *Träger* dieser Werte bekannt sind. Dies gilt gleichmäßig für physisch und psychisch Reales. Weder die Erfahrung des Wertes noch der Grad der Adäquation und die Evidenz (Adäquation im vollen Sinne plus Evidenz ist die „Selbstgegebenheit“ seiner) erweist sich von der Erfahrung der Träger dieser Werte irgendwie abhängig. Auch die *Bedeutung* des Gegenstandes, „was“ er in dieser Hinsicht ist (ob z. B. ein Mensch mehr „Künstler“ oder „Philosoph“ ist), mag beliebig *schwanken*, ohne daß uns dabei sein Wert mitschwankt. In solchen Fällen offenbart sich sehr klar, wie *unabhängig im Sein* die Werte von ihren Trägern sind. Es gilt dies sowohl für die Dinge, wie für die Sachverhalte. Die Werte der Weine unterscheiden setzt eine Kenntnis (etwa nach Zusammensetzung, Herkunft von dieser oder jener Traube, Kelterungsart) in *keinem* Sinne voraus. Aber auch die „Wertverhalte“ sind nicht etwa bloße Werte *von* Sachverhalten. Die Erfassung der Sachverhalte ist nicht die Bedingung, unter der sie uns gegeben werden. Daß ein bestimmter Tag im August des vorigen Jahres „herrlich war“, das kann mir gegeben sein, ohne daß mir mitgegeben ist, daß mich damals ein Freund besuchte, der mir besonders teuer ist. Ja es ist uns, als sei sogar die *Wertnuance* eines Gegenstandes (sei es, daß er erinnert, erwartet, vorgestellt oder wahrgenommen ist) sowohl das *Primärste*, was uns von ihm zugeht, als auch der Wert des jeweiligen Ganzen, dessen Glied oder Teil er ist, gleichsam das „*Medium*“, in dem er erst seinen Bildinhalt oder seine (begriffliche) Bedeutung voll entwickelt. Sein Wert schreitet ihm gleichsam voran; er ist der erste „Bote“ seiner besonderen Natur. Wo er selbst noch undeutlich und unklar ist, kann jener bereits deutlich und klar sein. Bei jeder Milieuerfassung erfassen wir z. B. zugleich zunächst das unanalysierte Ganze und an diesem Ganzen seinen Wert; in dem Werte des Ganzen aber wieder Teilwerte, in die sich dann die einzelnen Bildgegenstände „hineinstellen“.

69. GEORGE EDWARD MOORE

Gut ist gut und nicht weiter zu definieren

Wenn ich gefragt werde ‚Was ist gut?‘, so lautet meine Antwort, daß gut gut ist, und damit ist die Sache erledigt. Oder wenn man mich fragt ‚Wie ist gut zu definieren?‘, so ist meine Antwort, daß es nicht definiert werden kann, und mehr ist nicht darüber zu sagen. Aber so enttäuschend diese Antworten klingen mögen, sie sind von äußerster Wichtigkeit. …

Wir wollen diesen Standpunkt überdenken. Ich will sagen, daß ‚gut‘ ein einfacher Begriff ist, so wie ‚gelb‘ ein einfacher Begriff ist; daß man, so wie man unmöglich jemandem, der es nicht schon kennt, erklären kann, was gelb ist, diesem auch nicht erklären kann, was gut ist. Definitionen von der Art, wie ich sie suchte, Definitionen, welche das wahre Wesen des durch ein Wort bezeichneten Gegenstandes oder Begriffs beschreiben und nicht bloß angeben, was das Wort gewöhnlich bedeutet, sind nur möglich, wenn der fragliche Gegenstand oder Begriff komplex ist. Man kann ein Pferd definieren, weil ein Pferd viele verschiedene Eigenheiten und Qualitäten hat, die man allesamt aufzählen kann. Wenn man sie aber alle aufgezählt hat, wenn man ein Pferd auf seine einfachsten Begriffe (terms) zurückgeführt hat, dann kann man diese Begriffe nicht weiter definieren. Sie sind einfach etwas, woran man denkt, das man wahrnimmt; und jemandem, der nicht an sie denken, sie nicht wahrnehmen kann, läßt sich ihr Wesen niemals durch eine Definition mitteilen. Vielleicht wendet jemand ein, daß wir imstande sind, anderen Personen Gegenstände zu beschreiben, die sie nie gesehen oder sich vorgestellt haben. Wir können z. B. einem Menschen klarmachen, was eine Chimäre ist, obwohl er nie davon gehört oder eine gesehen hat. Wir können ihm sagen, daß es ein Tier mit Kopf und Körper einer Löwin ist, dem ein Ziegenkopf aus der Rückenmitte herauswächst, und mit einer Schlange an Stelle eines Schwanzes. Aber hierbei ist der beschriebene Gegenstand ein komplexer Gegenstand, völlig aus Teilen zusammengesetzt, die uns allen vertraut sind – eine Schlange, eine Ziege, eine Löwin –, und wir kennen auch die Art und Weise, wie diese Teile zusammenzusetzen sind, denn wir wissen, was mit der Mitte des Rückens einer Löwin gemeint ist und wo normalerweise ihr Schwanz sitzt. Und so ist es mit allen vorher nicht bekannten Gegenständen, die wir definieren können: sie sind alle komplex, aus Teilen zusammengesetzt, die zunächst selbst einer ähnlichen Definition fähig sein mögen, die jedoch schließlich auf einfachste Teile reduzierbar sein müssen, welche sich nicht mehr definieren lassen. Aber gelb und gut sind, wie gesagt, nicht komplex. Es sind Begriffe jener einfachen Art, aus denen sich Definitionen zusammensetzen und bei denen die Möglichkeit weiteren Definierens endet.

C. ETHISCHE URTEILSLEHRE

70. NORBERT HOERSTER

Ethische Urteile und Normen als eine besondere Klasse von Werturteilen und Normen

... nicht *alle* Werturteile über menschliches Verhalten sind moralischer Natur. Es gibt Normbereiche, in denen Handlungen offensichtlich von einem außermoralischen Standpunkt als richtig oder falsch bewertet werden. Solche Bereiche sind etwa das Recht, die Mode, Konvention, Etikette, die Ästhetik oder das Spiel. Betrachten wir einige Beispiele: Daß es in der Regel falsch ist, im Straßenverkehr links zu fahren, ist nicht eine Norm der Moral, sondern (jedenfalls in Deutschland) eine Norm des Rechts. Daß hierzulande Männer keinen Rock tragen (wie etwa die Schotten), daß Männer Frauen zuerst grüßen und daß man Kartoffeln nicht mit dem Messer schneidet, sind lediglich Forderungen der Mode, der Konvention und der Etikette. Wie Beethovens ‚Mondscheinsonate' adäquat zu interpretieren ist, ist nicht ein Problem der Moral, sondern der Ästhetik. Und daß man beim Fußballspiel einen Einwurf mit beiden Händen auszuführen hat, ist nicht Inhalt eines moralischen Prinzips, sondern einer Spielregel. Es dürfte jedermann leichtfallen, eine Vielzahl weiterer Beispiele dieser Art zu finden. Weniger leicht dagegen erscheint es herauszufinden und gerade das ist die Aufgabe des Moralphilosophen –, welches die *allgemeinen Kriterien* sind, die unserer im Einzelfall unwillkürlich vorgenommenen Differenzierung zwischen moralischen und außermoralischen Normen beziehungsweise Werturteilen zugrunde liegen.

Mir scheint, daß es im wesentlichen drei Gesichtspunkte sind, durch die sich moralische Handlungsnormen und -urteile von außermoralischen Handlungsnormen und -urteilen unterscheiden:

1. Sie bewerten menschliches Verhalten entweder primär, als solches, oder mit Rücksicht auf seine Auswirkungen auf das außermoralisch gute Leben.
2. Sie sind kategorischer Natur.
3. Sie erheben Anspruch auf allgemeine Gültigkeit.

Nur wenn diese drei Kriterien *zusammen* erfüllt sind, ist das betreffende Urteil moralischer Natur. (Schon hier sei darauf hingewiesen, daß sich die Frage, ob sie erfüllt sind, häufig erst anhand der *Begründung* definitiv entscheiden läßt, die der Urteilende für sein Urteil zu geben bereit ist.) Ich werde die Kriterien nun der Reihe nach erläutern.

Der erste Gesichtspunkt besagt im wesentlichen, daß solche Handlungsurteile nicht zur Moral gehören, deren letzter Bezugspunkt im außermenschlichen Bereich liegt.

Das gilt vor allem für Urteile auf dem Gebiet der Ästhetik. Wenn jemand in einer bestimmten Situation zu einem klavierspielenden Freund sagt: „Du solltes den ersten Satz der Mondscheinsnate nicht so langsam spielen“, dann ist das unter normalen Umständen kein moralisches Urteil, das menschliches Handeln betrifft. Aber weder betrifft es *primär* menschliches Handeln: Letzter Maßstab dieses Urteils ist nicht die Vorstellung des Urteilenden, ein bestimmtes Handeln sei in sich richtig, dem Menschen gemäß, seiner Bestimmung oder Selbstverwirklichung dienend. Noch betrifft es menschliches Handeln mit Rücksicht auf dessen Auswirkungen auf außermoralische Erlebniswerte: Das betreffende Klavierspiel wird nicht deshalb kritisiert, weil es letztlich das Vorhandensein in sich guter menschlicher Bewußtseinszustände nicht hinreichend fördere. (Das wäre etwa der Fall, wenn der Betreffende zur Begründung seines Urteils sagen würde: „Im Nebenzimmer sitzen einige musikalisch sehr sensible Leute; so wie du spielst, verletzt du ihr ästhetisches Empfinden.“ Unter diesen Umständen wäre das Urteil in der Tat moralischer Natur!) Letzter Bezugspunkt des Urteils ist vielmehr die Vorstellung des Urteilenden, wie ein bestimmter Gegenstand der Außenwelt, in diesem Fall ein bestimmtes Kunstwerk, beschaffen sein sollte....

Immer dann, wenn ein normatives Handlungsurteil letztlich ein nicht-handlungsbezogenes Werturteil zur Grundlage hat *und* dieses Werturteil nicht auf die Realisierung eines guten, in sich lohnenden menschlichen Lebens bezogen ist, ist das betreffende Handlungsurteil außermoralischer Natur. Letzter Bezugspunkt *moralischer* Handlungsurteile dagegen sind stets entweder Wertungen über menschliches Handeln oder Wertungen über menschliches Leben oder Erleben. Dabei macht es keinen Unterschied, ob das betreffende Urteil das Handeln des einzelnen gegenüber sich selbst oder sein Handeln gegenüber anderen Menschen normiert; im ersten Fall ist es *individual*moralischer Natur, im zweiten Fall *sozial*moralischer Natur. ...

Der zweite Gesichtspunkt, wonach moralische Urteile im Sinne Kants kategorischer Natur sein müssen, besagt folgendes: Ein normatives Handlungsurteil gehört dann nicht zum Bereich der Moral, wenn es dem einzelnen lediglich instrumentale Anleitung zur geeigneten Verwirklichung seiner Ziele gibt – *wobei diese Ziele selbst der Bewertung des Urteilenden entzogen bleiben.* „Gegen diesen Gegner im Schach mußt du die spanische Eröffnung wählen“ oder „Du solltest mal zur Buchhandlung X gehen; sie hat kürzlich ein modernes Antiquariat eingerichtet“ sind Beispiele solcher Urteile. Sie werden abgegeben unter der – stillschweigend vorausgesetzen – Bedingung, daß der Adressat im Schach gewinnen beziehungsweise billig moderne Bücher einkaufen möchte. Sollten die Voraussetzungen sich als falsch erweisen (der Schachspieler etwa möchte im gegebenen Fall gerade nicht gewinnen, um seinem Partner für die Zukunft nicht den Mut zu nehmen), so würden die Urteile zurückgenommen werden. Denn sie erheben keinerlei Anspruch, daß der Betreffende gewinnen beziehungsweise billig Bücher erwerben *solle. Moralische* Urteile geben dem einzelnen nicht bloß Anleitung zur klugen Verfolgung seiner mehr oder weniger zufälligen Ziele und Interessen; sie fordern, was sie fordern, kategorisch: unabhängig davon, ob der einzelne an dem letzten Ziel der geforderten Handlung ein Interesse verspürt oder nicht. Daß man seine faktischen, wie immer beschaffenen Ziele optimal zu verwirklichen sucht, ist eine Forderung der Klugheit, nicht der Moral.

Dieses Kriterium besagt *nicht* (wie gelegentlich angenommen wird), daß in moralische Urteile *keinerlei* instrumentale Prämissen über Zweck-Mittel-Beziehungen eingehen könnten. Solche Prämissen werden vielmehr für die weitaus meisten unserer moralischen Alltagsurteile unverzichtbar sein. Denn allein sie könnten darüber Aufschluß geben, wie die letzten Ziele moralisch richtigen Handelns unter den jeweiligen empirischen Bedingungen zu verwirklichen sind.

Der dritte Gesichtspunkt schließlich, durch den moralische Urteile charakterisiert sind, besteht darin, daß sie allgemeine Gültigkeit beanspruchen. Dieser Anspruch hat zwei verschiedene Aspekte, die einander zwar ähnlich sind, die man aber trotzdem auseinanderhalten sollte. Der eine betrifft den Anwendungsbereich des betreffenden Urteils, der andere seinen objektiven Status. Der erste der beiden Aspekte besagt folgendes: Wer in einem konkreten Fall ein moralisches Urteil abgibt, gibt damit implizit stets ein Urteil ab über alle jene Fälle, die nach seiner Meinung dem betreffenden Fall in relevanter Weise gleichen. Wenn etwa jemand sagt, A solle sich von seiner Frau nicht scheiden lassen, dann sagt er damit – sofern er will, daß sein Urteil als *moralisches* Urteil verstanden wird – gleichzeitig, niemand solle sich scheiden lassen, dessen Ehe in moralisch relevanter Hinsicht der Ehe von A gleicht: also etwa in der Hinsicht, daß A unversorgte Kinder hat, daß die Abwendung von seinem Ehepartner auf einer aller Voraussicht nach nur vorübergehenden Leidenschaft beruht usw. Moralische Urteile beanspruchen also stets, nicht bloß auf einen Einzelfall, sondern auf eine *Klasse* von Fällen anwendbar zu sein.

Diese Eigenschaft moralischer Urteile trifft auf manche anderen Arten normativer Handlungsurteile nicht zu. So ist es etwa für Urteile der Konvention oder des Rechts charakteristisch, daß sie in ihrem Geltungsanspruch auf die Mitglieder einer bestimmten Gesellschaft beschränkt bleiben. Daß man in Deutschland im Straßenverkehr rechts fahren sollte, sagt nichts darüber aus, auf welcher Straßenseite man in einem anderen Land fahren sollte. Und daß in einer bestimmten Gesellschaft die Sitte es verlangt, sich zur Begrüßung zu umarmen, ist durchaus damit vereinbar, daß ein solches Begrüßungsverhalten in einer anderen Gesellschaft völlig fehl am Platze wäre. Man könnte zwar auf den ersten Blick der Meinung sein, daß in dieser Hinsicht doch gar kein Unterschied zwischen den genannten außermoralischen Normtypen und der Moral andererseits besteht, da doch auch moralische Normen in ihrer Anwendbarkeit häufig auf die Mitglieder der eigenen Gesellschaft beschränkt sind. Eine solche Argumentation würde jedoch einen wesentlichen Punkt übersehen: Im Falle einer moralischen Norm sind wir nur unter einer ganz bestimmten Bedingung bereit, bei der Anwendung dieser Norm gesellschaftsvariant zu differenzieren, also etwa die eigenen Normen nur auf die Mitglieder der eigenen Gesellschaft anzuwenden: unter der Bedingung nämlich, daß auch die faktischen Umstände, auf die die betreffende Norm Bezug nimmt, in den betreffenden Gesellschaften variieren. Wenn wir in unserer Gesellschaft beispielsweise der Meinung sind, es sei unmoralisch, Alte und Kranke, die der Gesellschaft nicht mehr nützen können, einfach umzubringen, so würden wir die Mitglieder der Gesellschaft X nicht etwa schon deshalb von der entsprechenden moralischen Verpflichtung freisprechen, weil in X zu dieser Frage eine andere Überzeugung herrscht als bei uns. Wir wären zu einer solchen Differenzierung

vielmehr allenfalls dann bereit, wenn sich etwa zeigen ließe, daß in X katastrophenartige Zustände herrschen, die ein Überleben aller faktisch unmöglich machen....
Neben den Normen der Konvention und des Rechts gibt es noch einen weiteren Typ von Normen oder normativen Urteilen, den der Gesichtspunkt mangelnder Reichweite als außermoralisch qualifiziert. Es sind solche Urteile, deren Geltungsanspruch der Urteilende nicht einmal auf die Mitglieder der eigenen Gesellschaft ausgedehnt, sondern auf sich selbst beschränkt sehen möchte: Urteile, in denen der einzelne seine ureigenen Ideale und Ziele zum Ausdruck bringt. Wer sich etwa das Lebensziel setzt, Mönch, Künstler oder Urwaldarzt zu werden, wird sich vermutlich selbst in hohem Maße verpflichtet fühlen, sein Ziel auch zu erreichen; er wird diese Verpflichtung jedoch im Regelfall nicht auf andere – und zwar selbst auf andere, die dieselben Eigenschaften und Lebensumstände aufweisen wie er – ausdehnen wollen. Sein Urteil über die eigene Verpflichtung gehört deshalb nicht eigentlich zum Bereich der Moral – womit nicht gesagt ist, daß verschiedene Lebensziele nicht plausiblerweise als mehr oder weniger moralisch verdienstvoll beurteilt werden können.

71. ALFRED JULES AYER

Ethische Urteile als bloßer Gefühlsausdruck

Das Vorhandensein eines ethischen Symbols in einer Proposition fügt ihrem tatsächlichen Inhalt nichts hinzu. Wenn ich daher zu jemand sage „Du tatest Unrecht, als du das Geld stahlst", dann sage ich nicht mehr aus, als ob ich einfach gesagt hätte „Du stahlst das Geld". Indem ich hinzufüge, daß diese Handlung unrecht war, mache ich über sie keine weitere Aussage. Ich zeige damit nur meine moralische Mißbilligung dieser Handlung. Es ist so, als ob ich „Du stahlst das Geld" in einem besonderen Tonfall des Entsetzens gesagt oder unter Hinzufügung einiger besonderer Ausrufezeichen geschrieben hätte. Der Tonfall oder die Ausrufezeichen fügen der Bedeutung des Satzes nichts hinzu. Sie dienen nur dem Hinweis, daß sein Ausdruck von gewissen Gefühlen des Sprechers begleitet wird.
Verallgemeinere ich nun meine obige Aussage und sage „Das Stehlen von Geld ist unrecht", dann äußere ich einen Satz, der keine faktische Bedeutung hat, das heißt, der keine Proposition ausdrückt, die entweder wahr oder falsch sein kann. Es ist so, als ob ich geschrieben hätte „Das Stehlen von Geld!!" – wobei, durch eine entsprechende Konvention, Gestalt und Dicke der Ausrufezeichen zeigen, daß damit die Empfindung einer besonderen Art moralischer Mißbilligung ausgedrückt wird. Es ist klar, daß hier nichts gesagt wird, was wahr oder falsch sein kann. Ein anderer mag mit mir nicht übereinstimmen, was die Unrechtmäßigkeit des Stehlens betrifft, in dem Sinne, daß er bezüglich des Stehlens nicht in gleicher Weise empfindet wie ich, und er kann mit mir über meine moralischen Gefühle streiten. Er kann mich aber, genaugenommen, nicht widerlegen. Denn wenn ich sage, eine bestimmte Handlungsweise sei recht oder unrecht, so mache ich damit keine Tatsachenaussage, nicht einmal eine

Aussage über meinen eigenen Geisteszustand. Ich drücke nur gewisse moralische Empfindungen aus; und der Betreffende, der mir deutlich widerspricht, drückt nur seine moralischen Empfindungen aus. So liegt einfach kein Sinn in der Frage, wer von uns im Recht ist; denn keiner behauptet eine echte Proposition.

Was wir soeben über das Symbol „unrecht" gesagt haben, bezieht sich auf alle normativen ethischen Gebote. Sie kommen manchmal in Sätzen vor, die sowohl gewöhnliche empirische Tatsachen mitteilen als auch ethische Empfindungen über eine dieser Tatsachen ausdrücken. Manchmal kommen sie in Sätzen vor, die einfach einer moralischen Empfindung über eine bestimmte Handlungsweise oder einer Situation Ausdruck geben, ohne eine Tatsachenaussage zu machen. Aber in jedem Falle, in dem man gemeinhin sagen würde, man fälle ein ethisches Urteil, ist die Funktion des relevanten ethischen Wortes rein „emotional". Es wird dazu verwendet, eine Empfindung über bestimmte Gegenstände auszudrücken, nicht aber, eine Behauptung über sie aufzustellen...

Wir vermögen nun einzusehen, welshalb es unmöglich ist, ein Kriterium zur Bestimmung der Gültigkeit ethischer Urteile zu finden. Nicht deshalb, weil sie eine „absolute", auf geheimnisvolle Weise von der gewöhnlichen Sinneserfahrung unabhängige Gültigkeit haben, sondern weil sie überhaupt keine objektive Gültigkeit haben. Wenn ein Satz überhaupt keine Aussage macht, liegt offensichtlich kein Sinn in der Frage, ob das, was er sagt, wahr oder falsch ist. Und wir haben gesehen, daß Sätze, die einfach moralische Urteile ausdrücken, gar nichts sagen; sie sind bloße Ausdrucksweisen von Empfindungen und fallen als solche nicht unter die Kategorien von Wahrheit oder Falschheit. Sie sind aus dem selben Grunde unverifizierbar, aus dem ein Schmerzensschrei oder ein Gebot unverifizierbar ist – weil sie keine echten Propositionen ausdrücken.

72. THEODOR GEIGER

Ethische Urteile als Ausdruck sozialer Mißbilligung

Das moralische Verhalten des A – und die moralischen Primärbewertungen, die ihm motivisch zugrunde liegen – sind für seine Mitmenschen von vitaler Bedeutung. Die zwischenmenschlichen Beziehungen sind durch gesellschaftliche Institutionen geregelt. Der überpersönliche Druck, den die Gesellschaft auf den Einzelnen ausübt, um ihn zur Innehaltung gewisser Handlungsmuster zu bewegen, erweckt hier in höchstem Grade den Eindruck, die Handlungen *seien* an sich gut oder böse. Die beifällige oder abfällige Reaktion der öffentlichen Meinung oder einer Gruppenautorität, aber auch die Erziehung von Jugend auf tun das ihre dazu.

Nun wissen wir aber sehr wohl, daß es kaum eine irgendwo verpönte Handlungsweise gibt, die nicht in irgendeiner anderen, vergangenen oder gegenwärtigen, Gesellschaft zugelassen, ja vielleicht geboten wäre. Das gilt vom Lügen bis zur Blutrache, vom Inzest bis zum Kannibalismus. Und es läßt sich mit logischen Gründen wahrhaftig nicht beweisen, daß die eine Moral richtig, die andere falsch sei. Die Handlung selbst

kann also nicht gut oder böse sein. Sie wird nur hier so, dort anders bewertet. Heute bewerten sogar die öffentlichen Meinungen verschiedener Schichten der gleichen Gesellschaft gewisse Handlungsweisen verschieden, ja widersprechend. Kurzum: eine Gesellschaft verpönt nicht eine Handlungsweise, weil sie schlecht, prämiiert nicht eine andere, weil sie gut ist, sondern: die Gesellschaftglieder legen einer von der Gesellschaft verpönten Handlungsweise die negative Werteigenschaft „böse“, der prämiierten aber die Werteigenschaft „gut“ bei.
Auch dem moralischen Werturteil liegt also dies zugrunde: Handlung X wird sozial mißbilligt. Statt zu sagen: „Wir mißbilligen Vernichtung von Menschenleben durch Menschenhand“ (reflektive Bewertungskundgabe), sagt man „Mord ist verwerflich“. Wohlgemerkt: „Mord“. Das ist schon eine suggestive Bewertung, nicht etwa die sachliche Kennzeichnung eines Tatbestandes. Als „Mord“ bezeichnet man allenthalben die Gesamtheit der sozial mißbilligten Fälle von Vernichtung fremden Lebens. Der Scharfrichter dagegen „tut seine Pflicht“, der Soldat „ist ein Held“ – wenn er Menschenleben vernichtet. Um freiwilliges Ausscheiden aus dem Leben von moralischem Makel zu befreien, mußte man daher den Ausdruck „Selbstmord“ durch „Freitod“ ersetzen. Die Menschen sind eben sehr verschiedener Meinung darüber, wann und unter welchen Umständen die Vernichtung von Menschenleben verwerflich, wann zulässig, wann sogar löblich sei.
Indem man eine Handlungsweise als gut oder schlecht bezeichnet, denkt man sich entweder, daß gut und schlecht Eigenschaften seien, die der Handlung als solcher innewohnen, sie in ihrer Tatsächlichkeit kennzeichen, oder daß es einen Wert des Guten (und den Unwert des Bösen) gebe, an dem die Handlung teilhat, oder den sie verkörpert. Weder das eine noch das andere ist in der Erkenntniswirklichkeit vorfindbar. Alle Versuche der Moralphilosophie, ein allgemein und objektiv gültiges Moralsystem zu begründen, haben daher kläglich fehlgeschlagen.
Stellen wir also zunächst folgendes als Ergebnis fest. Werturteile aller Art beruhen darauf, daß persönliche oder kollektiv gleichartige Primärbewertungen, d. h. Gefühlsverhältnisse von Personen zu einem Gegenstande in Eigenschaften des Gegenstandes umgedeutet, d. h. objektiviert werden. Dinge *sind* nicht schön oder häßlich, Handlungen *sind* nicht gut oder böse, usw., sondern Personen oder Personenkreise finden Gefallen oder Mißfallen an ihnen, billigen oder mißbilligen sie. Man beachte wohl: wenn hier gesagt wird, es sei nicht wahr, daß Vernichtung von Menschenleben verwerflich sei, so heißt das nicht, Vernichtung von Menschenleben sei also erlaubt oder gar löblich. Die Umkehrung eines Werturteils wäre ebenfalls ein (entgegengesetztes) Werturteil, und also ebenso erkenntnisillegitim.

73. VICTOR KRAFT

Werturteile als allgemein gültige Stellungnahmen zu Sachverhalten

Ein Werturteil läßt sich auf keinen Fall als reine Tatsachenaussage auffassen oder in eine solche umformen. Denn damit geht gerade der Wertcharakter verloren. Tatsachen sind ja als solche wertfrei. Ein Werturteil muß in einem ganz anderen Sinn interpretiert werden als wie als Realaussage. „Betrug ist schändlich" kann nicht bedeuten: Betrug bringt Schande – das ist ja durchaus nicht immer der Fall –, sondern nur: Betrug *soll* Schande bringen. Dieses „soll" ist der Ausdruck dafür, daß in einem Werturteil eine Aufforderung liegt, eine Anweisung zu einer Stellungnahme. Was ein Werturteil aussagt, ist die Charakterisierung eines Gegenstandes hinsichtlich der Stellungnahme zu ihm. Es wird damit aber nicht einfach die persönliche Stellungnahme des Wertenden kundgegeben, sondern dieser will damit eine unpersönliche Charakterisierung des Gegenstandes geben; er mutet seine Stellungnahme auch allen anderen zu. Es wird damit gesagt, wie man sich zu ihm verhalten *soll,* freundlich oder feindlich. Das Spezifische eines Werturteils liegt darin, daß es lobt oder tadelt; damit wendet es sich an die Stellungnahme des Hörers und sucht sie zu beeinflussen. Einem Gegenstand Wertcharakter zuschreiben heißt somit: eine Direktive für das Verhalten zu ihm geben, allgemein. Wenn man das, was ein Werturteil meint, umschreibend auseinanderlegt, so kann es nur in der Weise geschehen, daß man es durch eine Forderung, ein Sollen wiedergibt. Ein Werturteil ist somit keine Tatsachenaussage, keine beschreibende Darstellung, sondern etwas ganz anderes: *die Anweisung einer Stellungsnahme* zu einem Gegenstand, u. zw. *allgemein* und *anonym,* nicht von einer bestimmten Person für bestimmte Personen.

Das ist von fundamentaler Bedeutung für das Wesen und die Funktion der Werturteile. Enthält ein Werturteil eine Anweisung und nicht eine Darstellung, dann kann es auch nicht *wahr* oder *falsch* sein. Denn Wahrheit oder Falschheit kommt nur Aussagen eines darstellenden Gehaltes zu. Denn nur solche Aussagen lassen sich prüfen, ob sie zutreffen oder nicht. Bei Anweisungen, Befehlen, Forderungen, Normen ist das nicht möglich, es ist sinnlos, weil sie keinen *bestehenden* Sachverhalt *darstellen,* sondern die Herstellung eines Sachverhaltes erst *verlangen.* Es fehlt hier also dasjenige überhaupt, nach dem das Zutreffen, die Wahrheit oder Falschheit zu entscheiden wäre. Ein Werturteil kann sehr wohl auch einen sachlichen Gehalt einschließen: die Wertbegriffe enthalten ja zumeist außer dem Wertcharakter auch einen sachlichen Gehalt. Aber sofern es einen *Wert* aussagt gerade seinem Wertsinn nach, sagt ein Werturteil keinen Sachgehalt aus....

Anweisungen, Befehle, Forderungen, Normen haben eine andere Legitimation als Wahrheit: sie sind nicht wahr, sondern gültig.

74. MAX SCHELER

Werturteile sind nicht bloßer Gefühlsausdruck, sondern erfassen objektive Werte

Zwischen dem Gefühlsausdruck: Ah! vor einem Gemälde, das uns plötzlich entgegentritt, oder einer Landschaft, die sich vor uns im Gehen auftut und angesichts welcher Bewunderung und Überraschung oder ähnliches Ausdruck finden, – und einer Aussage: „dies Gemälde ist schön", „diese Landschaft ist lieblich", ist nicht ein Gradunterschied oder ein Unterschied der bloßen Differenzierungen der Qualitäten des ausgedrückten Gefühls, sondern ein *Unterschied des Wesens.* Das Ah! *meint* nichts und *bedeutet* nichts, sondern drückt einen Gefühlszustand einfach aus. Jene Sätze aber meinen und bedeuten etwas, und zwar etwas *in* dem Gemälde, *in* der Landschaft Liegendes. Ich bin, wenn ich sie aussage, weder gerichtet auf meinen Gefühlszustand, noch lebe ich – schlicht – in einem solchen, sondern ich bin gerichtet auf diese Inhalte und lebe in diesen Gegenständen. Mögen sich beliebige Gefühlszustände mit dem Erfassen dieses „schön", dieses „lieblich" *in* den Gegenständen selbst verbinden und diese dann auch mannigfachsten *Ausdruck* finden, so sind sie doch in *keiner* Weise *gemeint,* so wie das Schöne und Liebliche in diesen Dingen gemeint ist. Ja sie sind es so wenig, wie in dem Satze: „dies ist rot", wenn ich ein rotes Ding sehend aussage, *gemeint* ist, daß ich während des Sehens bestimmte Empfindungen in den Muskeln meiner Augen habe. Ebenso ist der Ausdruck meines Enthusiasmus über eine schöne sittliche Tat, der Ausdruck meiner Entrüstung im Pfui-Ruf über eine niedrige Handlung, nicht nur von den *Urteilen* „diese Tat ist sittlich schön" und „jene ist niedrig", sondern schon von dem *prälogischen Erfassen* dieser Qualitäten, die in der Tatsache selbst liegen, *wesens*verschieden. Mag jener Enthusiasmus und diese Entrüstung berechtigt oder unberechtigt sein, immer ist sie doch selbst fundiert in dem Erfassen der in den Gegenständen liegenden *Wertmaterien.* Ich bewundere nicht die Landschaft, sondern ihre *Schönheit,* die mir klar oder dunkel aufblitzt.

75. NICOLAI HARTMANN

Ethische Urteile sind streng allgemein, notwendig und objektiv

Das sittliche Werturteil, welches besagt „Vertrauensbruch ist empörend", oder „Schadenfreude ist verwerflich", meint damit nicht das Empfinden als empörend oder verwerflich. Das Werturteil ist vielmehr selbst dieses Empfinden, bzw. sein Ausdruck. Aber was es „meint", ist etwas anderes, ein objektives, vom Empfinden unabhängiges Empörend-Sein und Verwerflich-Sein. Es meint etwas Gegenständliches, Ansichseiendes. Aber freilich ein ideal Ansichseiendes.

Dem entspricht die Überzeugung, die jedes echte Werturteil begleitet, daß jeder Andere ebenso urteilen, das gleiche Wertempfinden haben müsse. Und auch hier bedeutet die Allgemeinheit und Notwendigkeit, die sich in solcher Überzeugung verrät, kein psychologisches Faktum. Denn tatsächlich empfinden und urteilen andere Personen gelegentlich auch anders. Und der Urteilende weiß oder kann doch sehr wohl wissen um die Abweichung fremden Werturteils von dem seinen.

Aber es ist hiermit ebenso wie mit der mathematischen Einsicht. Nicht jeder ist ihrer fähig: nicht jeder hat den Blick, die ethische Reife, das geistige Niveau, den Sachverhalt zu sehen, wie er ist. Nichtsdestoweniger besteht die Allgemeinheit, Notwendigkeit und Objektivität des Werturteils in der Idee zu Recht. Denn diese Allgemeinheit bedeutet gar nicht, daß ein jeder der fraglichen Werteinsicht fähig sei. Sie bedeutet nur, daß, wer ihrer fähig ist, d. h. wer überhaupt geistig an ihren Sinn heranreicht, notwendig so und nicht anders empfinden und moralisch urteilen muß. Das ist im

Grunde eine ganz triviale Wahrheit. Nicht jeder z. B. hat Sinn und Verständnis für den sittlichen Wert einer in der Stille vollbrachten hochherzigen Handlung oder einer feinfühlig geübten Rücksicht: wohl aber muß jeder, der Sinn für sie hat, sie als etwas Wertvolles beurteilen, muß die Person des Täters darum achten.

In diesem Sinne – dem einzig in Betracht kommenden Sinn – ist das moralische Werturteil und das hinter ihm stehende primäre moralische Wertgefühl ein streng allgemeines, notwendiges und objektives. In diesem Sinne also ist der im Werturteil sich aussprechende Wert selbst ein vom Subjekt des Urteilenden unabhängiger. Er hat ein ebenso echtes ideales Ansichsein wie ein mathematisches Gesetz.

D. ETHISCHE ARGUMENTATIONEN

76. MARCUS GEORGE SINGER

Wenn das alle täten ...!

Die Frage, „Was würde passieren, wenn das jeder täte?", ist eine Frage, mit der wir alle vertraut sind. Wir haben alle schon Situationen erlebt, in denen sie gestellt wurde, und haben sie vielleicht auch selbst schon gestellt. Wir kennen schon ungefähr den Verwendungszusammenhang, in dem diese Frage sinnvoll ist. So verstehen wir, daß sie entweder eine Verkürzung oder eine Vorbereitung des weiteren Satzes ist: „Wenn das jeder täte, wären die Folgen verheerend", und man diesen Satz oft als guten Grund für die Folgen ansieht, daß man das nicht tun sollte. Die Situationen, in denen derartige Überlegungen angestellt werden können, sind natürlich ganz verschieden. Jemandem, der seine Absicht kundtut, bei irgendeiner Wahl seine Stimme nicht abzugeben, könnte man mit der Frage begegnen: „Was würde passieren, wenn niemand wählen würde?" Wenn niemand wählen würde, würde das jede Form von Regierung unmöglich machen, oder zumindest würde das demokratische System damit unterminiert; und viele meinen, daraus gehe eindeutig hervor, daß jeder wählen sollte. Oder es könnte z. B. jemand, der den Versuch eines anderen mißbilligt, sich dem Militärdienst zu entziehen, darauf hinweisen: „Wenn jeder es ablehnen würde, zu dienen, würden wir den Krieg verlieren". Die Mitglieder eines Diskussionskreises, die sich dazu treffen, über Thesenblätter der Teilnehmer zu diskutieren, sind sich wohl alle darüber klar, daß jeder einmal ein Thesenblatt vorbereiten sollte, selbst derjenige, der das nicht will und es vorzieht, sich nur an den Diskusionen zu beteiligen; denn wenn sich jeder weigern würde, so würde sich der Kreis auflösen, und es gäbe keine Diskussionen mehr. Diese Art von Überlegungen wäre für jemanden, dem es gleich ist, ob der Kreis sich auflöst, nicht ausschlaggebend. Aber sie wäre sicher entscheidend für jemanden, der an den Zusammenkünften gern teilnimmt und wünscht, daß sie fortgesetzt werden.

Jeder dieser Fälle liefert ein Beispiel für den Gebrauch oder die Anwendung eines Argumentationstyps, den ich das *Argument der Verallgemeinerung* nennen möchte: „Wenn das jeder täte, wären die Folgen verheerend (oder nicht wünschenswert);

daher sollte niemand das tun." Jedes Argument der Form „Die Folgen davon, daß niemand das täte, wären nicht wünschenswert; darum sollte jeder das tun" ist offensichtlich ebenso ein Anwendungsfall des Arguments der Verallgemeinerung. ... In den oben angeführten Beispielen scheint es für eine moralische Beurteilung dieser Handlungsweisen ohne weiteres relevant zu sein, sich die Folgen davon zu vergegenwärtigen, daß jeder so handelt. Aber es gibt andere Beispiele, bei denen diese Art von Überlegung eindeutig irrelevant ist. Obgleich z. B. „die Menschheit wahrscheinlich den Kältetod erleiden würde, wenn jeder Nahrungsmittel produzieren, und sicher verhungern würde, wenn jeder Bekleidung anfertigen oder Häuser bauen würde", wäre es doch absurd, daraus zu schließen, daß niemand Nahrungsmittel herstellen oder Häuser bauen sollte. Man könnte meinen, dies sei ein Gegenbeispiel, mit dem sich beweisen ließe, daß das Argument der Verallgemeinerung grundsätzlich untauglich sei und zu Trugschlüssen führe. Das Argument, daß du etwas nicht tun solltest, mit Rücksicht darauf, was geschehen würde, wenn *jeder* das täte, ist – obgleich es ihm irgenwie ähnelt – von dem Argument, daß du etwas nicht tun solltest, mit Rücksicht darauf, was geschehen würde, wenn *du* das tust, doch grundverschieden. Nach dem Muster, „Wenn du das tun würdest, wären die Folgen verheerend, darum solltest du es nicht tun", können wir argumentieren, „Wenn jeder das täte, wären die Folgen verheerend, darum sollte es nicht jeder tun". Aber die Folgerung von „Nicht jeder sollte es tun" auf „Niemand sollte es tun", von „Nicht jeder hat das Recht" auf „Niemand hat das Recht" scheint sicher nicht zu stimmen. Das ist, als ob man sagen würde, niemand habe rote Haare, weil nicht jeder rote Haare hat.

77. RICHARD MERVYN HARE

Beispiel einer ethischen Argumentation

Es gibt im Grunde nur zwei Regeln für das moralische Begründen; sie entsprechen den zwei Merkmalen moralischer Urteile, ...nämlich der Präskriptivität und der Universalisierbarkeit[1]. Wenn wir uns in einem konkreten Fall in der Frage, was wir tun sollten, zu entscheiden versuchen, dann halten wir dabei nach einer Handlung Ausschau, auf die wir uns selbst festlegen können (Präskriptivität), von der wir aber auch zugleich bereit sind, sie als Beispiel für einen Handlungsgrundsatz zu akzeptieren, der auch für andere in ähnlichen Umständen als Vorschrift zu gelten hat (Universalisierbarkeit). Wenn wir uns irgendeinen Handlungsvorschlag ansehen und finden, daß seine Universalisierung Vorschriften ergibt, die wir nicht akzeptieren können, weisen wir diese Handlung als eine Lösung für unser moralisches Problem zurück – wenn wir die Vorschrift nicht universalisieren können, kann sie kein ‚sollte' werden.

Ich will jetzt versuchen, an Hand eines sehr einfachen (in der Tat, zu stark vereinfachten) Beispiels das bloße Gerüst derjenigen Theorie des moralischen Begründens

[1] *Präskriptivität* und *Universalisierbarkeit:* S. T. 62 (Fußnoten) und Kommentar zu T. 62 und T. 77 in der Einführung.

darzulegen, die ich zu verfechten wünsche. Wie wir sehen werden, erzeugt selbst dieser sehr einfache Fall die größten Verwirrungen; und so möge man uns verzeihen, wenn wir nicht den Versuch machen, gleich mit etwas Schwierigerem anzufangen.

Das Beispiel ist nach einer wohlbekannten Parabel gebaut (Mt 18,23). A schuldet B Geld, und B schuldet C Geld, und nach dem Gesetz steht es Gläubigern frei, ihre Schulden dadurch einzutreiben, daß sie ihre Schuldner ins Gefängnis stecken. B fragt sich: ‚Kann ich behaupten, daß ich diese Maßnahme gegen A ergreifen sollte, um ihn dadurch zum Zahlen zu bringen?‘ Ohne Zweifel ist er *geneigt,* dies zu tun, oder er *will* es tun. Würde es infolgedessen keine Frage des Universalisierens von seinen Vorschriften geben, dann würde er bereitwillig der *singulären* Vorschrift zustimmen: ‚Laß mich A ins Gefängnis stecken‘. Wenn er aber versucht, diese Vorschrift in ein Moralurteil umzuwandeln und also zu sagen: ‚Ich *sollte* A ins Gefängnis stecken, weil er mir nicht zahlen will, was er mir schuldet‘, dann wird ihm deutlich, daß das auch die Annahme des Grundsatzes einschließt: ‚Jeder in meiner Lage sollte seinen Schuldner ins Gefängnis stecken, wenn er nicht zahlt‘. Danach bemerkt er, daß C ihm (B) gegenüber in der gleichen Lage eines Gläubigers ist, der sein Geld noch nicht zurückerhalten hat; und daß die Fälle sonst identisch sind; und daß dann, wenn jeder in dieser Lage seine Schuldner ins Gefängnis stecken sollte, somit auch C ihn (B) ins Gefängnis stecken sollte. Die moralische Vorschrift ‚C sollte mich ins Gefängnis stecken‘ anzunehmen, würde ihn darauf festlegen (da er, wie wir gesehen haben, das Wort ‚sollte‘ dabei präskriptiv gebrauchen muß), auch die singuläre Vorschrift anzunehmen: ‚Laß C mich ins Gefängnis stecken‘; und dies zu akzeptieren ist er nicht bereit. Ist er es aber nicht, dann kann er auch nicht das ursprüngliche Urteil annehmen, daß er (B) A wegen dessen Schulden ins Gefängnis stecken sollte. Man beachte, daß diese ganze Begründung zusammenbrechen würde, wenn ‚sollte‘ hier nicht universalisierbar *und präskriptiv* gebraucht würde; denn wenn es nicht präskriptiv verwendet würde, dann wäre der Schritt von ‚C sollte mich ins Gefängnis stecken‘ auf ‚Laß C mich ins Gefängnis stecken‘ nicht gültig.

Nun müssen wir die Struktur und die Bestandteile dieser Begründung prüfen. …

Genauso wie die Wissenschaft, wenn sie ernst betrieben wird, ein Suchen nach Hypothesen[1] und ein Testen dieser Hypothesen durch Falsifikationsversuche[2] ihrer einzelnen Konsequenzen ist, genauso besteht die Moral, wenn man sie ernst nimmt, in der Suche nach Grundsätzen und im Testen dieser Grundsätze durch ihre Anwendung auf einzelne Fälle. Jede rationale Tätigkeit hat ihr eigenes Verfahren, und dies ist das Verfahren des moralischen Denkens: Teste die moralischen Grundsätze, die sich dir anbieten, indem du auf ihre Konsequenzen schließt und dann nachsiehst, ob du *diese* akzeptieren kannst.

Es gilt jedoch: Keine Begründung *ex nihilo*[3]. Wir müssen uns folglich fragen, was wir schon in Händen haben müssen, ehe wir mit einer Begründung von der Art, von der ich eben ein einfaches Beispiel gegeben habe, anfangen können. Das erste Erfordernis

[1] *Hypothese:* (griech.: „Unterlage“, „Grundlage“) wohlerwogene, auf Tatsachen beruhende Annahmen, die erst durch weitere Untersuchung der Tatsachen als richtig erwiesen werden kann.

[2] *Falsifikationsversuche:* Versuche, etwas (hier: Hypothesen) als falsch zu erweisen.

[3] *ex nihilo:* aus nichts; gemeint ist hier: keine Begründung ohne Voraussetzung, ohne Prämissen.

ist, daß im vorliegenden Fall die relevanten Tatsachen bekannt sind; denn jede moralische Erörterung geht über irgendeine besondere Menge von Tatsachen, sei es über wirkliche oder nur über vorgestellte. Zweitens haben wir die logischen Beziehungen, die durch die Bedeutung des Wortes „sollte" zustandekommen (d. h. Präskriptivität und Universalisierbarkeit; beide sind, wie wir sahen, notwendig). Weil Moralurteile universalisierbar sein müssen, kann B nicht sagen, daß er A wegen Schulden ins Gefängnis stecken sollte, ohne sich dadurch auf die Ansicht festzulegen, daß C, der *ex hypothesi*[4] ihm selbst gegenüber in der gleichen Lage ist, auch *ihn* ins Gefängnis stecken sollte; und weil Moralurteile präskriptiv sind, würde dies im wesentlichen heißen, daß er C vorschreibt, ihn (B) ins Gefängnis zu stecken; und das zu tun, ist er nicht willens; denn er hat eine starke Neigung, nicht ins Gefängnis gehen zu müssen. Diese Neigung versieht uns mit dem dritten notwendigen Bestandteil unserer Begründung: Würde B eine vollständig gefühllose Person sein, der es buchstäblich gleichgültig ist, was ihm oder irgend jemand anderem passiert, dann würde ihn die Begründung nicht berühren. Die drei von uns aufgeführten notwendigen Bestandteile sind also: (1) Tatsachen; (2) Logik; (3) Neigungen. Diese Bestandteile befähigen uns zwar nicht, zu einem wertenden Schluß zu kommen, aber doch, eine wertende Proposition zurückzuweisen.

[4] *ex hypothesi:* nach Annahme, nach Voraussetzung.

VII. EINE ETHISCHE FALLSTUDIE – EUTHANASIE

Einführung

Am Schluß der Textsammlung, aber durchaus nicht notwendigerweise am Schluß einer Unterrichtsreihe zum Thema Ethik, steht eine Fallstudie zu einem umstrittenen ethischen Problem. Die Frage nach der Euthanasie, durch die Geschehnisse in der Nazizeit für lange diskriminiert, ist in den letzten Jahren mit wachsender Intensität in den Massenmedien, in den Kirchen, in den Wissenschaften diskutiert worden. Dieses Problem kann sicher auch im Unterricht mit Nutzen für die Schüler behandelt werden, da es die Komplexität ethischer Fragestellungen aufzeigt. Hier kommen grundsätzliche ethische Fragen formaler Art, z. B. nach der Gültigkeit von Normen, und materialer Art, z. B. nach dem Recht auf Leben und Tod, zur Sprache. Ebenso sind die Überlegungen verschiedener Wissenschaften, z. B. der Medizin oder Jurisprudenz, zur Klärung heranzuziehen wie die Auffassungen der nicht philosophisch Gebildeten in Vergangenheit und Gegenwart. Natürlich wird durch die Vielfalt der Aspekte die Lösung der Frage, ob und unter welchen Umständen menschlichem Leben ein Ende gesetzt werden darf, nicht gerade vereinfacht. Aber wichtiger als eine simple Lösung muß es sein, daß der Schüler lernt, möglichst viele Implikationen des Themas zu sehen und aufgrund gewonnener Einsichten vorsichtig in Beurteilung und Entscheidung zu werden. Es ist zu hoffen, daß das an dieser Fragestellung geschulte Urteilsvermögen sich auch an anderen ethischen Problemen, z. B. der Abtreibung (§ 218), bewähren wird. Die Textauswahl, deren Reihenfolge nicht unmittelbar die Reihenfolge des Unterrichts festlegen will, bringt in ihrem ersten Teil statistische Daten (78a) und konkrete Äußerungen aus unserer Zeit (78b). Bei der Frage der Begriffsbildung wird man schon zu Anfang die weithin rezipierte Begrifflichkeit von „aktiver und passiver Euthanasie" (vgl. 80b) berücksichtigen können. An den Anfang der Unterrichtsreihe mag man ähnliche Fragen wie die von Allensbach formulierten stellen. Man kann aber auch mit der Analyse eines Beispiels beginnen, das sich etwa in den Texten 79e oder 79f findet.
Der zweite, historisch orientierte Teil bietet Exempla aus Geschichte und Gegenwart. Er kann trotz aller Unvollständigkeit und Kürze dem Schüler zeigen, daß diese Frage immer schon durchdacht wurde (79a-c), daß sie aber in unserer Zeit durch die vielen medizinischen und technischen Möglichkeiten (79 e, f), aber auch durch die Gefahr des politischen Mißbrauchs in großem Umfang (79d) eine neue Dimension gewonnen hat.
Der dritte Abschnitt läßt zwei Ärzte zu Wort kommen, die sich seit langem mit dem Problem der Sterbehilfe beschäftigt haben. Im vierten Abschnitt werden juristische Überlegungen zur Diskussion gestellt, die sich damit befassen, ob der § 216 des Strafgesetzbuches, der eine Sterbehilfe verbietet, abgeschafft, modifiziert oder beibehalten werden soll. Dabei kann deutlich werden, daß in den juristischen Fragen letztlich ethische Überlegungen aufscheinen. Wenn auch in allen Texten der ersten vier Abschnitte philosophische Einstellungen zu bemerken sind, so sollten am Ende noch einmal explizit philosophische Überlegungen zu finden sein. Max Horkheimer, der bekannte Philosoph der Frankfurter Schule, spricht sich angesichts der Qualen von Sterbenden für die Euthanasie aus (82a), während Hans Buchheim im Blick auf die Normenfrage gegen eine gesetzliche Regelung der Euthanasie ist (82b). Schließlich entfaltet Hans Böckle, von Haus aus Moraltheologe, die Grundsätze einer Ethik, in der das Recht auf Leben und das Recht auf den eigenen Tod begründet werden (82c).

78. *Meinungen und Begriffe*

a) Eine Umfrage von Allensbach (1974)

1. Ein schwerkranker Patient im Krankenhaus soll das Recht haben, den Tod zu wählen und zu verlangen, daß der Arzt ihm die todbringende Spritze gibt.

Zustimmung:	53%
Ablehnung:	33%
Unentschieden:	14%

2. Es gibt ja immer wieder Menschen mit schweren geistigen Schäden, die praktisch dazu verurteilt sind, das ganze Leben lang dahinzudämmern. Deshalb hört man ja manchmal, es wäre das Beste, solchen Kranken ein Medikament zu geben, daß sie nicht mehr aufwachen. Wären Sie dafür oder dagegen, daß Ärzte in solchem Fall das Leben des Kranken beenden können?

Dafür	Dagegen	Unentschieden
38%	38%	24%

b) Äußerungen junger Leute

Ich absolviere zur Zeit mein Krankenpflegepraktikum für das Medizinstudium. Als ich auf die chirurgische Station kam, lag Frau X bereits seit einigen Wochen dort. Frau X war etwas über 70. Sie hatte Krebs, eine Darmoperation war nötig gewesen, man hatte einen künstlichen Ausgang legen müssen.

Als ich sie kennenlernte, lag sie bereits auf einem Einzelzimmer. Ein etwa zwanzig Zentimeter langer Schnitt ging quer über ihren Unterleib, doch die Wunde heilte nicht. Die Ränder waren schwarz, angefault, klafften täglich weiter auseinander. Drehte man die Frau zum Betten auf die Seite, lief eine braune, penetrant riechende Flüssigkeit heraus. Die Glieder waren kalt. Der offene Mund war trocken, Lippen und Zunge waren aufgerissen und blutig. So lag sie da mit starrem Blick, leise vor sich hinstöhnend, Tag um Tag bei vollem Bewußtsein. Unaufhörlich liefen die Infusionen; Herzmittel, Kreislaufmittel, Aufbaustoffe, Nährstoffe …

So etwas ist Brutalität. Ich will die Schwierigkeiten für das Auffinden der richtigen Formen der Euthanasie in keiner Weise bagatellisieren, aber ich will auch behaupten, daß wir bald nicht mehr den Namen einer nur einigermaßen humanen Gesellschaft verdienen, wenn wir bei den sich täglich verbessernden wissenschaftlichen Möglichkeiten nicht den Mut haben, Mittel und Wege zu finden, dem Menschen auch ein Recht auf den Tod zu garantieren. Renate Becker, 18 Jahre

Woran läßt sich die Freiheit besser messen als an der Freiheit, den Tod zu wählen!
Michael Zech, 19 Jahre

Ich sehe den Tod als letzte große Hürde im Leben, vor der man sich nicht scheuen sollte. Jede Minute, die man länger lebt, gibt einem die Möglichkeit, Hoffnung zu haben und nachzudenken, mehr vielleicht als jemals zuvor. Eva Schneider, 18 Jahre

Vorausgesetzt, der Kranke ist nicht mehr in der Lage, seine Wünsche zu artikulieren, und seine Angehörigen fordern seine „Einschläferung“: Wer garantiert dafür, daß dies aus humanitären Erwägungen heraus geschieht? Spielen oft nicht egoistische Motive wie Habgier (zu erwartende Erbschaft) eine Rolle dabei? Und: Wozu noch Forschung auf dem Gebiet der Medizin und der Pharmazie, wenn die Möglichkeit zur Euthanasie besteht? Ist es nicht viel einfacher, die Menschen zu töten, als Geld, Wissen und Arbeit in ein Gebiet zu investieren, das sich als schier unlösbar erwiesen hat?

Jeder Mensch hat ein Recht auf Leben. Kein noch so gutgemeintes Gesetz sollte und darf gegen dieses Grundrecht verstoßen. Dagmar Fiedler, 18 Jahre

Es stellt sich für mich die Frage: Sind unheilbar kranke Menschen überhaupt psychisch in der Lage, solch einen Entschluß zu fassen? Dürfen wir solch einen Wunsch berücksichtigen?

Würde der „Gnadentod auf Wunsch" freigestellt, tauchte dann nicht irgendwann wieder die Frage auf: Was machen wir mit unseren geisteskranken Menschen? Sie können diesen Wunsch zwar nicht ernst gemeint äußern, aber würden nicht einige Gesellschaftsbereiniger in Versuchung geraten? Besteht nicht auch die Möglichkeit, daß mit einer Freigabe Schindluder getrieben werden kann? Ich möchte dieses Risiko nicht eingehen! Heiner Hagemann, 18 Jahre

Krankenhäuser sind knapp in Deutschland. Dem „Herrgott in Weiß" wäre es doch sicherlich möglich, einen unheilbar Kranken (mit der Spritze in der Hand) von seiner hoffnungslosen Lage zu überzeugen. Und ist der Patient erst einmal ohne Bewußtsein (es soll Fälle geben, wo ein Körper noch monate-, ja jahrelang die kostbare Zeit der Ärzte und des Pflegepersonals ohne jeden Sinn in Anspruch nimmt), wer spricht dann das Todesurteil, wer will dann aus Bequemlichkeit diese Menschen „erlösen"? Ist es dann nicht auch einfacher, in den Anstalten für psychisch Kranke einmal gründlich aufzuräumen? Es ist ja doch nur eine lebenslange Qual für diese Patienten …

Nein. Der Tod darf nicht in Paragraphen gezwängt und so als eine im Grunde doch ganz einfache und problemlose Tatsache aus dem Bewußtsein verdrängt werden. Es ist schon zu viel Mißbrauch auf diese Art mit ihm getrieben worden.

Martin Scharpenberg, 17 Jahre

Ich bin der Ansicht, daß die Rechtsnormen zum Gnadentod auf Verlangen inhuman und deshalb unhaltbar sind. Wir sollten die Qual des Sterbens nicht mit allen Mitteln verlängern, um dadurch menschliches Leben etwa durch technische Apparaturen zum Dahinvegetieren, zum biologischen Leben zu degradieren. Hier zeigt sich überdies, daß letztlich dem Arzt die Entscheidungsfreiheit für sein Verhalten zustehen sollte, da er die medizinische Seite des Falles am besten überblickt. Friedbert Sauer, 18 Jahre

Ja! Denn dem Menschen wird zwar das Recht auf Leben zugestanden, aber das ebenfalls erforderliche Recht auf einen schnellen Tod hat er nicht.

Wer es einmal mitgemacht hat, kann bestätigen, welche nervliche Belastung es ist, täglich mit dem Verfall des Kranken konfrontiert zu werden, täglich (und nächtlich) seine Schmerzensschreie zu hören, wenn die Narkotika ihre Wirkung verlieren. Wer dem Kranken sein Leben erleichtern will, bringt ihn nicht in ein Krankenhaus, wo er vielleicht im Flur liegen muß, wo täglich andere Patienten für immer das Zimmer verlassen, wo keiner wieder gesund wird, wo die Ärzte, Pfleger und Pflegerinnen sich nicht ausschließlich um ihn kümmern können. Da ist es doch einfacher, im Kreise der Familie zu sterben. Wenn es mir einmal so gehen sollte, möchte ich eingeschläfert werden wie ein Tier, das schnell und schmerzlos sterben darf, und nicht wie ein Mensch, der langsam, Tag für Tag ein bißchen mehr, krepieren muß. Darum trotz aller juristischen Schwierigkeiten, Ja zur Euthanasie! Holger Dainat, 17 Jahre

Jeder Mensch lebt nur einmal, auch wenn er in dieser Zeit Schmerzen, Kummer und Leiden ertragen muß, welche ihn oft verzweifeln lassen, so darf sein Leben nicht bewußt beendet werden. Denn die Hoffnung auf Besserung und Heilung erhalten den gerade für Kranke notwendigen Lebenswillen. Ich halte es deshalb für die Pflicht jedes Arztes, eher durch die Hoffnung auf Besserung den Lebenswillen des Patienten zu erhalten, als ihn durch Unterrichtung über seinen wirklichen Zustand in den Freitod zu treiben. Sabine Ahrens, 19 Jahre

Ich finde, man sollte den unheilbar kranken Patienten dreimal den Wunsch kundtun lassen, daß er einen Gnadentod wünsche. Bei einem einmaligen Wunsch nämlich kann er ja aus Verzweiflung verlangt worden sein. Wenn sich aber der Patient noch beim dritten Mal seines Wunsches sicher ist, dann sollte man ihn ruhigen Gewissens von seinen Qualen erlösen. Anton Schasche, 18 Jahre

79. *Dokumente aus Geschichte und Gegenwart*

a) Der Eid des Hippokrates

Ich schwöre bei Apollon, dem Arzte, und Asklepios und Hygieia und Panakeia und allen Göttern und Göttinnen als Zeugen, daß ich nach meinem besten Vermögen und Urteil diesen Eid und diese Verpflichtung erfüllen werde:
den, der mich diese Kunst lehrte, gleich zu achten meinen Eltern, insbesondere mit ihm den Lebensunterhalt zu teilen und ihn mitzuversorgen, falls er Not leidet; seine Nachkommen gleich zu achten meinen männlichen Geschwistern, insbesondere, wenn sie es wünschen, sie diese Kunst zu lehren ohne Entgelt und ohne vertragliche Verpflichtung, und so Ratschlag und Vorlesung und alle sonstige Belehrung zu erteilen meinen und meines Lehrers Söhnen wie auch den Schülern, die durch den Vertrag gebunden und vereidigt sind nach ärztlichem Brauch, sonst aber niemandem.
Meine Verordnungen werde ich treffen zu Nutz und Frommen der Kranken nach meinem besten Vermögen und Urteil, sie schützen vor allem, was ihnen schaden und Unrecht zufügen könnte.
Nie werde ich, auch nicht auf eine Bitte hin, ein tödlich wirkendes Gift verabreichen oder auch nur einen Rat dazu erteilen; gleichweise werde ich niemals einer Frau ein fruchtabtreibendes Zäpfchen geben.
Heilig und rein werde ich mein Leben bewahren und meine Kunst.
In welche Häuser ich eintrete, stets will ich eintreten zu Nutz und Frommen der Kranken, mich fernhaltend von willkürlichem Unrecht und jeder anderen Schädigung, insbesondere von Werken der Wollust an den Leibern von Frauen und Männern, Freien und Sklaven.

Was ich auch bei der Behandlung sehe oder höre oder außerhalb der Behandlung im Leben der Menschen, soweit man es nicht ausplaudern darf, werde ich darüber schweigen, in der Überzeugung, daß hier Schweigen heilige Pflicht ist.
Wenn ich nun diesen meinen Eidspruch erfülle und nicht verletze, möge mir im Leben und in der Kunst Erfolg beschieden sein, Ruhm und Ansehen bei allen Menschen bis in ewige Zeiten; wenn ich ihn übertrete und meineidig werde, dessen Gegenteil.

b) Tod bei den Eskimos

Ein auf den Diomede-Inseln wohnender Jäger berichtete dem Verfasser, wie er seinen eigenen Vater auf dessen Bitte hin getötet habe. Der alte Eskimo siechte dahin und konnte nicht mehr in dem Maße, das er für angemessen hielt, zum Unterhalt der Gruppe beitragen. Daher bat er seinen damals etwa zwölfjährigen Sohn, ein großes Jagdmesser zu schärfen und zeigt ihm die verwundbare Stelle über seinem Herzen an, in die sein Sohn das Messer hineinstechen sollte. Der Junge stach es tief in die Brust, ohne aber die gewünschte Wirkung zu erzielen. Würdig und schicksalsergeben sprach der Vater: „Versuch es etwas höher, mein Sohn." Der zweite Stich tat seine Wirkung, und der alte Mann ging in das Schattenreich seiner Stammväter ein.

c) Thomas Morus: Utopia

1516 erschien in Leiden ein Buch des großen englischen Staatsmannes, Humanisten und philosophischen Schriftstellers Sir Thomas More, damals Richter und Parlamentsmitglied, von 1529 an Großkanzler Heinrichs VIII. Das lateinische Werk trug den Titel *De optimo statu rei publicae deque nova insula Utopia* („Von der besten Verfassung des Staates und von der neuen Insel Utopia"). Sir Thomas, ein enger Freund des Erasmus von Rotterdam, eine integre, gerechte, tolerante und verantwortungsbewußte Persönlichkeit, war ein treuer Sohn seiner römischen Kirche. Als Heinrich VIII. sich scheiden lassen wollte von Katharina von Aragonien, um Anne Boleyn zu ehelichen, verweigerte der einflußreiche Günstling des Throns seinem König den Suprematseid, da er die Autorität des Heiligen Stuhls nicht angetastet sehen wollte. König Heinrich ließ daraufhin seinen Großkanzler in den Kerker werfen und am 6. Juli 1535 enthaupten.
In seinem Staatsroman *Utopia* schildert *Thomas More* im 21. Kapitel, wie in dem idealen Vernunftstaat die Utopier mit ihren Kranken verfahren.
„Die Kranken pflegen sie, wie ich sagte, mit großer Hingebung, und sie versäumen nichts, wodurch sie ihre Gesundheit wiederherstellen können, sei es durch Arzneimittel oder durch sorgfältige Diät. Sogar unheilbar Kranken erleichtern sie ihr Los, indem sie sich zu ihnen setzen, ihnen Trost zusprechen und überhaupt alle möglichen Erleichterungen verschaffen. Ist indessen die Krankheit nicht nur unheilbar, sondern dazu noch dauernd qualvoll und schmerzhaft, dann reden Priester und Behörden dem Kranken zu, da er doch allen Anforderungen des Lebens nicht mehr gewachsen, den Mitmenschen zur Last, sich selber unerträglich, seinen eigenen Tod bereits überlebe, solle er nicht darauf bestehen, die unheilvolle Seuche noch länger zu nähren, und nicht zögern zu sterben, zumal das Leben doch nur eine Qual für ihn sei; er solle sich also getrost und hoffnungsvoll aus diesem bitteren Leben wie aus einem Kerker oder aus

der Folterkammer befreien oder sich freiwillig von anderen herausreißen lassen; daran werde er klug tun, da ja der Tod keinen Freuden, sondern nur Martern ein Ende mache, und zudem werde er fromm und gottesfürchtig handeln, da er damit dem Rat der Priester, das heißt der Deuter des göttlichen Willens, gehorche. Wen sie damit überzeugt haben, der endigt sein Leben entweder freiwillig durch Enthaltung von Nahrung oder wird eingeschläfert und findet Erlösung, ohne vom Tode etwas zu merken. Gegen seinen Willen aber töten sie niemanden, und sie pflegen ihn deshalb auch nicht weniger sorgfältig. Auf einen solchen Rat hin sein Leben zu enden, gilt als ehrenvoll."

Hier wird also eindeutig neben der passiven auch die aktive freiwillige Euthanasie befürwortet, die heute noch von der Mutter Kirche des Autors leidenschaftlich bekämpft wird.
Thomas Morus wurde 1935, vier Jahrhunderte nach seiner Enthauptung, als Märtyrer des Katholizismus heiliggesprochen.

d) Clemens August Graf von Galen: Gegen die Beseitigung unproduktiver Mitmenschen

Ich hatte schon am 6. Juli Veranlassung, diesen Worten des gemeinsamen Hirtenbriefes[1] folgende Erläuterung hinzuzufügen: Seit einigen Monaten hören wir Berichte, daß aus Heil- und Pflegeanstalten für Geisteskranke auf Anordnung von Berlin Pfleglinge, die schon länger krank sind und vielleicht unheilbar erscheinen, zwangsweise abgeführt werden. Regelmäßig erhalten dann die Angehörigen nach kurzer Zeit die Mitteilung, die Leiche sei verbrannt, die Asche könne abgeliefert werden. Allgemein herrscht der an Sicherheit grenzende Verdacht, daß diese zahlreichen unerwarteten Todesfälle von Geisteskranken nicht von selbst eintreten, sondern absichtlich herbeigeführt werden, daß man dabei jener Lehre folgt, die behauptet, man dürfe sogenanntes „lebensunwertes Leben" vernichten, also unschuldige Menschen töten, wenn man meint, ihr Leben sei für Volk und Staat nichts mehr wert. Eine furchtbare Lehre, die die Ermordung Unschuldiger rechtfertigen will, die die gewaltsame Tötung der nicht mehr arbeitsfähigen Invaliden, Krüppel, unheilbar Kranken, Altersschwachen grundsätzlich freigibt.
Wie ich zuverlässig erfahren habe, werden jetzt auch in den Heil- und Pflegeanstalten der Provinz Westfalen Listen aufgestellt von solchen Pfleglingen, die als sogenannte „unproduktive Volksgenossen" abtransportiert und in kurzer Zeit ums Leben gebracht werden sollen. Aus der Anstalt Marienthal bei Münster ist im Laufe dieser Woche der erste Transport abgegangen.
Deutsche Männer und Frauen! Noch hat Gesetzeskraft der § 211 des Reichsstrafgesetzbuches, der bestimmt: „Wer vorsätzlich einen Menschen tötet, wird, wenn er die Tötung mit Überlegung ausgeführt hat, wegen Mordes mit dem Tode bestraft." Wohl um diejenigen, die jene armen Menschen, Angehörige unserer Familien, vorsätzlich töten, vor dieser gesetzlichen Bestrafung zu bewahren, werden die zur Tötung bestimmten Kranken aus der Heimat abtransportiert in eine entfernte Anstalt. Als Todesursache wird dann irgendeine Krankheit angegeben. Da die Leiche sofort verbrannt wird, können die Angehörigen und auch die Kriminalpolizei es hinterher

[1] (Autor) Gemeinsamer Hirtenbrief der deutschen Bischöfe vom 26. Juni 1941. In dem Brief war allgemein das Verbot der Tötung Unschuldiger hervorgehoben worden.

nicht mehr feststellen, ob die Krankheit wirklich vorgelegen hat und welche Todesursache vorlag. Es ist mir aber versichert worden, daß man im Reichsministerium des Innern und auf der Dienststelle des Reichsärzteführers Dr. Conti gar kein Hehl daraus mache, daß tatsächlich schon eine große Zahl von Geisteskranken in Deutschland vorsätzlich getötet worden ist und in Zukunft getötet werden soll.

Man urteilt: Sie können nicht mehr Güter produzieren, sie sind wie eine alte Maschine, die nicht mehr läuft, sie sind wie ein altes Pferd, das unheilbar lahm geworden ist, sie sind wie eine Kuh, die nicht mehr Milch gibt. Was tut man mit solch alter Maschine? Sie wird verschrottet. Was tut man mit solch einem lahmen Pferd, mit solch einem unproduktiven Stück Vieh? – Nein, ich will den Vergleich nicht bis zu Ende führen, so furchtbar seine Berechtigung ist und seine Leuchtkraft. Es handelt sich hier ja nicht um Maschinen, es handelt sich hier ja nicht um Pferd und Kuh, deren einzige Bestimmung ist, dem Menschen zu dienen, für den Menschen Güter zu produzieren. Man mag sie zerschlagen, man mag sie schlachten, sobald sie diese Bestimmung nicht mehr erfüllen. Nein, hier handelt es sich um Menschen, unsere Mitmenschen, unsere Brüder und Schwestern. Arme Menschen, kranke Menschen, unproduktive Menschen meinetwegen. Aber haben sie damit das Recht auf das Leben verwirkt? Hast du, habe ich nur so lange das Recht zu leben, solange wir produktiv sind, solange wir von andern als produktiv anerkannt werden? Wenn man den Grundsatz aufstellt und anwendet, daß man den „unproduktiven" Mitmenschen töten darf, dann wehe uns allen, wenn wir alt und altersschwach werden! Wenn man die unproduktiven Menschen töten darf, dann wehe den Invaliden, die im Produktionsprozeß ihre Kraft, ihre gesunden Knochen eingesetzt, geopfert und eingebüßt haben! Wenn man die unproduktiven Mitmenschen gewaltsam beseitigen darf, dann wehe unsern braven Soldaten, die als Schwerkriegsverletzte, als Krüppel, als Invaliden in die Heimat zurückkehren!

Wenn einmal zugegeben wird, daß Menschen das Recht haben, „unproduktive" Mitmenschen zu töten – und wenn es jetzt zunächst auch nur arme wehrlose Geisteskranke trifft – , dann ist *grundsätzlich* der Mord an allen unproduktiven Menschen, also an den unheilbar Kranken, den Invaliden der Arbeit des Krieges, dann ist der Mord an uns allen, wenn wir alt und altersschwach und damit unproduktiv werden, freigegeben. Dann braucht nur irgendein Geheimerlaß anzuordnen, daß das bei Geisteskranken erprobte Verfahren auf andere „Unproduktive" auszudehnen ist, daß es auch bei den unheilbar Lungenkranken, bei den Altersschwachen, bei den Altersinvaliden, bei den schwerkriegsverletzten Soldaten anzuwenden ist. Dann ist keiner von uns seines Lebens mehr sicher. Irgendeine Kommission kann ihn auf die Liste der „Unproduktiven" setzen, die nach ihrem Urteil „lebensunwert" geworden sind. Und keine Polizei wird ihn schützen und kein Gericht seine Ermordung ahnden und den Mörder der verdienten Strafe übergeben. Wer kann dann noch Vertrauen haben zu seinem Arzt? Vielleicht meldet er den Kranken als „unproduktiv" und erhält die Anweisung, ihn zu töten. Es ist nicht auszudenken, welche Verwilderung der Sitten, welch allgemeines Mißtrauen bis in die Familien hineingetragen wird, wenn diese furchtbare Lehre geduldet, angenommen und befolgt wird. Wehe den Menschen, wehe unserem deutschen Volke, wenn das heilige Gottesgebot: *„Du sollst nicht* *töten*", das der Herr unter Donner und Blitz auf Sinai verkündet hat, das Gott, unser Schöpfer, von Anfang an in das Gewissen der Menschen geschrieben hat, nicht nur übertreten wird, sondern wenn diese Übertretung sogar geduldet und ungestraft ausgeübt wird.

e) Karen Ann – leben oder in Würde sterben lassen?

Morristown (dpa). „Wenn Karen Ann Quinlan noch eine Chance von eins zu tausend hat, eine Chance von eins zu zehntausend, eine Chance von eins zu einer Million, wer sind wir denn, daß wir das Recht hätten, diese Chance zunichte zu machen?" Ralph Porzio, der Anwalt der Ärzte des St.-Claire's-Hospital, in dem das Mädchen Karen Ann Quinlan seit sechs Monaten im Koma dahindämmert, schloß sein Plädoyer Anfang dieser Woche mit dieser letzten schweren Frage. Karen Ann liegt mit irreparablem Gehirnschaden, zusammengekrümmt und auf 60 Pfund abgemagert, in einem weißen Raum des Krankenhauses. Ein automatischer Respirator pumpt Luft durch die Lungen des „rein vegetativen Organismus", wie die Sachverständigen einhellig das Geschöpf zwischen Leben und Tod nennen. Sie sieht, hört und fühlt nichts – nie mehr.

Karen Anns Eltern sind vor Gericht gegangen, nicht um einen „Gnadentod" zu fordern, sondern um ihre Tochter „in einen natürlichen Zustand zurückkehren zu lassen". Und dieser „natürliche Zustand", das Abschalten des Respirators, wird Karen Anns „Ende in Würde" bedeuten, wie ihr Vater es nennt. Die Verhandlung über das schmerzliche Plädoyer von Joseph und Julia Ann Quinlan auf das Recht ihrer Tochter auf einen natürlichen Tod in der Kleinstadt Morristown (US-Bundesstaat New Jersey) hat zwei Wochen gedauert und ist zu einer weltweiten „cause celebre" geworden – zu einem Brennpunkt der Frage über Leben und Sterben.

Richter Robert Muir jr. will sein folgenschweres Urteil in zwei Wochen verkünden. Aber er muß nicht nur Recht sprechen, er muß vielmehr neues Recht schreiben. Denn was hier in Morristown im Scheinwerferlicht verhandelt wird und juristisch definiert werden soll, haben Ärzte aller Länder bisher mit sich und den Angehörigen des unheilbar Kranken ausgemacht. Herzpionier Prof. Christian Barnaard bekannte freimütig, daß ein Arzt das Recht hat zu entscheiden, ob er in absolut hoffnungslosen Fällen die Behandlung einstellen soll, um diesem natürlichen Prozeß, von dem Karen Anns Vater spricht, seinen Lauf zu lassen.

Diese undramatische Regelung hatten sich die katholischen Eltern des 21 Jahre alten Mädchens auch gewünscht. Sie hatten in der Einsicht auf das Fehlen jeglicher Chance auf Besserung und nach Konsultationen mit ihrem Geistlichen eine Erklärung unterzeichnet, in der sie die beiden behandelnden Ärzte ersuchten, mit der künstlichen Beatmung aufzuhören. Die Mediziner, verunsichert durch eine Welle von Kunstfehlerprozessen in den USA, waren vor den möglichen juristischen Konsequenzen zurückgeschreckt und hatten abgelehnt. Erst dann beantragten die Eltern vor Gericht, Joseph Quinlan als Pfleger an das Bett seiner Tochter zu lassen, „mit der erklärten Absicht, den Stecker (des Respirators) herauszuziehen".

Die strenggläubigen Eltern, die Karen Ann als vier Monate altes Baby adoptierten, haben sich die Entscheidung nicht leichtgemacht. Aber auch ihr Geistlicher, Pater

Thomas Trapasso, gab ihnen den Rat: „Außergewöhnliche Mittel sind im moralischen Sinne nicht absolut notwendig, um Leben zu verlängern.“ Andere Katholiken stimmen damit freilich nicht überein.

Der vatikanische Sender verbreitete ein Interview mit einem Professor der katholischen Universität Roms, wonach eine Einstellung der künstlichen Beatmung theologisch „extrem gefährlich“ wäre. Pater Trapasso kann sich dagegen immerhin auf Papst Pius XII. berufen, der 1957 geäußert hatte, es sei „einem Patienten, der bereits im Grunde genommen tot ist, zu erlauben, in Frieden zu verscheiden“.

Wie auch immer eine verbindliche katholische Exegese ausfallen sollte, im juristischen Sinne ist diese mit der emotionalen Hypothek „Euthanasie“ befrachtete Frage kaum eindeutig zu lösen. Auch wenn alle Analytiker des Falles die falsche Analogie zur Euthanasie vermeiden, so bleibt doch die uralte juristische Frage, ob ein Leben, auf welcher niedrigen Stufe auch immer, beendet werden darf. „Es ist das erste Mal in der Geschichte der angelsächsischen Rechtssprechung“, so warnte Verteidiger Porzio, „daß ein menschliches Wesen, das sowohl medizinisch als auch juristisch als lebend anerkannt wird, als Ergebnis einer Klage zu Tode gebracht werden könnte.“

Tatsächlich ist Karen Ann, die vor sechs Monaten nach einigen Gin Tonics und Aufputschpillen bewußtlos wurde und deren Hirnzentren nach der anschließend unterbrochenen Sauerstoffzufuhr unheilbar beschädigt wurden, weder klinisch noch juristisch tot. Ihr Gehirn sendet noch minimale elektrische Impulse. Aber sie ist zu einem Fall geworden, der ihr das Sterben in Anonymität nicht mehr gestattet.

„Karen Anns Glück war zu Ende“, so konstatierte ein kalifornischer Kardiologe, „als sie der Arzt an den Respirator anschloß. . . .Vielleicht hat sie noch einmal Glück und ihr Herz setzt aus.“

f) Paul Moor: Der Tod meiner Schwester

In my beginning is my end. T. S. Eliot

Während meine Schwester Mary Lou im Sterben lag, als Darmkrebs langsam das Leben in ihr abtötete, ihren Körper Zelle für Zelle vernichtete, wußte ich, daß die Zeit nahte, da sie darum bitten könnte, ihren Qualen ein Ende zu machen und dem einsamen und trostlosen Prozeß des Sterbens seinen Lauf zu lassen. Als diese Bitte dann kam, hatte ich schon lange vorher daran denken müssen, daß die damalige amerikanische Gesellschaft ebensowenig zögern würde, das Leben meiner Schwester auszulöschen, wenn sie einen Mord oder ein anderes Kapitalverbrechen begangen hätte, wie sie zögerte, nur deshalb das Töten von der Hand junger Männer gutzuheißen oder gar zu befehlen, weil diese jungen Männer vorübergehend eine Militäruniform tragen. Meine Schwester hatte jedoch mehr von einer Heiligen als von einer Verbrecherin, und deshalb weigerte sich die Gesellschaft, ihren Wunsch nach einem schnellen, friedlichen, würdigen Tod zu erfüllen.

Hätten die Menschen ihrer näheren Umgebung – ihre Angehörigen und Freunde, ihr erfahrener, aufopfernder Chirurg, das ungewöhnlich freundliche und aufmerksame Krankenhauspersonal – tagelang herumgestanden und zugesehen, wie ein Hund, eine Katze oder eine andere Kreatur auf diese Weise litt, ohne ihre Pein durch einen *coup de grâce* (Gnadenstoß) zu beenden, wären zweifellos zornentbrannte Tierfreunde

eingeschritten und hätten sie strafrechtlich belangen lassen. Aber veraltete Gesetze unwissender Menschenfreunde bestimmten über das Schicksal meiner Schwester und verurteilten sie so zu einem Tod, wie ich ihn keinem Tier wünsche.
In der vorletzten Periode, als sie noch klar denken konnte, bat sie bei drei verschiedenen Gelegenheiten indirekt um Erlösung von ihren Leiden. Die moderne Medizin hat unsere Lebenserwartung in einem Ausmaß verlängert, das geradezu alarmierend geworden ist.
Denn in ihrem ehrgeizigen Streben nach immer neuen Zielen und Rekorden, verbrauchte Lungen am Atmen und erschöpfte Herzen am Schlagen zu halten, haben die Mediziner dem elementaren und unvermeidlichen Phänomen des Sterbens relativ geringe Aufmerksamkeit zugewandt. Die durchschnittliche Lebenserwartung der Deutschen beispielsweise ist seit der Jahrhundertwende bei Männern um 22, bei Frauen sogar um 35 Jahre gestiegen. Setzt man die Bestrebungen der heutigen Medizin bis an ihren logischen Endpunkt fort, so wird der natürliche Tod eines Tages vollkommen abgeschafft sein, und sterben können die Menschen dann nur noch durch Unfall oder durch gezielte Maßnahmen. Das Leben scheint heute eine Sache der Quantität, nicht der Qualität geworden zu sein.

80. *Ärztliche Stellungnahmen*

a) Rudolf Kautsky: Verschiedene Situationen für den Arzt

Ein zentraler Begriff, an dem sich die Diskussion immer wieder erhitzt, ist „Töten", meist noch affektgefärbt durch „Ermorden" und „Umbringen" oder andererseits durch „Auslöschen" oder „Einschläfern" ersetzt. Und in der Tat läßt sich zeigen, daß der Begriff „Töten" keineswegs so eindeutig ist, wie man vielleicht zunächst meinen möchte. Man braucht dazu nur einmal ganz unbefangen eine Reihe von praktisch vorkommenden Situationen und Möglichkeiten ärztlichen Vorgehens ins Auge zu fassen:

– Ein Krebskranker im letzten Stadium erleidet einen Atemstillstand. Er wird nicht künstlich beatmet und stirbt in wenigen Minuten.
– Ein Kind hat durch einen Insektenstich eine Atemstörung, es wird nicht beatmet und stirbt.
– Ein Krebskranker, der nicht schlucken kann, wird nicht durch Zufuhr in die Blutbahn ernährt und verhungert allmählich.
– Ein schwachsinniges Kind, das nicht essen kann, wird nicht gefüttert und verhungert.
– Bei einem gelähmten Patienten, der künstlich beatmet wird, der aber bei vollem Bewußtsein ist, wird das Gerät abgestellt, und er stirbt.
– Bei einem bewußtlosen Patienten ohne Reaktion, der künstlich beatmet wird, wird das Gerät abgestellt. Er stirbt.
– Ein schmerzgequälter Krebskranker, der immer größere Dosen von Schmerzmitteln braucht, stirbt nach einer Injektion.

– Ein chronisch kranker alter Mensch, der der Familie zur Last fällt und deshalb immer mehr Mittel bekommt, stirbt.
– Ein unheilbarer Krebskranker, der unmittelbar vor seinem Ende steht und gequält ist, erhält eine absichtlich tötende Spritze.
– Ein chronisch Kranker, der einem allmählichen Siechtum von Monaten oder Jahren entgegengeht, erhält eine tödliche Spritze und stirbt.
– Ein schwachsinniges Kind wird absichtlich durch ein Medikament getötet.
– Ein gleichermaßen schwachsinniges Kind erhält bei einer Lungenentzündung absichtlich kein Penicillin und stirbt.

Alle Genannten starben infolge unseres Verhaltens. Wer von ihnen wurde getötet und wie sind die verschiedenen Situationen zu beurteilen? Hat der Arzt oder wann hat der Arzt seine Pflicht verletzt?

b) Peter Röttgen: Aktive und passive Euthanasie

1. Begriffsbestimmung:
Der Begriff Euthanasie ist vieldeutig und er wird auch in seiner Vieldeutigkeit gebraucht, sicherlich nicht nur aus guten Gründen, sondern oft, um in der Begriffsverwirrung im trüben fischen zu können. Euthanasie heißt „guter Tod", auch „Sterben in Würde". Seine heute allgemein bekannte ins Kriminelle weisende Bedeutung hat er im Dritten Reich erhalten, als damit das Morden sogenannten lebensunwerten Lebens beschönigt wurde.

Heute vermischt man den Begriff der aktiven Euthanasie mit dem der sogenannten passiven Euthanasie, d. h. mit normalen und ärztlich vertretbaren Ansichten, nämlich des Sterbenlassens, wenn das Ende gekommen ist, um das aktive Töten, wenn das Sterben einem nicht schnell genug geht, zu begründen.

Um in der Diskussion weiter zu kommen, müssen wir diese zwei Begriffe streng unterscheiden.

1. Das aktive Beenden eines Lebens durch einen gewollten auf dieses Ziel hin gerichteten Eingriff, sei es mit einem überdosierten Medikament, sei es mit einer tödlichen Spritze oder was auch immer.

2. Das Sterbenlassen eines zum Sterben bestimmten Menschen, dessen Lebensuhr abgelaufen ist, verbunden mit dem Absetzen einer gezielten ärztlichen Therapie, wobei eine dem Menschen gebührende Pflege natürlich gewährleistet sein muß, d. h. man darf ihn nicht verhungern, verdursten lassen, man darf ihm nicht die Atemluft nehmen oder die entsprechende Umgebungswärme. Abgegrenzt zu einer zweifellos nicht erlaubten Verweigerung einer ärztlichen Hilfeleistung wird diese ärztliche Auffassung durch die ärztliche Einsicht, daß jede Therapie sinnlos geworden ist.

2. Stellungnahme zur aktiven Euthanasie
Als Beweggrund für die Euthanasie wird dabei vor allem der Wunsch der Kranken vorgetragen, durch den Tod erlöst zu werden. Es heißt schon der hippokratischen Eidesformel: „Ich werde keinem ein tödliches Gift geben, auch wenn er darum bittet." Diese angebliche Bitte der Kranken um Lebensbeendigung, der Tötung auf Verlangen, wird als ethisch berechtigte Forderung erhoben. Aber schon die Tatsache, daß es, jedenfalls soweit bisher ersichtlich, nur sehr wenige Menschen gibt, die sich

auch in auswegloser Krankheit selbst den Tod geben, obwohl sie es doch sicherlich heute mit Leichtigkeit könnten, diese Tatsache muß doch schon zu denken geben.
Ich habe viele Menschen sterben sehen. Mir persönlich ist von ihnen noch nie ernstlich der Wunsch angetragen worden, ich möge eine erlösende Spritze geben. In dieser Frage habe ich viele Chefärzte chirurgischer und internistischer Häuser gehört, und auch sie betonen, daß eine solche Bitte eine außerordentliche Rarität sei. Gewiß wird unverbindlich von älteren Menschen einem oft gesagt: „Wenn ich einmal so krank oder so elend bin, daß mit mir nichts mehr anzufangen ist, dann beendigen Sie mein Leben." In der wirklichen Todessituation jedoch ist der Lebenswille aller Menschen groß und so groß, daß die aktive Beendigung jedenfalls nach ärztlichen Erfahrungen außergewöhnlich selten ist.
Der Wunsch nach Erlösung von schweren unheilbaren Leiden wird dagegen oft vorgetragen von den Angehörigen. In vielen Fällen mag dabei echtes Mitleid und echte Liebe eine Rolle spielen. Aber dieses Mitleid und diese Liebe sind nach meinen Erfahrungen, und die sind für diese Fälle relativ groß, meistens nicht auf den Kranken, sondern auf die eigene Person gerichtet. Es ist die Erlösung von dem schrecklichen Anblick eines sterbenden Menschen, es ist die Erlösung von der durch den Kranken in vieler Hinsicht bedingten Belastung, es ist die Erlösung in einigen Fällen sogar eine rein materielle, die dringend gewünscht wird. Alles das ist verständlich, aber man sollte daraus nicht den Wunsch des Kranken machen.
Man sollte sich nicht von den Krokodilstränen einer gewissen Presse beeindrucken lassen. Es gibt genügend Mittel, einem Menschen die Angst und den Schmerz, auch im Todeskampf zu nehmen. Mit diesen Mitteln sollte der Arzt nicht sparsam sein. Wo die Aussicht auf noch längeres Leiden besteht, vermögen wir Schmerzen durch Unterbrechung der Schmerzbahn abzuschalten, operative Eingriffe, die durch neue Methoden gerade in der letzten Zeit wesentlich verbessert wurden. Ich kann meine Stellungnahme zu diesem Punkt wie folgt zusammenfassen: Eine aktive vorzeitige Beendigung eines menschlichen Lebens ist keine ärztliche Handlung. Sie ist in den meisten Fällen eine Tötung, in sehr seltenen Fällen eine Tötung auf Verlangen, in gar nicht so seltenen Fällen jedoch wohl auch Mord, nämlich Tötung aus niedriger Gesinnung.

3. Stellungnahme zur passiven Euthanasie:

Zur sogenannten passiven Euthanasie, zum Sterbenlassen, obwohl ein sich in Auflösung befindliches Leben durch Einsatz aller ärztlichen Mittel um Stunden oder Tage hinausgezogen werden könnte, ist festzustellen, daß diese Frage zweifellos erst in jüngster Zeit mit dem riesigen Fortschritt der ärztlichen Technik und Wissenschaft überhaupt Bedeutung bekommen hat.
Jeder Mensch muß einmal sein irdisches Leben – nur für dieses sind wir Ärzte zuständig – beenden. Wann das Ende eintreten wird, kann der Arzt in einigen Krankenfällen leicht entscheiden, in anderen schwerer und in manchen gar nicht. Für echtes ärztliches Handeln scheiden die beiden letzten Kategorien für unsere Betrachtung aus.
Besteht auch nur die leiseste begründete Hoffnung, ein menschenadäquates Leben zu erhalten, sind natürlich alle Mittel, die jeweils zur Verfügung stehen, geboten.

Das Beendigen der aktiven ärztlichen Therapie ist demnach nur erlaubt, wenn sie sinnlos geworden ist, sei es, daß der Tod unabwendbar ist, oder sei es, daß allenfalls ein nicht menschenadäquates Leben, ein Vegetieren, eine Vita minima über kurze Zeit zu erreichen ist. Wiederum kann niemand die Entscheidung über diese Fragen dem Arzt abnehmen. Er ist ja wiederum allein dafür kompetent. Wie schwierig eine solche Entscheidung ist, die Beatmungsmaschine abzustellen, den Strom abzuschalten, das Sauerstoffventil zuzudrehen, erleben wir immer wieder. Kein Arzt trägt dabei die Verantwortung gerne allein. Immer wieder holt er andere zur Hilfe.

Wann im einzelnen Fall eine aktive ärztliche Behandlung zu beenden erlaubt ist, richtet sich im wesentlichen nach der Art der Grundkrankheit. Eine schwere Hirnverletzung etwa mit nicht behebbarer Atemlähmung läßt die Entscheidung leicht fallen. Schwierige Entscheidungen verlangen dagegen die Hirnverletzungen, bei denen nur das Großhirn, als Sitz psychischen Geschehens völlig zerstört ist, die Zentren für das vegetative Leben jedoch erhalten sind. Leider können wir die Entscheidung darüber, ob und wieweit sich ein Großhirn erholen wird oder nicht, nie früh treffen und können es erst diagnostizieren, wenn der Schaden als solcher erkennbar wird, d. h. wenn nach Wochen, unter Umständen nach Monaten nur ein vegetierendes Leben bestehen geblieben ist. Wohl gemerkt: Auch diesen Menschen kann und darf der Arzt nicht aktiv töten. Er ist aber, wie ich glaube, z. B. nicht verpflichtet, dieses Leben, wenn es einmal durch eine erneute Komplikation gefährdet, mit allen heute zur Verfügung stehenden Mitteln weiter hinzuzerren.

81. *Juristische Erwägungen*

a) Strafgesetzbuch: § 216

Ist jemand durch das ausdrückliche und ernstliche Verlangen des Getöteten zur Tötung bestimmt worden, so ist auf Freiheitsstrafe von sechs Monaten bis zu fünf Jahren zu erkennen.

b) A. Eser: Abschaffung des § 216? Pro und Contra

Gründe für eine Neuregulierung des § 216

Das kriminalpolitisch augenfälligste Argument zugunsten einer Neuregelung der mit Sterbehilfe im weitesten Sinne zusammenhängenden Fragen liegt zweifellos in der *Unzulänglichkeit des gegenwärtigen Rechtszustandes.* Eigentlich braucht hier nur an die feingesponnene Kasuistik der verschiedenartigen Fallgruppen erinnert zu werden, die ja schon für den Juristen verwirrend ist und für den Laien noch schwerer durchschaubar sein wird.

Doch selbst eine solche Kasuistik wäre hinzunehmen, wenn die dabei gewonnenen Differenzierungen wirklich befriedigen könnten. Doch auch dies erscheint höchst zweifelhaft:

– So bereits hinsichtlich der Abgrenzung der (straflosen) Beihilfe zum Selbstmord von der (strafbaren) Tötung auf Verlangen: Läßt der Arzt die Überdosis an Schlaftabletten auf dem Nachttisch liegen, um dem lebensmüden Patienten seine Selbsttötung zu ermöglichen, soll es sich nur um straflose Beihilfe zum Selbstmord handeln. Wird dagegen die gleiche Überdosis vom Arzt injiziert, hat er nach § 216 StGB eine Mindeststrafe von 6 Monaten zu erwarten. Frage: Ist der ethische Unwertgehalt dieser beiden Handlungsweisen wirklich so verschiedenartig, um derart unterschiedliche Konsequenzen zu rechtfertigen?

– Ähnliche Bedenken wären gegen die Unterscheidung zwischen Schmerzlinderung mit Tötungsrisiko einerseits und der gezielten Tötung als Mittel der Schmerzlinderung andererseits geltend zu machen. Um hier mit G. Williams, einem der führenden Köpfe der englischen Euthanasie-Bewegung, zu fragen: Wird nicht der Arzt durch die Lehre vom „Doppeffekt" geradezu zur Heuchelei erzogen? Kann er sich nicht Straffreiheit schon dadurch verschaffen, daß er sich über das Tötungsrisiko seiner Spritze keine weiteren Gedanken macht oder notfalls die Hoffnung auf einen guten Ausgang vorspiegelt?

– Auch die Trennung zwischen passiver Sterbehilfe einerseits und aktiver Sterbehilfe andererseits scheint nicht frei von ethischer Willkür. Um auch hier an ein höchst kontroverses Beispiel zu erinnern: Darf die Straflosigkeit bei Abschalten eines Respirators wirklich entscheidend davon abhängen, ob dies dogmatisch als bloßes Unterlassen oder als aktives Tun zu begreifen ist? Wäre etwa eine schnellwirkende Injektion grundsätzlich und in jedem Fall ethisch und rechtlich verwerflicher als ein die Qual des Sterbens verlängernder Nahrungsentzug?

Nicht weniger schwer wiegen die *sozial-psychologisch negativen Folgen* einer als zu starr empfundenen Regelung der Sterbehilfe. Denn wie nicht zuletzt die Diskussionen um den holländischen Euthanasie-Fall der Ärztin Postma van Boven gezeigt haben, werden durch die Härte des Gesetzes Emotionen provoziert, die zu Übersteigerungen führen und dabei auch vor unfreiwilliger Euthanasie nicht Halt machen. Keine Frage, daß durch undifferenzierte Solidarisierung mit dem Täter die Achtung des Tötungsverbotes untergraben wird. Dies vor allem dann, wenn unter dem Druck der öffentlichen Meinung Strafen ausgesprochen werden, die allenfalls nominellen Charakter haben und durch die offenkundige Diskrepanz zwischen Gesetzeswillen und Richterspruch das Recht faktisch desavouieren.

Freilich stünde die Forderung der Euthanasie auf schwachen Füßen, ließen sich dafür nur Unzulänglichkeiten des geltenden Rechts ins Feld führen. Weitaus fundamentaler ist vielmehr eine *positive* Forderung: das *„Recht, in Würde zu sterben"*. Bedenkt man die mehr als 1000jährige Verfemung des Selbstmords und dann erst seine allmähliche Hinnahme als Verzweiflungsakt menschlicher Schwäche, so könnte man in der Forderung eines „Rechts auf den eigenen persönlichen Tod" eine geradezu kopernikanische Wende in der Einstellung zum Leben erblicken: Auch das Sterben wird als Teil der Persönlichkeitsverwirklichung und damit des Lebens verstanden. Dabei spielt die Einsicht mit, daß es auch beim Leben nicht nur auf dessen Quantität, d. h. seine zeitliche Dimension und Dauer, ankommt, sondern auch auf seine Qualität, nämlich das, was dem Menschen noch an Entfaltungsmöglichkeiten bleibt, die ihm sinnvoll erscheinen.

Gründe dagegen

– So der mögliche *Dammbrucheffekt,* wenn man beim Tötungsverbot gewisse Ausnahmen macht. Und zwar nicht nur, weil die freiwillige Euthanasie lediglich der erste praktische Schritt zur unfreiwilligen sein könnte; denn daß diese Gefahr nicht von der Hand zu weisen ist, läßt sich nicht nur bei Binding, sondern auch bei Äußerungen gegenwärtiger Verfechter der Euthanasie beobachten.

– Auch wäre mit Freigabe der Euthanasie nun einmal das Unverbrüchlichkeitsprinzip des Lebensschutzes durchbrochen und damit geschwächt. Denn durch seine Verfügbarkeit würde das Leben gleichzeitig seine Unantastbarkeit verlieren. Und wenn diese Tabugrenze einmal überschritten ist, warum sollte dann Leben nicht auch in anderen Fällen verfügbar sein? Warum nur da, wo sich ein Mensch selbst aufgibt? Warum nicht auch dort, wo er sich nur „unvernünftigerweise" nicht aufgibt? Welchen Anspruch hätte „sozial nutzlos" oder gar zur Belastung gewordenes Leben noch, um von den Angehörigen bzw. der Gesellschaft „durchgeschleppt" zu werden? Welches Argument hätte der aussichtslos kranke Mensch gegen die Erwartung seiner Umwelt, von seiner „Freiheit zum Tode" doch endlich Gebrauch zu machen? Könnte nicht gerade diese Freiheit, sich töten zu lassen, in ein *„Weiterleben mit schlechtem Gewissen"* und damit letztlich in Unfreiheit zum Leben umschlagen?

– Schließlich ist der Verdacht nicht von der Hand zu weisen, daß die Zulassung der Euthanasie leicht zu einem Alibi für tiefer liegende *soziale Versäumnisse* werden könnte. Bedenkt man, daß die Medizin auf dem Gebiet der Schmerzlinderung noch niemals in ihrer Geschichte derart gewaltige Fortschritte gemacht hat wie in unserer Zeit, dann erscheint es paradox, daß ausgerechnet heute der Ruf nach Freigabe der Euthanasie besonders laut erschallt. Eine der Erklärungen dafür könnte darin liegen, daß der Mensch einerseits immer älter wird, andererseits aber seine Funktionen in der Gesellschaft schon sehr viel früher verliert. Damit geht dem physiologischen Tod oft schon lange vorher der soziale Tod voraus. Und damit hat das Weiterleben scheinbar jeden Sinn verloren: Der Mensch wartet nur noch auf sein Ende, meist schon außerhalb der Familie und Gemeinschaft, unpersönlich in einem Altersheim oder Krankenhaus. Es ist verständlich, daß sich der Mensch diesem buchstäblichen „Absterben" in Vereinsamung und Vereinzelung entgegenzustemmen versucht, indem er den Tod wieder persönlich macht, und sei es auch nur dadurch, daß er über seinen Eintritt mitbestimmen will. Aber: Ist dies wirklich das, war er eigentlich braucht und sucht? Ist es nicht vielleicht die verzweifelte Reaktion und Ausflucht aus der Vernachlässigung, in der er von einer altersfeindlichen Gesellschaft sich selbst überlassen wird? Und macht es sich die Gesellschaft nicht zu leicht, wenn sie einen Weg legalisiert, der nur ein Ausweg in Ermangelung eines besseren ist? Was wirklich not tut, ist nicht Hilfe *zum* Sterben, sondern eine bessere Hilfe *im* Sterben; denn dafür ist hierzulande noch nicht genug getan. Es wäre gefährlich, wenn durch Freigabe der Euthanasie diese Versäumnisse noch zementiert würden.

82. *Philosophische Überlegungen*

a) Max Horkheimer: Zur Euthanasie

So viele Ämter gibt es, und so viele Menschen, die an unheilbaren Krankheiten elend und schmerzvoll zugrunde gehen – in hochindustrialisierten Staaten – von anderen soll gar nicht die Rede sein. Die Mittel, in seligem Rausch oder schön und friedvoll, anstatt in qualvollem Todeskampf hinüberzugehen, sind vorhanden, unendlich wohltätige Mittel. Warum gibt es kein Amt, an das der unrettbar Leidende, zum Tode Bestimmte sich wenden kann, um einen Arzt zu ermächtigen, auf seinen Wunsch von ihnen Gebrauch zu machen? Der übliche Einwand, es könnten Verwandte und Ärzte Unfug treiben, ist nichtig, sie können den heutigen Rechtssätzen ohnehin zuwiderhandeln, und zwar noch leichter, wenn es aus Eigennutz, jedoch viel schwerer, wenn es aus Menschlichkeit geschieht. Der wahre Grund, warum nichts geschieht, liegt in der rückgängigen gesellschaftlichen Bedeutung der Autonomie des Subjekts und speziell dem mangelnden Interesse der medizinischen und sonstigen Rackets.

b) Hans Buchheim: Das Verhältnis von Norm, Grenzfall und Ausnahme

Wenn die Tötung eines todgeweihten, schwer leidenden Kranken unter bestimmten Voraussetzungen vom Gesetz zugelassen wird, dann wird erstens der *Grenzfall einer Norm selbst zu einer Norm gemacht* und ist zweitens die *Voraussetzung geschaffen, weitere Ausnahmen von dem prinzipiellen und generellen Verbot,* einen Menschen zu töten, zuzulassen.

Der Grenzfall einer Norm liegt dann vor, wenn unter bestimmten Umständen ernste Zweifel entstehen, ob die Anwendung dieser Norm noch deren Sinn entspricht oder ihm etwa zuwiderläuft. Ein solcher Fall wäre z. B. gegeben, wenn man das Tötungsverbot damit begründet, daß der Mensch den Menschen nicht zum verfügbaren Objekt machen darf, das Ausmaß eines lebenserhaltenden, medizinisch-technischen Aufwandes den Patienten aber gerade zum Objekt werden läßt. Vielleicht könnte es einmal nötig werden, daß die Medizin bestimmt und der Gesetzgeber dementsprechend rechtlich fixiert, an welcher Grenze die Substitution des physischen Organismus durch technische Apparate die Unverfügbarkeit der menschlichen Person verletzt. Auf dieser Basis könnte eine klare Regelung derjenigen Euthanasie-Probleme vorgenommen werden, die durch den Fortschritt der medizinischen Technik entstanden sind. *Sofern man das Tötungsverbot mit dem allgemeinen Gebot der Humanität begründet, könnte auch „unmenschliches" Leiden als Grenzfall des Tötungsverbotes gelten.*

Auf den ersten Blick scheint es ein plausibles Ziel zu sein, die Norm nach Maßgabe des Grenzfalles zu korrigieren. Man kann sie zu diesem Zweck so fassen, daß der Grenzfall entweder eindeutig darunter fällt oder klar außerhalb ihres Geltungsbereiches liegt. Ferner kann man den Grenzfall als eine eigene Klasse definieren und dafür eine entsprechende Sondernorm schaffen. Beide Möglichkeiten sind jedoch illusorisch, weil durch die Korrekturen zwar die Grenzfälle, die dafür den Anlaß gaben, normativ bewältigt sind, stattdessen aber am Rande der neubestimmten Normen neue Grenzfälle entstehen. Es gehört zum Wesen der Norm, daß sie Grenzfälle hat, da sie

selbst auf der Abgrenzung einer Klasse von Fällen gegen eine andere Klasse beruht und im Wege der Verallgemeinerung von Fällen unter Außerachtlassung von deren besonderen Umständen gebildet wird. Somit steht jede Norm, weil sie auf Abgrenzung beruht, in einer gewissen Antinomie zum Kontinuum der Wirklichkeit. Eine Folge davon ist, daß zwischen denjenigen Fällen, die unter eine Norm gehören, und denjenigen, die von ihr ausgeschlossen sind, keine eindeutige Grenzlinie besteht, sondern sich ein Grenzbereich erstreckt, innerhalb dessen die einzelnen Fälle in mancher Beziehung der Norm zuzurechnen sind und in anderer Beziehung nicht. Der Mensch vermag also den Grenzfällen der Normen nicht zu entgehen; er ist nicht in der Lage, eine Ordnung zu schaffen, mit der er alle Lebenslagen normativ eindeutig bewältigt. Mit Recht wird deshalb gesagt, daß in denjenigen Fällen, in denen es eine tragbare normative Entscheidung nicht mehr gibt, die Caritas die Entscheidung treffen kann. Sie vermag auch den normativ unlösbaren Fall zu bewältigen, aber sie kann mit ihrer Entscheidung nicht die Normen selbst verändern. Das gilt insbesondere für die Normen des positiven Rechts, denn dieses vermag die Durchbrechung seiner Normen aus überpositiven Gründen weder zu sanktionieren noch zu regeln.
Würde man also das Gesetz so ändern, daß der Grenzfall der Tötung eines todgeweihten, schwer leidenden Kranken von Strafe ausgenommen würde, oder würde man den § 216 durch eine entsprechende Sondernorm ergänzen, so würde der die Änderung veranlassende, gedachte Grenzfall zu einem Normalfall werden. Die entsprechenden konkreten einzelnen Fälle wären dann normativ eindeutig zu bewältigen. Am Rande dieser Neuregelung jedoch würden neue Grenzfälle entstehen und diese würden der Natur der Sache nach unter gewissen Voraussetzungen eine Tötung als möglich erscheinen lassen, wo sie aus der Sicht der derzeitig bestehenden Grenzfälle noch klar ausgeschlossen ist.

Wenn für eine bestimmte Art von Grenzfall die Durchbrechung, Nicht-Erfüllung oder Suspendierung einer positiven Norm sanktioniert, also eine Ausnahme ausdrücklich zugelassen wird, dann tritt, wenn ein solcher Fall in der Wirklichkeit vorkommt, neben die ursprüngliche Rechtsfrage, ob die Norm verletzt wurde, eine weitere Rechtsfrage, nämlich die rechtliche Würdigung der für die Ausnahme angeführten Begründung. Auf diese zweite Rechtsfrage verlagert sich unvermeidlicherweise der Schwerpunkt der Entscheidung. Es geht nicht mehr darum, ob die an sich allgemein geltende positive Norm überhaupt verletzt wurde, sondern in erster Linie darum, ob die dafür vorgebrachten Gründe unter rechtlichen Gesichtspunkten anerkannt werden können oder nicht. *Nicht der Verletzung der Norm, sondern den dafür angeführten Gründen gilt jetzt die rechtliche Würdigung.* Das hat u. a. folgende Konsequenz: Wenn zu der aus dem Grund A einmal durchbrochenen Norm die weiteren Ausnahmen B und C gefordert werden, dann steht im Mittelpunkt der Entscheidung nicht mehr die Frage, ob das ursprüngliche Rechtsgebot überhaupt ausgesetzt werden darf, sondern es geht jetzt darum, ob die Gründe für B und C den Gründen für A gleichzustellen sind oder nicht. Das heißt, an die Stelle der rigoros zu entscheidenden Frage, ob für eine Norm eine Ausnahme überhaupt zugelassen werden darf, tritt eine Abwägung zwischen verschiedenen Ausnahmebegehren, die nicht rigoros vorzunehmen, sondern nach dem Grundsatz der Billigkeit zu entscheiden ist. Die neu begehrten Ausnahmen werden nicht mehr nur an der Norm gemessen, die ausgesetzt werden soll und bereits durchbrochen wurde, sondern ebenso an der bereits zugelassenen Ausnahme. Dabei wird man eine erneute Aussetzung der Norm (durch die ja kein Recht durchbrochen würde, was nicht sowieso schon durchbrochen wäre) eher hinnehmen können, als eine Ungerechtigkeit. Die läge darin, daß man die für die Ausnahme A vorgebrachten guten Gründe gelten läßt, während man die für die Ausnahme B vorgebrachten, nicht eindeutig schwächeren Begründungen abweist. So fällt die Entscheidung de facto nicht mehr zwischen Regel und Ausnahme, sondern betrifft das Verhältnis zweier Ausnahmen untereinander. Auf die Dauer entstünden Ungerechtigkeiten und Härten, wenn z. B. die Tötung eines schwer leidenden Todkranken zugelassen würde, die eines körperlich extrem behinderten oder geistig extrem deformierten Menschen aber verboten bliebe, auch wenn er um seinen Tod bäte. Während es diesem Menschen aus sittlichen Gründen noch zuzumuten gewesen wäre, daß das Verbot, einen Menschen zu töten, ohne jede Ausnahme ein prinzipielles und generelles bleiben muß, so ist ihm sicher nicht mehr zuzumuten, daß der Staat nicht auch seinem subjektiven Leiden die Ausnahme zubilligt, die er dem subjektiven Leiden des todgeweihten Kranken einräumt.

c) Franz Böckle: Das Recht auf den eigenen Tod

Tödliche Prozesse können aufgehalten, Organe ausgetauscht und das Leben unter Umständen beträchtlich verlängert werden. Diese Möglichkeiten einer immer ausgedehnteren Steuerung des Lebensprozesses wecken das Bewußtsein einer weitgehenden Verfügbarkeit über das Leben und den Tod. So gesellt sich neben das Recht auf Leben die Forderung nach dem Recht auf ein menschenwürdiges Sterben. Dieser Wunsch mitsamt dem Verlangen auf das Recht zur aktiven Verkürzung eines sinnlos erscheinenden, weil nicht verarbeiteten Leidensweges ist darum bei manchen unserer Zeitgenossen nicht einfach als Willkür zu deuten. Man muß darin zum Teil eine verzweifelte und darum natürlich auch fragwürdige Reaktion gegen die irrationale Künstlichkeit der Lebensverlängerung sehen. In dieser Situation nützt es wenig, wenn man vorwurfsvoll an den von den Nazis praktizierten „Gnadentod" erinnert und den Teufel organisierter Tötungsanstalten an die Wand malt. Bei kritischen Menschen erreicht man damit eher das Gegenteil. Der mit dem Begriff Euthanasie ausgesprochene Fragenkomplex ist viel zu schwierig, als daß er mit Schlagworten erledigt werden könnte. Wir wollen darum die Frage differenzieren und in fünf Thesen dazu Stellung nehmen.

1. *These: Die Tötung sogenannt lebensunwerten Lebens steht in Widerspruch zur Menschenwürde, wie sie der Deklaration der Menschenrechte zugrunde liegt.*
Der Mensch erhält seinen Wert nicht durch die Funktion, die er in der Gesellschaft ausübt. Er ist nicht deshalb wertvoll, weil er im Beruf etwas leistet, weil er den Wirtschaftsprozeß fördert, weil er Vater mehrerer Kinder ist, kurz, weil er in irgendeiner Form für die Gesellschaft unentbehrlich ist. Nein, er ist vor allen diesen Beziehungen und sogar außerhalb ihrer in sich selbst von unermeßlichem Wert, auch und gerade dann, wenn er in gesellschaftlicher Hinsicht nichts mehr bedeutet, wenn er

einsam, alt, schwer krank und hilflos ist; wenn er keinem mehr zu nützen vermag und keinem mehr zur Freude lebt. Diese Überzeugung von der immanenten Menschenwürde gehört zur Grundlage aller freiheitlichen Rechts- und Kulturstaaten.

2. These: Kein Arzt ist verpflichtet, den Gang der abgelaufenen Lebensuhr durch künstliche Maßnahmen um Stunden oder Tage unnütz zu verlängern, wenn dadurch nur die Qualen unzumutbar verlängert würden.

Der Arzt muß alles tun, was er kann, um einen Menschen zu heilen, er muß aber nicht alles tun, was er kann, um den vom Krankheitsprozeß unaufhaltsam vorgegebenen Tod hinauszuzögern. So steht der Arzt häufig vor der Frage, ob er einem Schwerkranken, dessen Tod mit Sicherheit nicht mehr lange aufzuhalten ist, durch Stützung des Herzens, durch Blutübertragung, durch einen operativen Eingriff und ähnliche Maßnahmen künstlich noch länger am Leben erhalten soll, oder ob er sich auf die Schmerzlinderung konzentrieren und der Natur ihren vorgezeichneten Lauf lassen soll. Die Frage muß in jedem einzelnen Fall unter Einbezug aller Umstände gewissenhaft geprüft werden.

3. These: Die Absicht alles ärztlichen Handelns beim Moribunden muß auf jede denkbare Erleichterung des Kranken zielen, sie darf aber nicht darauf gerichtet sein, ein erlöschendes Leben vorzeitig zu beenden.

In dieser Zielrichtung muß der Arzt mit sich selbst im klaren sein; dann können die Maßnahmen von Fall zu Fall durchaus verschieden sein.

4. These: Das Problem des Beistandes und der Hilfe bei Sterbenden darf nicht allein unter dem Aspekt der ärztlichen Verordnung, also des Unterlassens oder Tuns konkreter Maßnahmen diskutiert werden.

Der Beistand, den man dem Sterbenden leistet, ist im richtigen Verständnis ein Stück Lebenshilfe, eine Hilfe im letzten beschwerlichen Stück unseres Lebens. Tod und Sterben fallen nicht einfach zusammen. Der Tod bedeutet ein Ende, einen Zustand; man spricht vom Herzstillstand oder von dem damit in einem gegenseitigen Verhältnis stehenden Gehirntod. Sie sind Zeichen für das Ende der menschlichen Person, ihrem konkreten Leib. Das Sterben dagegen ist der Weg, den der Mensch in seiner letzten Lebensphase bis zum Tod zurücklegen muß. Es ist immer ein kürzeres oder längeres Stück Leben. Hinter einer Anzahl physiologischer Prozesse verbirgt sich ein persönliches Geschehen, das sehr verschieden miterlebt werden kann. Viele erleiden einen sehr raschen Tod und können damit das Sterben kaum erfahren. Andere sind zwar vom Tode gezeichnet, aber sie wollen nichts davon wissen, ja sie stehen bis zum äußersten auf der Flucht. Aus einer Reihe von Untersuchungen der letzten Zeit wissen wir einwandfrei, daß die überwiegende Mehrzahl der Patienten, bei denen von den äußeren Bedingungen her das Erfassen der letzten Phase überhaupt möglich ist, nach Information und Beistand verlangen. Die meisten der Sterbenden zeigen ein enormes Bedürfnis und eine große Dankbarkeit für die gebotene Möglichkeit, ihre Ängste, Zweifel und Unsicherheiten auszusprechen. Die entscheidende Voraussetzung liegt dabei in einer persönlichen Beziehung, die zu dem Kranken hergestellt werden muß, so daß er sich in seiner Unsicherheit und Einsamkeit nicht allein fühlt. Dazu ist allerdings eine Kunst vonnöten, die klar empfinden läßt, was der Patient hinter seinem Sprechen, seinem Schweigen oder seinen Gesten an Wünschen und Gefühlen auszudrücken versucht. Entsprechend hat er dann ein Recht auf ehrliche Information und einen Beistand, ein Bei-ihm-Sein, das es ihm ermöglicht, auf persönlicher Ebene mit seinem Sterben fertig zu werden und seinen eigenen Tod zu sterben.

…

Die rein kasuistische Frage nach der Erlaubtheit einer lebensverlängernden oder lebensverkürzenden Maßnahme läßt sich isoliert nicht genügend beantworten. Sie fordert eine umfassende Sicht. Grundregel bleibt die Ehrfurcht vor dem Leben; damit meinen wir allerdings nicht bloß ein biologisches, sondern ein menschenwürdiges Leben. Dabei müssen wir im Recht und in der sittlichen Allgemeinnorm die sozialen Konsequenzen mitbedenken. Unter diesem Aspekt sehen wir keine andere Möglichkeit als die konsequente Ausrichtung des Arztes auf die mögliche Hilfe zum menschenwürdigen Durchstehen des Sterbens. Aus der tiefen, menschlichen Solidarität eines umfassenden Beistandes mit dem Sterbenden könnte freilich auch eine gemeinsame Erkenntnis erwachsen, die ein kasuistisches Fragen übersteigt. Das biologische Leben ist der Güter höchstes nicht, höher steht die sittliche Existenz des Menschen. Über sie vermögen wir andern nicht zu urteilen.

5. These: Die Toleranz im modernen Rechtsstaat erlaubt jedem Bürger, nach seiner Überzeugung zu handeln, soweit er nicht die Rechte anderer verletzt und nicht gegen die verfassungsmäßige Ordnung oder das Sittengesetz verstößt. (Vgl. Art. 2 des Grundgesetzes.)

Aufgrund dieser These gestehen wir jedem Mitbürger zu, seiner Überzeugung gemäß über sich selbst zu verfügen. Einem Mitbürger gegenüber, der den weltanschaulichen Standpunkt vertritt, die eigene menschliche Selbstverfügung sei der höchste Wert, wird man den Anspruch auf Selbstverfügung von seiner Überzeugung her nicht bestreiten können. Man wird sich höchstens fragen müssen, ob und wie man ihn vor Fehleinschätzungen schützen kann und schützen muß. Es ist zu vermuten, daß jemand in gesunden Tagen entschlossen die Bitte äußert, man möge ihn im Falle einer unheilbaren Erkrankung sterben lassen. Es ist aber sehr wohl möglich, daß er diesen Wunsch bei einer tatsächlichen Erkrankung revidieren würden, wenn er nur könnte. Von daher gesehen scheint mir das Problem der freiwilligen Euthanasie medizinisch und anthropologisch gesehen äußerst problematisch. Doch die engagierten Vertreter einer Abschaffung des § 216 wenden dagegen ein, sie seien bereit, dieses Risiko in vollem Bewußtsein zu tragen. Wir mögen diese Sorge ruhig ihre Sorge sein lassen. Ich brauche hier nicht zu betonen, daß ich vom Standpunkt des christlichen Glaubens aus eine willkürliche Selbstverfügung über das eigene Leben strikte ablehnen muß. Ich möchte aber meinen weltanschaulichen Standpunkt meinen Mitbürgern nicht durch Gesetz aufzwingen. Darum müßte medizinisch und psychologisch erwiesen werden, daß eine Verfügung in gesunden Tagen in aller Regel anthropologisch als eine Fehleinschätzung gewertet werden muß.

Der entscheidende Grund aber gegen eine Abschaffung des § 216 liegt meines Erachtens in der Gefährdung des Allgemeinwohls. Wenn es zur Regel würde, daß in unseren Kliniken auf Wunsch hin Menschen getötet werden, so würde dies zwangsläufig zu einer schweren Verunsicherung unseres Medizinalwesens führen. Noch genießen unsere Ärzte und unsere Kliniken ein großes Vertrauen. Man weiß, daß hier das höchste Ziel die Rettung des Lebens ist. Mit diesem Kapital dürfen wir unter keinen Umständen spielen. Dahinter müssen auch die Wünsche einzelner zurücktreten. Dies verlangt die rechtverstandene Toleranz im Rechtsstaat.

ZUM SCHLUSS

83. SOKRATES

Für einen guten Mann gibt es kein Übel

Aber auch Ihr, meine Richter, müßt dem Tod zuversichtlich entgegensehen und diese eine Wahrheit bedenken: daß es für einen guten Mann weder im Leben noch im Tode ein Übel gibt (das ihm wirklich schaden könnte) und daß die Götter seine Taten nicht unbeachtet lassen. Und so ist auch mir jetzt mein Los nicht aus dem Zufall entstanden, sondern es ist mir klar, daß es für mich besser war, dem Tode verfallen und von der Unrast des Lebens befreit zu sein (als weiterzuleben). Und darum hat mich auch das Zeichen nirgendwo von etwas abgemahnt (das ich tun wollte), und ich trage denen, die mich verurteilt haben, und (auch) meinen Anklägern nichts nach.

Freilich haben sie mich nicht in dieser Absicht verurteilt und angeklagt (damit ich des einstigen Heils teilhaftig würde), sondern deshalb, weil sie glaubten, mir damit zu schaden, und darum verdienen sie Tadel.

Ich bitte aber (meine Ankläger und Verurteiler) nur um dieses: Wenn meine Söhne heranwachsen, dann übt Vergeltung an ihnen, Ihr Männer, indem Ihr sie auf die gleiche Weise ärgert, wie ich Euch immer geärgert habe. Wenn es Euch nämlich scheint, als läge ihnen am Gelde oder an irgend etwas anderem mehr als an der Tugend, und wenn sie meinen, sie wären etwas, und doch nichts sind, dann tadelt sie genauso, wie ich Euch getadelt habe (und haltet ihnen vor), daß sie sich nicht um das kümmern, worum sie sich kümmern sollten, und sich einbilden, sie wären etwas, während sie doch nichts taugen. Und wenn Ihr das tut, dann wird mir von Euch Gerechtigkeit widerfahren sein – mir und meinen Söhnen.

Jetzt aber ist es Zeit, daß wir von hinnen gehen: ich, um zu sterben; Ihr, um zu leben. Aber wer von uns dem besseren Lose entgegengeht, das weiß keiner außer dem Gott.

THEMENBEREICHE – STICHWORTE – ARBEITSWEISE

Im folgenden werden Hinweise zu sachlichen Schwerpunkten, Themen und Begriffen gegeben, soweit sich diese nicht aus den Kapitelüberschriften des Inhaltsverzeichnisses ergeben. Die angegebenen Zahlen weisen auf die Texte hin, in denen zu dem jeweiligen Stichwort wichtige Angaben zu finden sind. Das Register kann bei Gruppenarbeit, zur Vorbereitung von Referaten, zur Vertiefung und Ergänzung der Unterrichtsarbeit herangezogen werden.

STELLENNACHWEIS

Text 1 aus: *William K. Frankena,* Analythische Ethik. Eine Einführung, Deutscher Taschenbuchverlag, 4129 München 1972, S. 17–20

Text 2 aus: *Bertrand Russel,* Moral und Politik, Nymphenburger Verlagshandlung, München 1972, S. 33–34

Text 3 aus: *Franz Kafka,* Die Erzählungen, S. Fischer Verlag, Frankfurt/Mn 1961, S. 18

Text 4 aus: *Jean Piaget,* Das moralische Urteil beim Kinde, suhrkamp taschenbuch wissenschaft 27, Frankfurt/Mn 1973, S. 228 f, S. 238 f, S 242, S. 245

Text 5 aus: *Hans Mohr,* Möglichkeiten und Grenzen der Zukunftsforschung, Weltgespräch 10, Verlag Herder Freiburg/Wien/Basel 1970, S. 23 ff

Text 6 aus: Altes Testament, Buch Exodus (2 Mos) 20,1–17

Text 7 aus: *Gustav Mensching,* Buddhistische Geisteswelt, Wiesbaden o. J., S. 224. Zitat aus dem buddhistischen Palikanon

Text 8 aus: Neues Testament, Mattäus 5, 21–48

Text 9 aus: Der Koran, Goldmann Tabu 521–522, München 1960, S. 12–13, bearbeitet von Leo Winter

Text 10 aus: *Immanuel Kant,* Grundlegung zur Methaphysik der Sitten, Verlag von Felix Meiner, Hamburg 1957, S. 44, 54

Text 11 aus: *Christian Keysser,* Lehret alle Völker, Freimund-Verlag, Neuendettelsau 1960, S. 9 ff

Text 12 aus: *Werner Trutwin,* Theologisches Forum (Bd. 15), Menschenbilder, Patmos Verlag, Düsseldorf 1976, S. 36

Text 13 aus: Ebd, zitiert nach: Neues Deutschland, Berlin (Ost) 12, Juli 1958

Text 14 aus: *Willy Strzelewicz,* Der Kampf um die Menschenrechte, Scheffler Frankfurt/Mn 1968, S. 245 ff

Text 15 aus: *Konrad Lorenz,* Das sogenannte Böse (Zur Naturgeschichte der Aggression), (Verlag Dr. G. Borotha-Schoeler, Wien 1963), dtv 1000, München 1975; a) S. 30–31, 45–46; b) S. 204–205; c) S. 232–233

Text 16 aus: *Irenäus Eibl-Eibesfeldt,* Der vorprogrammierte Mensch, dtv WR 4177, München 1976, S. 115–116; 112–115 (i. A.)

Text 17 aus: *Wolfgang Wickler,* Die Biologie der Zehn Gebote, R. Piper & Co., München 1971, S. 137–139

Text 18 aus: *Sigmund Freud,* Abriß der Psychoanalyse / Das Unbehagen in der Kultur, Fischer-Bücherei 47, Frankfurt/Mn/Hamburg 1953, S. 162–169

Text 19 aus: *Erik H. Erikson,* Einsicht und Verantwortung. Die Rolle des Ethischen in der Psychoanalyse, (Ernst Klett, Stuttgart 1966), Fischer Bücherei 6089, Frankfurt/Mn 1971, S. 203–205

Text 20 aus: *Hans Zulliger,* Heilende Kräfte im kindlichen Spiel, (Ernst Klett, Stuttgart ^{5}1967), Fischer Bücherei 6006, Frankfurt/Mn 1970, S. 100–102

Text 21 a aus: *Guido Petter,* Die geistige Entwicklung des Kindes im Werk von Jean Piaget, Verlag Hans Huber, Bern und Stuttgart 1966, S. 294–295

Text 21 b aus: *Maria Ossowska,* Gesellschaft und Moral. Die historische und soziale Bedingtheit sittlicher Grundlagen, Patmos Verlag, Düsseldorf 1972, S. 52–53

Text 22 aus: *Hellgard Rauh,* Entwicklung des Denkens, in: *F. E. Weinert u. a.* (Hg), Funk-Kolleg Pädgogische Psychologie (Bd. 1), Fischer Taschenbuch Verlag, Frankfurt/Mn 1974, S. 221–223

Text 23 aus: *Burrhus Frederic Skinner,* Jenseits von Freiheit und Würde, Rowohlt Verlag GmbH, Reinbek b. Hamburg 1973, S. 34, S. 108–112 (i. A.)

Text 24 aus: *Georg Klaus, Manfred Buhr (Hg),* Marxistisch- Leninistisches Wörterbuch der Philosophie, handbuch rororo 6155, Reinbek b. Hamburg 1972, Bd. 1, S. 339–341

Text 25 aus: *Max Weber,* „Gesammelte Aufsätze zur Religionssoziologie", Bd. I, Verlag J.C.B. Mohr (Paul Siebeck), Tübingen 1972; hier zitiert aus: Soziologie – Universalgeschichtliche Analysen – Politik, Alfred Kröner Verlag, Stuttgart 1973, S. XVI–XVII (von E. Baumgarten) und S. 370–371

Text 26 aus: *Maria Ossowska,* a. a. O., S. 80–91

Text 27 aus: *Emile Durkheim,* Soziologie und Philosophie, Suhrkamp Verlag, Frankfurt/Mn 1967, S. 90, 102–107

Text 28 aus: *Wilhelm Weischedel,* Skeptische Ethik, Suhrkamp Verlag, Frankfurt/Mn 1976, S. 17

Text 29 aus: *Bertrand Russell,* a. a. O., S. 24, 32–33

Text 30 aus: Nietzsches Werk in zwei Bänden, Verlag Das Bergland-Buch, Salzburg 1952, Bd. 2, S. 303 ff

Text 31 aus: *Nicolai Hartmann,* Ethik, Walter de Gruyter Verlag, Berlin ^{3}1949, S. 1–4

Text 32 aus: *Heinrich Roth,* Pädagogische Anthropologie (Bd. III), Herrmann Schroedel Verlag, Hannover 1971, S. 223, 384, 539

Text 33 aus: *Wilhelm Weischedel,* a. a. O., S. 123–124

Text 34 aus: *Nicolai Hartmann,* a. a. O., S. 37, 48–49

Text 35 aus: *Ludwig Wittgenstein,* Tractatus logico-philosophicus. Logisch-philosophische Abhandlung, Suhrkamp Verlag, Frankfurt/Mn 1963 (edition suhrkamp 12), S. 111–112

Text 36 aus: *Karl-Otto Apel,* Transformation der Philosophie (Bd. 2), (suhrkamp taschenbuch wissenschaft 165), Frankfurt/Mn 1973, S. 359–363

Text 37 aus: *Arnold Gehlen,* Anthropologische Forschung, rde 138, Rowohlt Taschenbuch Verlag GmbH, Reinbek bei Hamburg 1961, S. 139–140

Text 38 aus: *Richard L. Purtill,* Grundfragen der Ethik, Patmos Verlag, Düsseldorf 1977, S. 177–184

Text 39 aus: *Rudolf Ginters (Hg),* Typen ethischer Argumentation, Patmos Verlag, Düsseldorf 1976, S. 18–20

Text 40 a aus: *Immanuel Kant,* a. a. O., S. 15–16

c aus: *Johannes Hessen,* Lehrbuch der Philosophie (Bd. 2 – Wertlehre), Ernst Reinhard Verlag, München–Basel 1959, S. 163–165

Text 41 aus: *Epikur,* Von der Überwindung der Furcht, hg. von Olof Gigon, Bibliothek der Alten Welt im Artemis-Verlag, Zürich 1949, S. 58 f

Text 42 aus: Stoa und Stoiker, hg. von Max Pohlenz, Bibliothek der Alten Welt im Artemis-Verlag, Zürich 1950, S. 109–116 (i. A.)

Text 43 aus: *Aristoteles,* Nikomachische Ethik, hg. von Franz Dirlmeier, Fischer Taschenbuch 151, Frankfurt/Mn 1957, S. 205

Text 44 aus: *Thomas Hobbes,* Leviathan, Luchterhand Verlag, Neuwied-Berlin 1966, S. 94–100; Thomas Hobbes, Vom Menschen – Vom Bürger, Verlag von Felix Meiner, Hamburg 1959, S. 24 (i. A.)

Text 45 aus: *Ottfried Höffe (Hg),* Einführung in die utilitaristische Ethik – Klassische und zeitgenössische Ethik, Verlag C. H. Beck, München 1975, S. 35–37

Text 46 aus: *Max Weber,* a. a. O., hier zitiert aus: Soziologie – Universalgeschichtliche Analysen – Politik, Alfred Kröner Verlag, Stuttgart 1973, S. 174 ff.

Text 47 aus: *Hans Albert* und *Ernst Topitsch (Hg),* Werturteilsstreit, Wissenschaftliche Buchgesellschaft, Darmstadt 1971, S. 512–513

Text 48 aus: *Aristoteles,* Nikomachische Ethik, Fischer Tabu 151, Frankfurt/Mn 1957, S. 79–80

Text 49 aus: Neues Testament, 1. Kor 13,1–8, übertragen von Jörg Zink, Kreuz-Verlag, Stuttgart/Berlin 1972

Text 50 aus: *Hans Sedlmayr,* Die antiken Tugenden in: Frankfurter Allgemeine Zeitung, 24. 12. 1976

Text 51 aus: *Thomas von Aquin,* Fischer Tabu 130, hg. von Josef Pieper, Frankfurt/Mn 1958, S. 81–83

Text 52 aus: *Immanuel Kant,* „Über ein vermeintliches Recht, aus Menschenliebe zu lügen" in: Kleinere Schriften zur Geschichtsphilosophie, Ethik und Politik, Philosophische Bibliothek, Verlag von Felix Meiner, Hamburg 1959, S. 201–205 (i. A.)

Text 53 aus: *Friedrich Nietzsche,* Also sprach Zarathustra I, Verlag Das Bergland Buch, Salzburg 1952, S. 349–51 (i. A.)

Text 54 aus: *Nicolai Hartmann,* a. a. O., S. 467–68

Text 55 aus: *Otto Friedrich Bollnow,* Wesen und Wandel der Tugenden, Ullstein Tabu 209, Frankfurt/Mn 1958, S. 185–89 (i. A.)

Text 56 aus: *Dorothee Sölle,* Phantasie und Gehorsam, Kreuz-Verlag, Stuttgart 1968, S. 67–69

Text 57 aus: *Wolfgang Wickler,* Die Biologie der Zehn Gebote, R. Piper & Co. Verlag, München 1971, S. 218–220

Text 58 aus: *Dieter Birnbacher* und *Norbert Hoerster (Hg),* Texte zur Ethik, dtv–Bibliothek Bd. 6042, München 1976, S. 9–12

Text 61 aus: Trübners Deutsches Wörterbuch (Bd. 3), Verlag Walter de Gruyter, Berlin 1943, S. 260

Text 62 aus: *Richard Mervyn Hare,* Freiheit und Vernunft, Patmos Verlag, Düsseldorf 1973, S. 37–38

Text 63 aus: *Hans Heinz Holz (Hg),* Friedrich Nietzsche – Studienausgabe (Bd. 4), Fischer Bücherei Frankfurt/Mn 1968, S. 36–38

Text 64 aus: *Thomas Hobbes,* Vom Menschen – Vom Bürger, Verlag von Felix Meiner, Hamburg 1959, S. 22

Text 65 aus: *Georg Klaus, Manfred Buhr (Hg),* a. a. O., Bd. 1, S. 466

Text 66 aus: *Immanuel Kant,* Grundlegung zur Metaphysik der Sitten, s. o., S. 10–11

Text 67 aus: *Hans Meyer,* Thomas von Aquin, Peter Hanstein Verlagsbuchhandlung Bonn 1938, S. 412–413

Text 68 aus: *Hans Zeise (Hg),* Philosophische Lesestücke, Verlag G. Braun, Karlsruhe 1960, S. 94–96

Text 69 aus: *George Edward Moore,* Principia Ethica, Verlag Philipp Reclam Jun., Stuttgart 1970, S. 36–37

Text 70 aus: *Dieter Birnbacher* und *Norbert Hoerster (Hg),* a. a. O., S. 16–21

Text 71 aus: *Alfred Jules Ayer,* Sprache, Wahrheit und Logik, Verlag Philipp Reclam Jun., Stuttgart 1970, S. 141–143

Text 72 aus: *Theodor Geiger,* Ideologie und Wahrheit, Humboldt-Verlag, Stuttgart/Wien 1953, S. 60–62; hier zitiert aus: *Hans Albert* und *Ernst Topitsch (Hg),* a. a. O., S. 40–41

Text 73 aus: *Hans Albert* und *Ernst Topitsch (Hg),* a. a. O., S. 56–57

Text 74 aus: *Hans Zeise (Hg),* a. a. O., S. 98–99

Text 75 aus: *Nicolai Hartmann,* a. a. O., S. 155–156

Text 76 aus: *Marcus George Singer,* Verallgemeinerung in der Ethik – Zur Logik moralischen Argumentierens, Suhrkamp Verlag, Frankfurt/Mn 1975, S. 23–25

Text 77 aus: *Richard Mervyn Hare,* a. a. O., S. 108–112 (i. A.)

Text 78 a aus: Herder-Korrespondenz, Freiburg 1974, S. 175
b aus: Die Zeit, Hamburg 14. 9. 1974

Text 79 a aus: *Paul Moor,* Die Freiheit zum Tode. Ein Plädoyer für das Recht auf menschenwürdiges Sterben. Euthanasie und Ethik, Rowohlt Verlag GmbH, Reinbek bei Hamburg 1973, S. 25
b aus: *E. Adamson Hoebel,* Das Recht der Naturvölker, Walter-Verlag, Olten und Freiburg i. Br. 1968, S. 100–101
c aus: *Paul Moor,* a. a. O., S. 34–35
d aus: *Heinrich Portmann,* Bischof Graf von Galen spricht, Herder Verlag, Freiburg 1946, S. 68–72 (i. A.)
e aus: Westfälische Nachrichten, Münster 29. 10. 1975
f aus: *Paul Moor,* a. a. O., S. 9–10

Text 80 a aus: *Rudolf Kautsky,* Die Freiheit des Sterbenden und die Pflicht des Arztes
b aus: *Peter Röttgen,* Stellungnahme eines Arztes in: Rheinischer Merkur, 22. 11. 1974

Text 81 a aus: *H.-D. Hiersche* (Hg), Euthanasie. Probleme der Sterbehilfe, R. Pieper und Co. Verlag, München/Zürich 1975, S. 170
b aus: *A. Eser,* Sterbehilfe und Euthanasie in rechtlicher Sicht, in: Volker Eid (Hg), Euthanasie oder Soll man auf Verlangen töten?, Grünewald-Verlag, Mainz 1975, S. 49–53

Text 82 a aus: *Max Horkheimer,* Notizen 1950–1965 und Dämmerung, S. Fischer Verlag GmbH, Frankfurt/Mn 1974, S. 206
b aus: *Hans Buchheim,* Sozialpolitische Stellungnahme zur Euthanasie. Bemerkungen zu den Bestrebungen, den § 216 zu ändern, in: H.-D. Hiersche, Euthanasie, a. a. O., S. 178–181
c aus: *Franz Böckle,* Das Recht auf den eigenen Tod, in: Der katholische Gedanke, Juni 1974 (i. A.)

Text 83 aus: Platon, Apologie, 41 c–42 a; zitiert aus: Romano Guardini: ‚Der Tod des Sokrates', rowohlts deutsche enzyklopädie 27, Reinbek 1957, S. 75.